Carambole biljart: Noen gåter og puslespill

Problemer og situasjoner som vil forbedre din taktiske analyse og spilleferdigheter.

Allan P. Sand
PBIA Sertifisert biljardinstruktør

ISBN 978-1-62505-326-8
PRINT 7x10

ISBN 978-1-62505-490-6
PRINT 7.5xx9.25

First edition

Copyright © 2019 Allan P. Sand

All rights reserved under International and Pan-American Copyright Conventions.

Published by Billiard Gods Productions.

Santa Clara, CA 95051

U.S.A.

For the latest information about books and videos, go to:
http://www.billiardgods.com

Acknowledgements

Wei Chao created the software that was used to create these graphics.

I want to specifically thank the following for help in making this book work:
Raye Raskin
Bob Beaulieu
Darrell Paul Martineau

Innholdsfortegnelse

INTRODUKSJON **1**
Tabelloppsett 1
Balls 2
Tabellalternativer 2
Hvordan studere 2
Utfordringer for moro og fortjeneste 2

EKSEMPLER PÅ SKYTESPILLALTERNATIVER **3**
Gruppe 1, sett 1 (diagram 1) *3*
Gruppe 6, sett 1 (diagram 3) *4*

GRUPPE 1 .... **5**
Gruppe 1, sett 1 5
Gruppe 1, sett 2 7
Gruppe 1, sett 3 9
Gruppe 1, sett 4 11
Gruppe 1, sett 5 13
Gruppe 1, sett 6 15
Gruppe 1, sett 7 17
Gruppe 1, sett 8 19
Gruppe 1, sett 9 21
Gruppe 1, sett 10 23
Gruppe 1, sett 11 25

GRUPPE 2 .... **27**
Gruppe 2, sett 1 27
Gruppe 2, sett 2 29
Gruppe 2, sett 3 31
Gruppe 2, sett 4 33
Gruppe 2, sett 5 35
Gruppe 2, sett 6 37
Gruppe 2, sett 7 39
Gruppe 2, sett 8 41
Gruppe 2, sett 9 43
Gruppe 2, sett 10 45
Gruppe 2, sett 11 47

GRUPPE 3 .... **49**
Gruppe 3, sett 1 49
Gruppe 3, sett 2 51
Gruppe 3, sett 3 53
Gruppe 3, sett 4 55
Gruppe 3, sett 5 57
Gruppe 3, sett 6 59
Gruppe 3, sett 7 61
Gruppe 3, sett 8 63
Gruppe 3, sett 9 65
Gruppe 3, sett 10 67
Gruppe 3, sett 11 69

GRUPPE 4 71
Gruppe 4, sett 1 71
Gruppe 4, sett 2 73
Gruppe 4, sett 3 75
Gruppe 4, sett 4 77
Gruppe 4, sett 5 79
Gruppe 4, sett 6 81
Gruppe 4, sett 7 83
Gruppe 4, sett 8 85
Gruppe 4, sett 9 87
Gruppe 4, sett 10 89
Gruppe 4, sett 11 91
GRUPPE 5 93
Gruppe 5, sett 1 93
Gruppe 5, sett 2 95
Gruppe 5, sett 3 97
Gruppe 5, sett 4 99
Gruppe 5, sett 5 101
Gruppe 5, sett 6 103
Gruppe 5, sett 7 105
Gruppe 5, sett 8 107
Gruppe 5, sett 9 109
Gruppe 5, sett 10 111
Gruppe 5, sett 11 113
GRUPPE 6 115
Gruppe 6, sett 1 115
Gruppe 6, sett 2 117
Gruppe 6, sett 3 119
Gruppe 6, sett 4 121
Gruppe 6, sett 5 123
Gruppe 6, sett 6 125
Gruppe 6, sett 7 127
Gruppe 6, sett 8 129
Gruppe 6, sett 9 131
Gruppe 6, sett 10 133
Gruppe 6, sett 11 135
BLANK TABLES 137

Introduksjon

Du har flere muligheter til å utvide dine ferdigheter. Lær å håndtere et bredt utvalg av ballposisjoner som dukker opp i spillet etter spillet. Disse oppsettene gir deg mulighet til å gjøre omfattende eksperimenter. Disse personlige testingssituasjonene gir betydelige personlige konkurransefortrinn:

- Intellektuell trening - Evaluer layoutene og vurder hvor mange alternativer som er tilgjengelige. Lag skisser av stier og (CB) hastigheter og spinn for øvelsestabellen. Dette øker dine analytiske og taktiske ferdigheter.

- Ferdighetsbekreftelse - Når du forsøker hvert konsept, hjelper eksperimentet med å avgjøre om det er levedyktig (innenfor dine ferdigheter) eller ubrukelig (for vanskelig eller fantastisk). Denne sammenligningen mellom mentale bilder og fysiske forsøk bidrar til å bestemme bredden og bredden av dine evner.

- Ferdigheter fremskritt - Hvis en sti ser lovende ut, men eksekveringen mislykkes, arbeider med ulike hastigheter / spinn for å oppdage hva som fungerer. Flere påfølgende suksesser vil legge til dette i ditt personlige bibliotek med kompetanse.

- Øv dette med noe biljardspill.

Tabelloppsett

Papirforsterkningsringene viser plasseringene for hver ball. Legg dem i henhold til treningsøvelsen du vil øve.

Balls

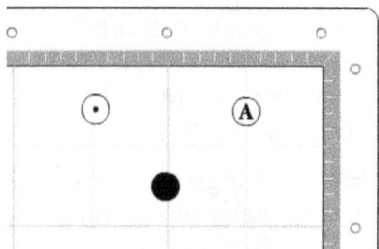

(A) (CB1) (første biljardkule)

(•) (CB2) (andre biljardkule)

● (RB) (rød biljardball)

Tabellalternativer

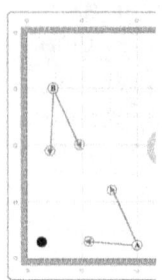

Hvert bordoppsett gir fire (4) forskjellige måter å score poeng på.

- CB1 > RB > CB2
- CB1 > CB2 > RB
- CB2 > RB > CB1
- CB2 > CB1 > RB

Hvordan studere

Start med lenestolanalyse. Se på hver tabelloppsett og vurdere mulige spillalternativer. Tenk deg å prøve dine ideer. Vurder riktig hastighet og spinn. Lag skisser og notater, etter behov.

Alternativt, ta denne boken til biljardbordet ditt. Sett papirforsterkningene på plass. Mentalt avgjøre hvor mange forskjellige måter du kan spille på layoutet. Prøv deretter dine ideer og se om fantasien din er lik din ferdighet. Lag notater til ideene dine.

På biljardbordet, bruk dine ideer. På et savnet skudd, gjør justeringer til hastigheter / spinn og vinkler. Slik blir du en tøffere og farligere biljardspiller.

Utfordringer for moro og fortjeneste

Vurder å sette opp en vennlig konkurranse mellom vennene dine. Velg flere av disse layoutene og nyt utfordringen.

Bruk et runde-robin format. Alle forsøker (1, 2 eller 3) forsøk. Vinneren får pengene, og en annen runde begynner.

Eksempler på skytespillalternativer

Gruppe 1, sett 1 (diagram 1)

Kan din fantasi matche din virkelighet?

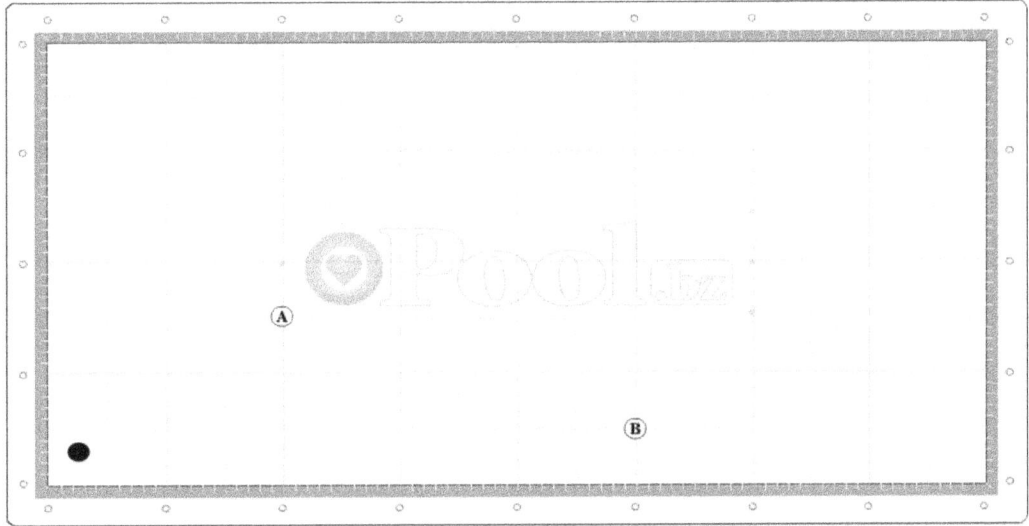

Gitt oppsettet har du 4 mulige praksisvalg som du kan eksperimentere med og forsøke ulike løsninger.

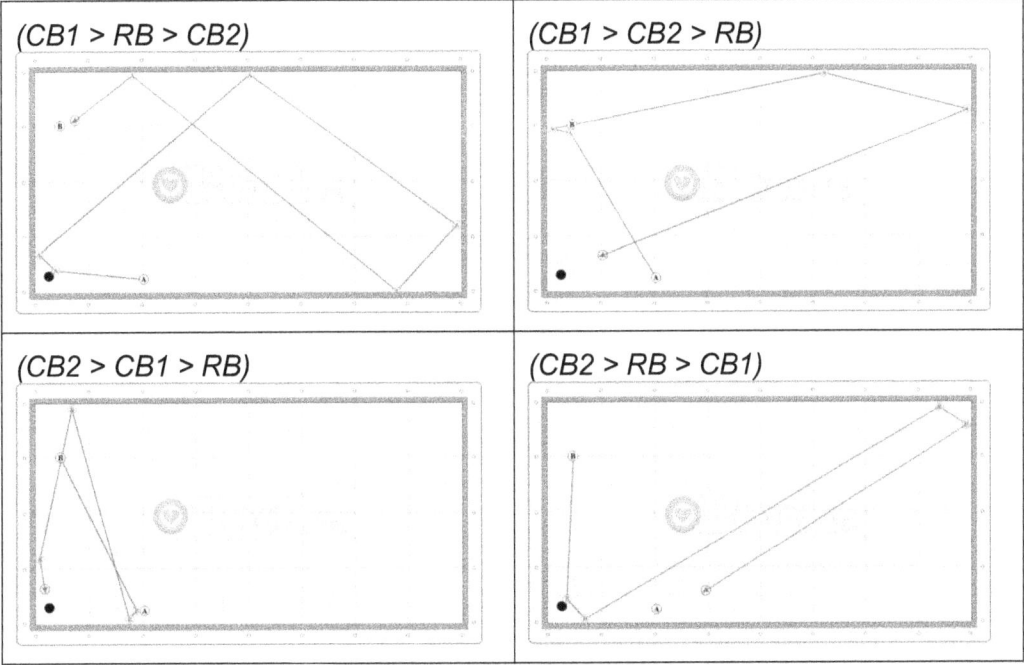

Gruppe 6, sett 1 (diagram 3)

Hvert diagram er en mulighet til å eksperimentere og teste din fantasi og dine skyteferdigheter

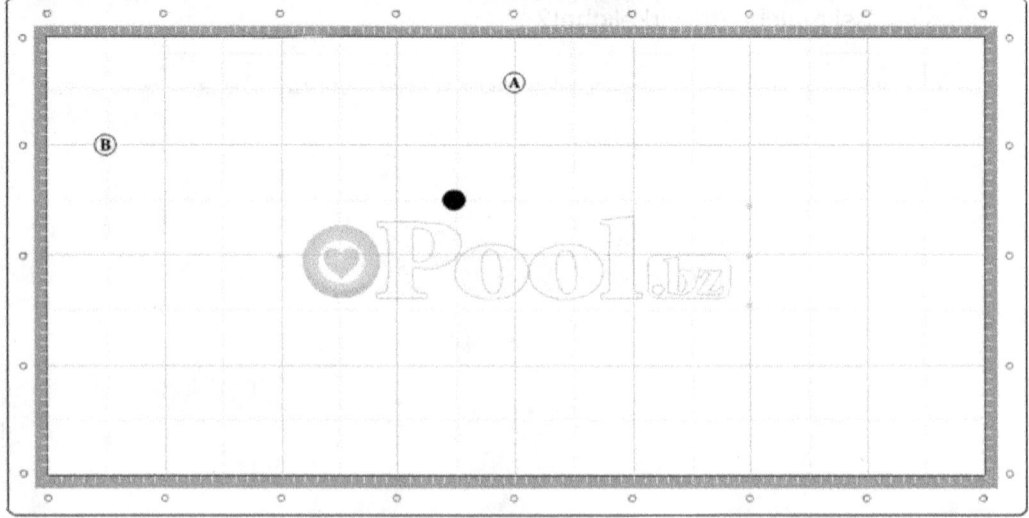

Gitt oppsettet har du 4 mulige praksisvalg som du kan eksperimentere med og forsøke ulike løsninger.

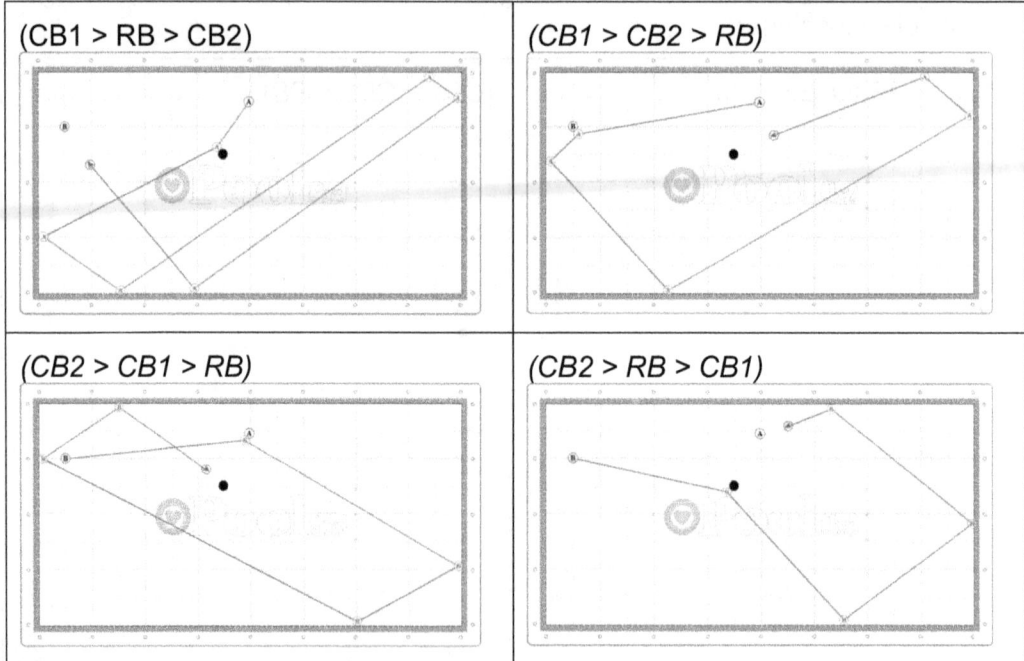

GRUPPE 1
Gruppe 1, sett 1
(På forsiden av denne boken er det 4 eksempler på hvordan du spiller denne oppsettet.)

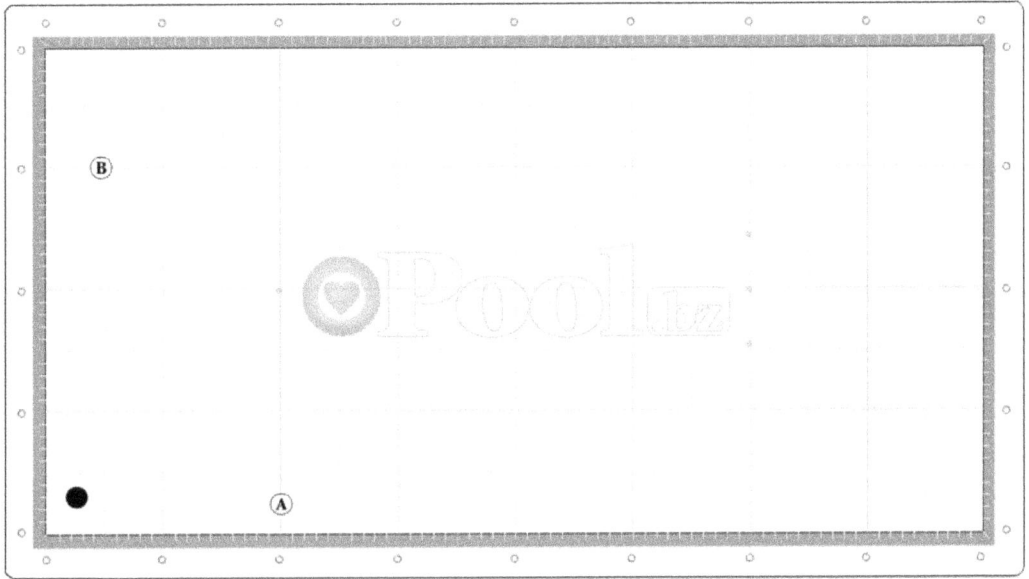

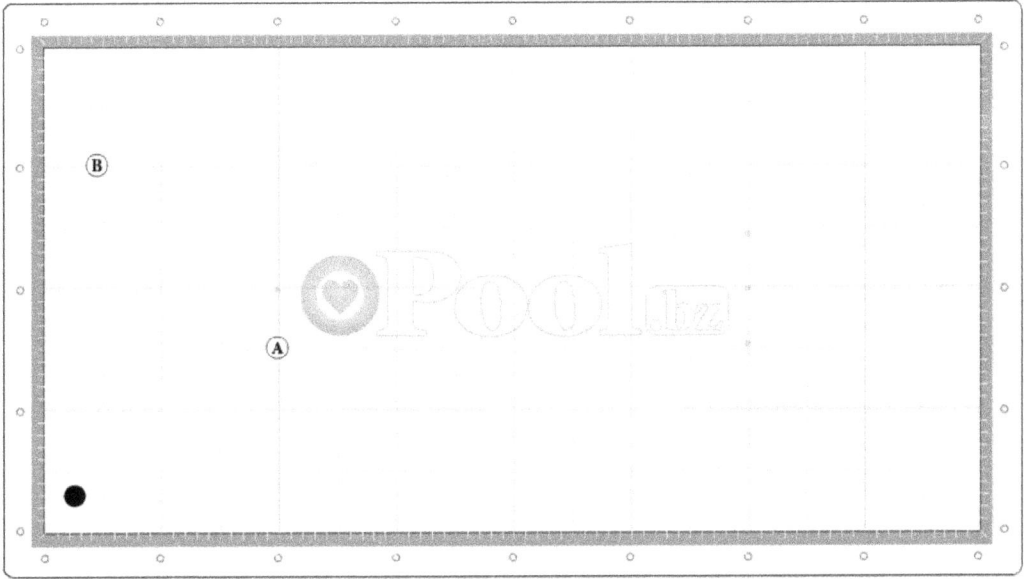

NOTATER OG IDEER:

Carambole biljart: Noen gåter og puslespill

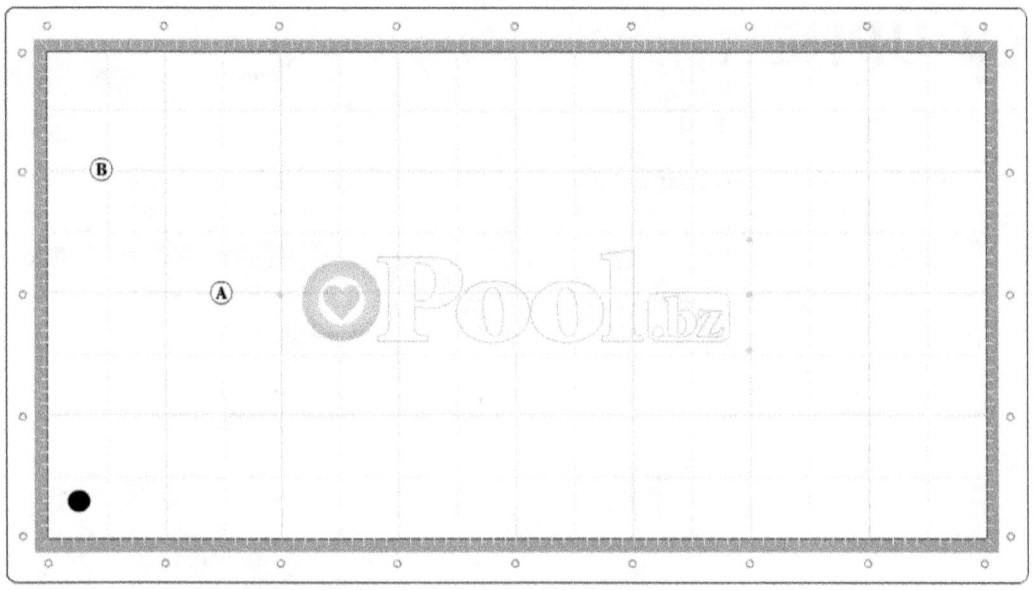

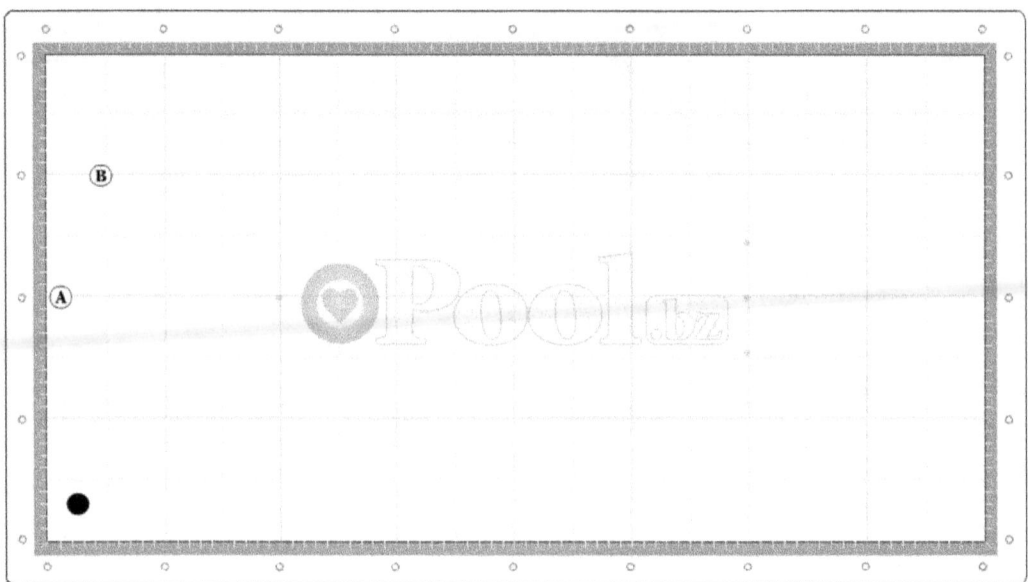

NOTATER OG IDEER:

Gruppe 1, sett 2

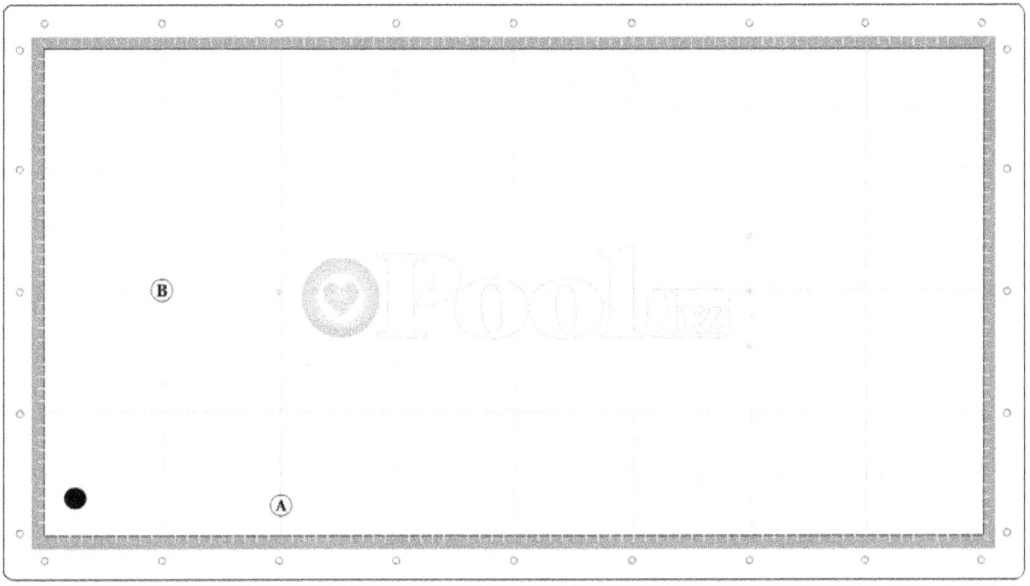

NOTATER OG IDEER:

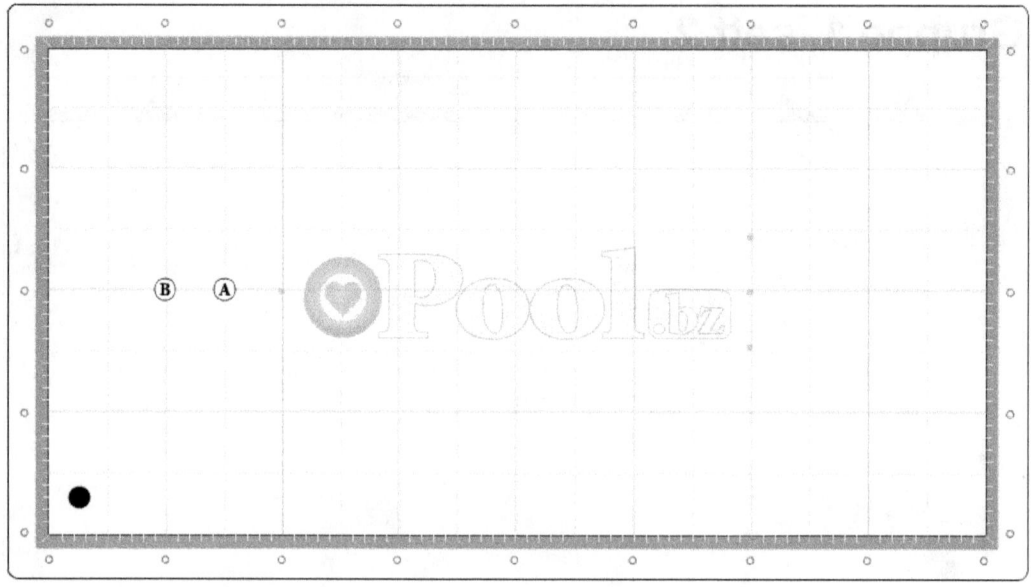

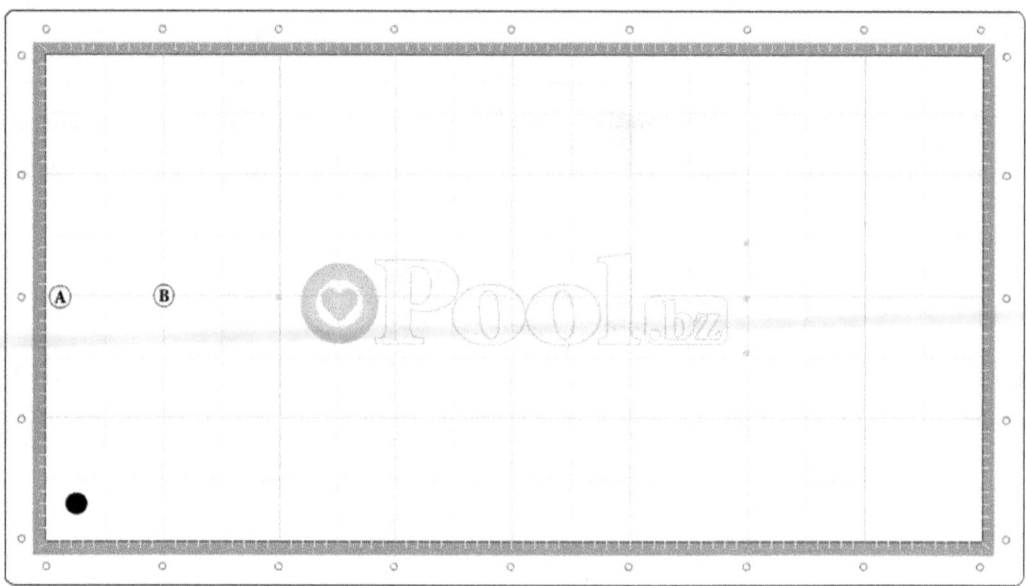

NOTATER OG IDEER:

Gruppe 1, sett 3

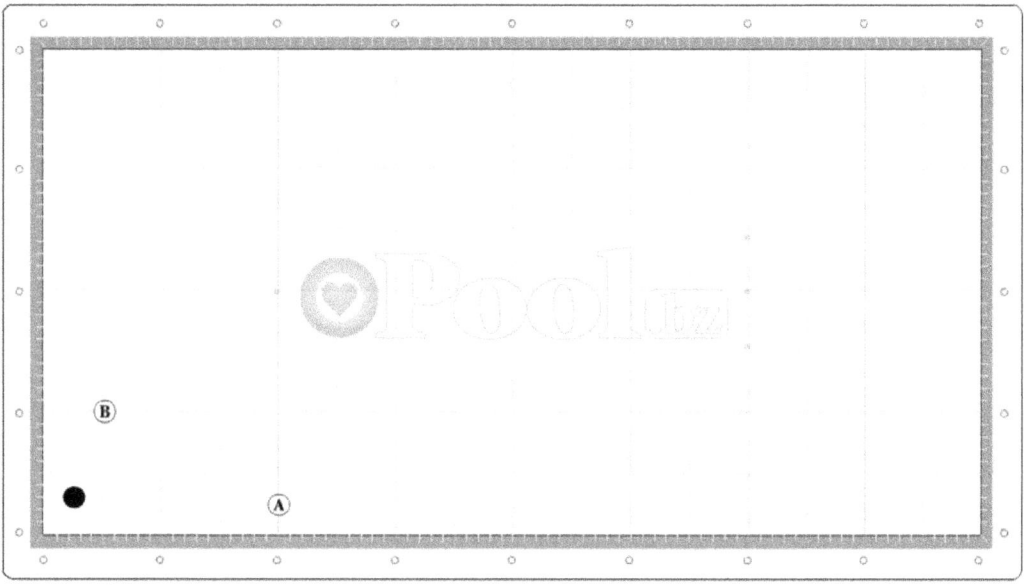

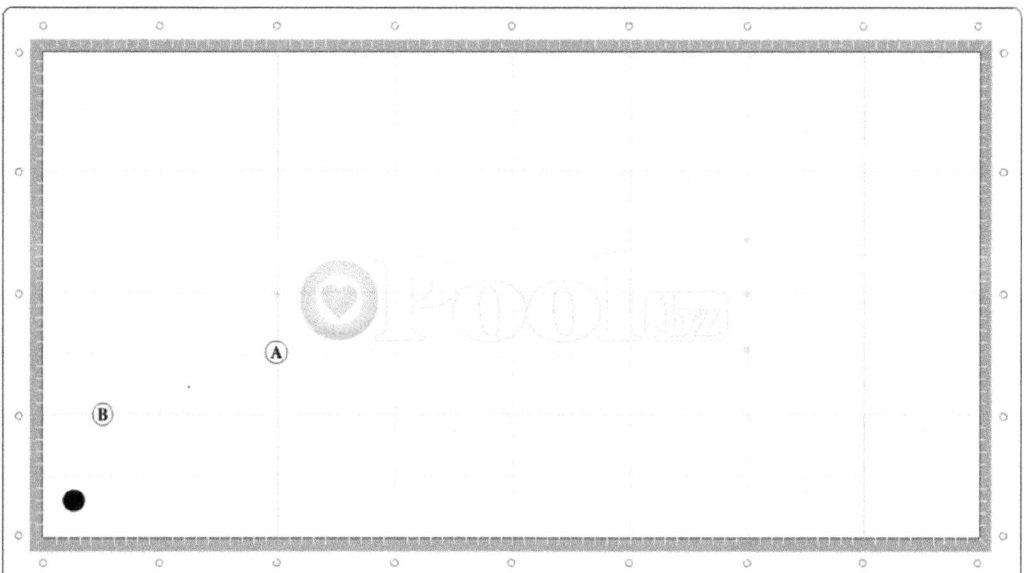

NOTATER OG IDEER:

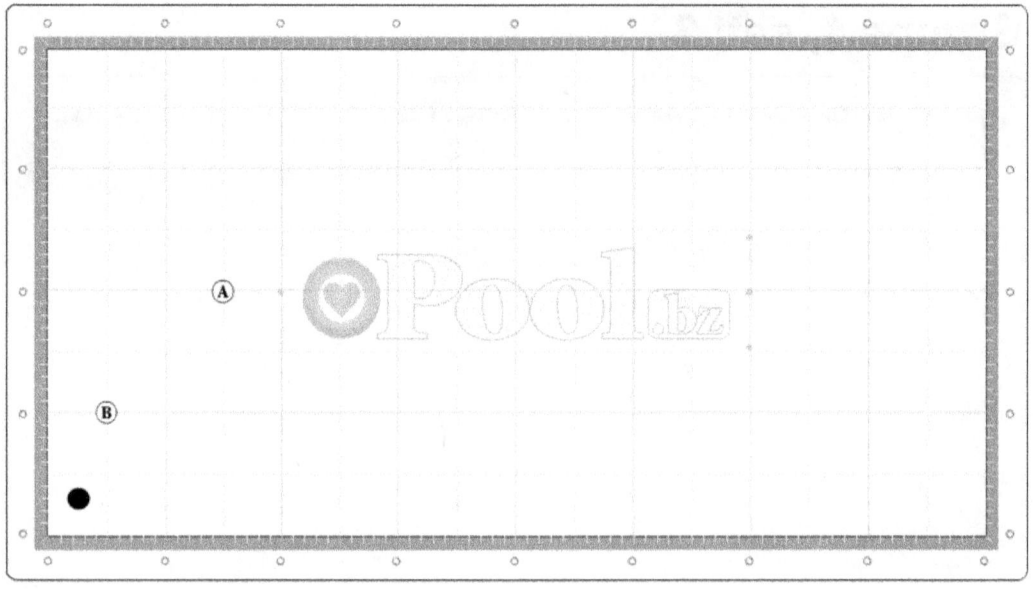

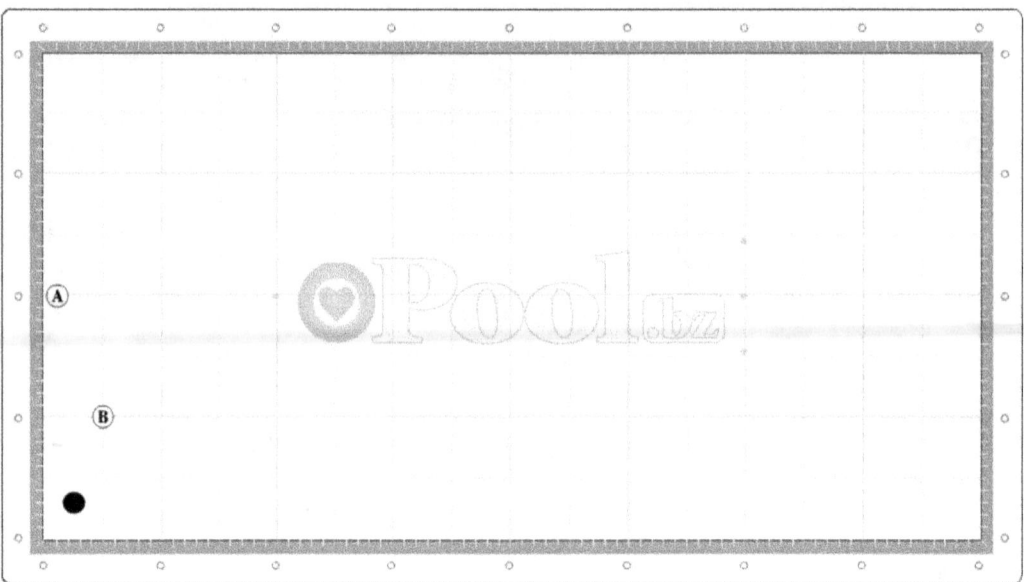

NOTATER OG IDEER:

Gruppe 1, sett 4

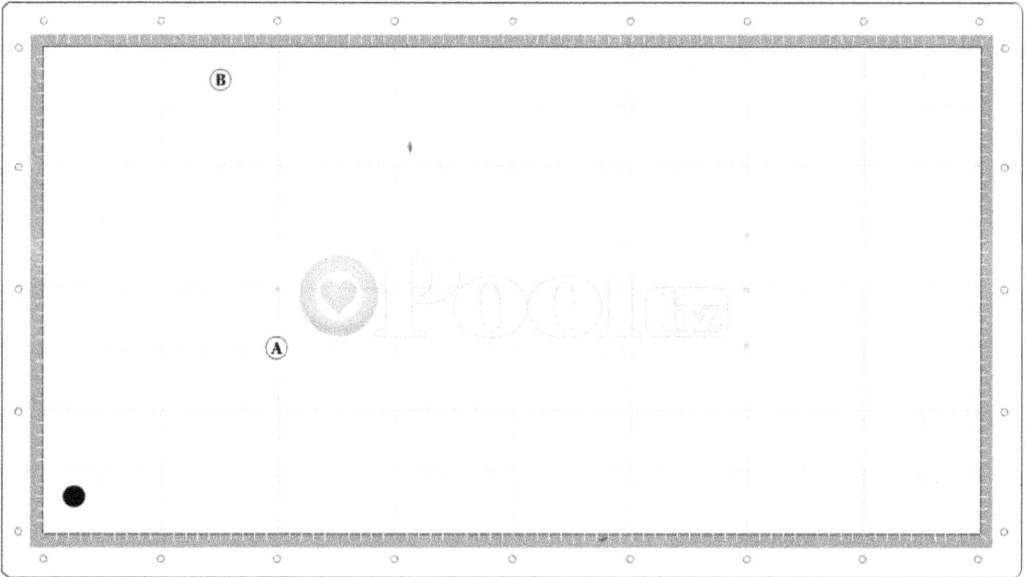

NOTATER OG IDEER:

Carambole biljart: Noen gåter og puslespill

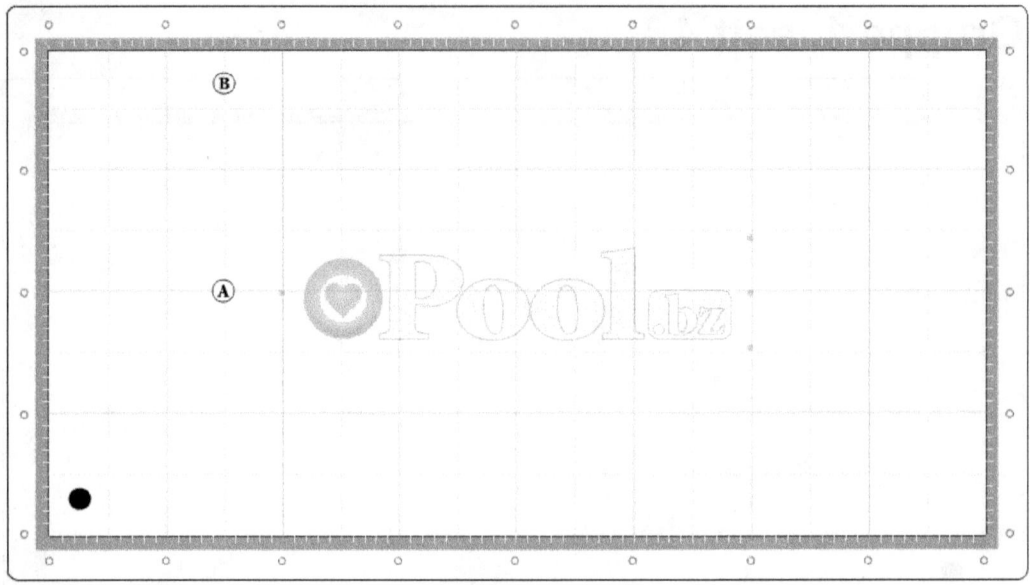

NOTATER OG IDEER:

Gruppe 1, sett 5

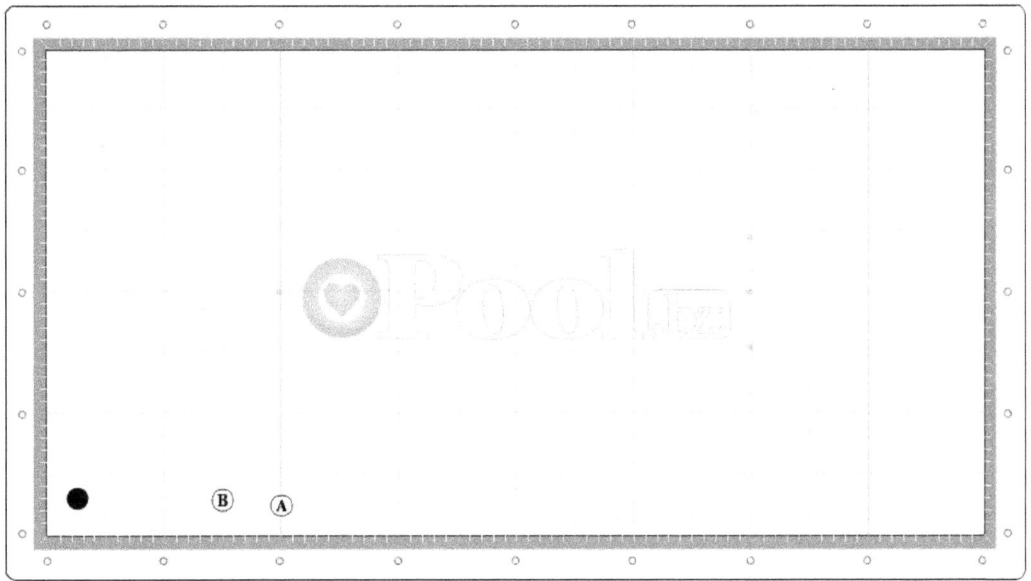

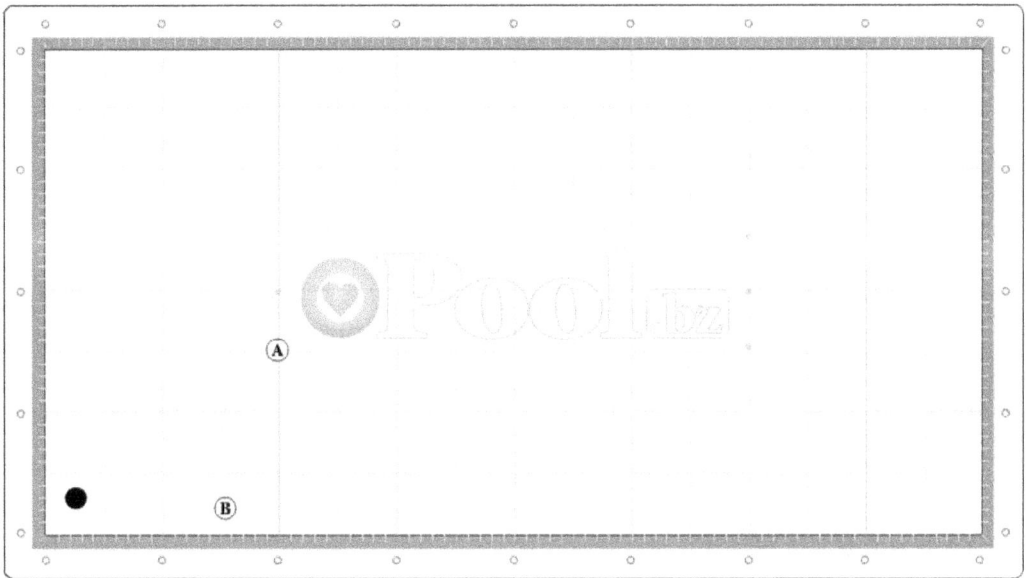

NOTATER OG IDEER:

Carambole biljart: Noen gåter og puslespill

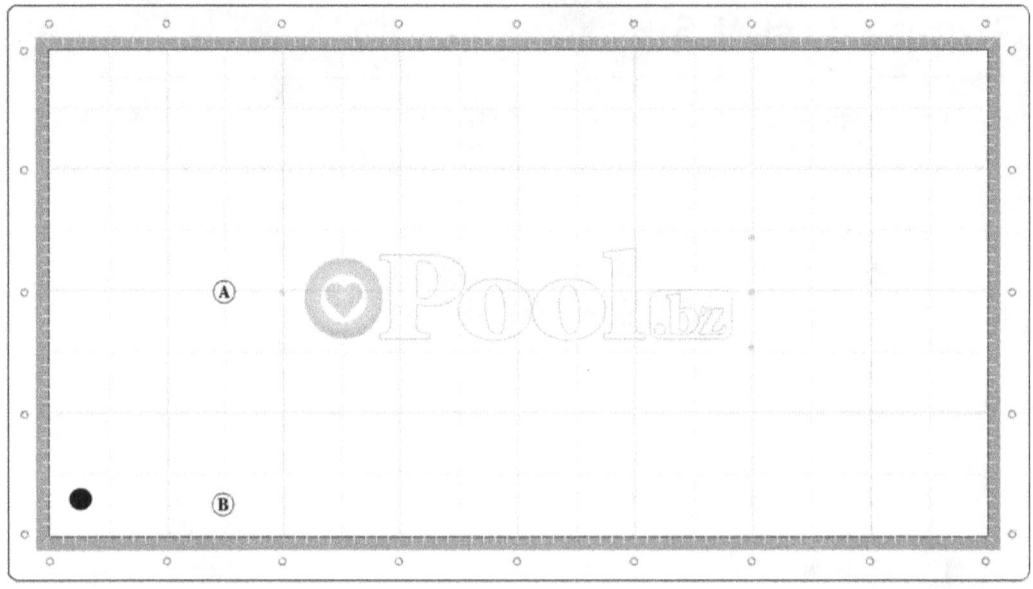

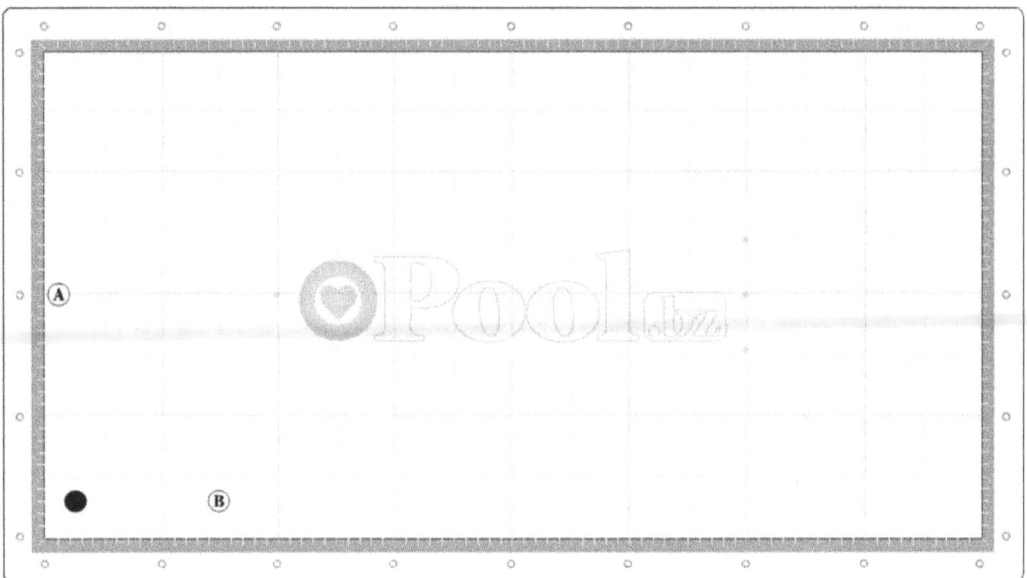

NOTATER OG IDEER:

Gruppe 1, sett 6

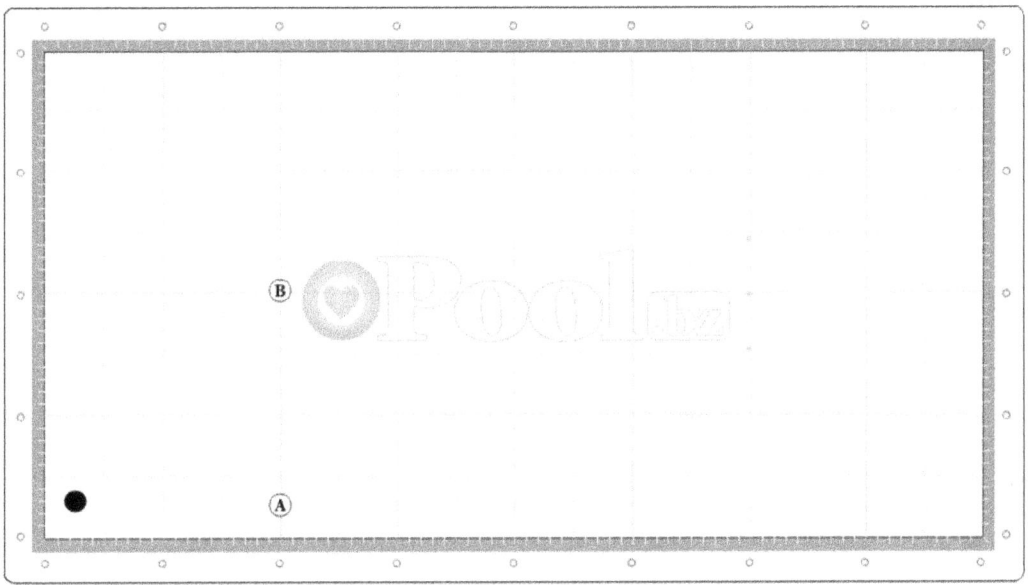

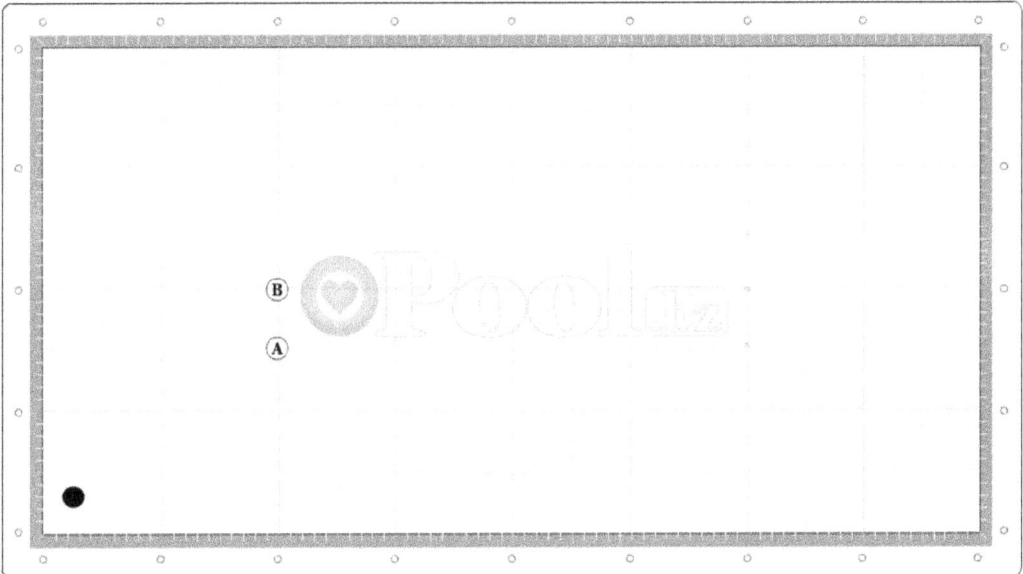

NOTATER OG IDEER:

Carambole biljart: Noen gåter og puslespill

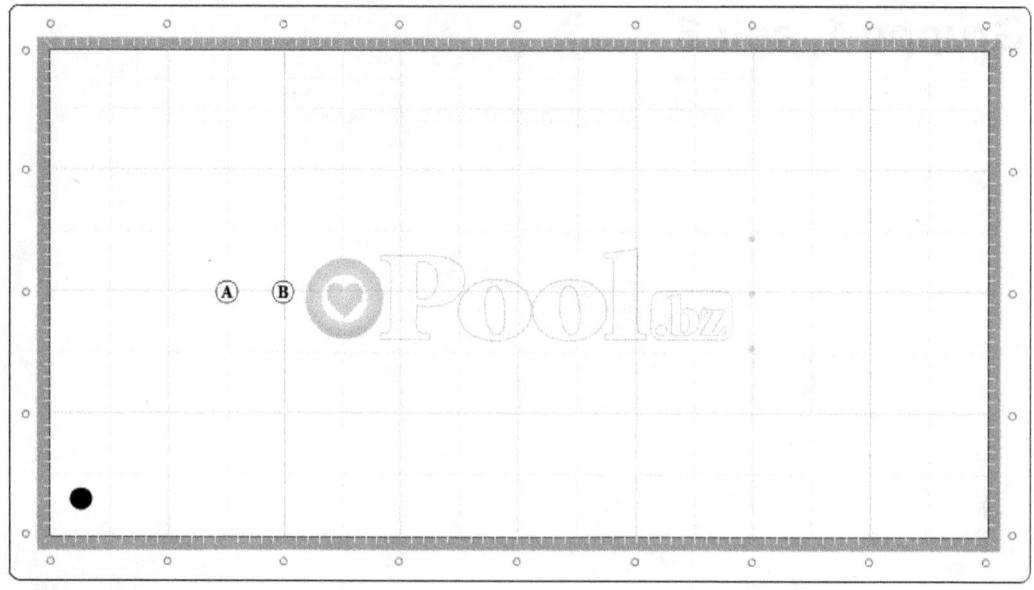

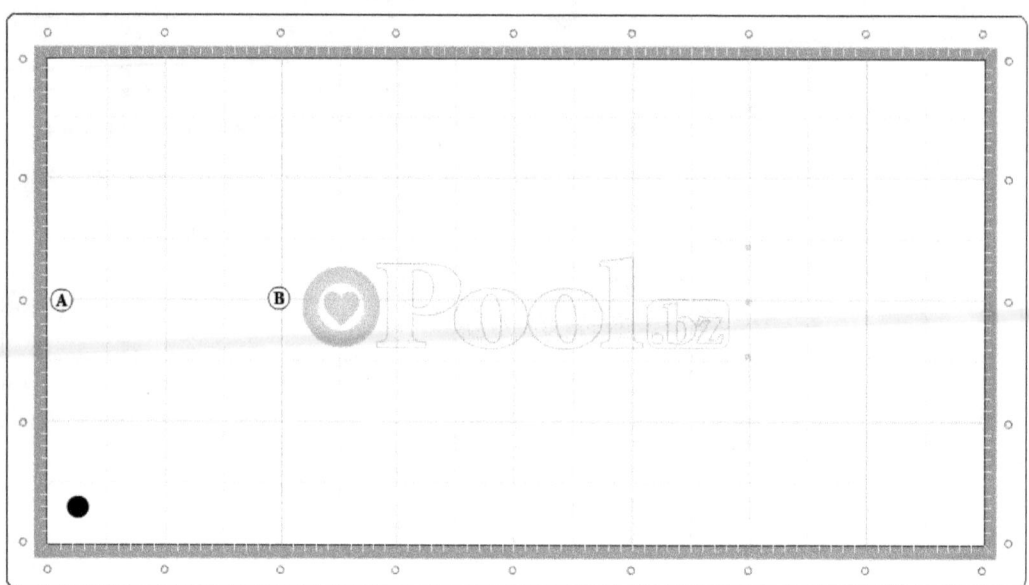

NOTATER OG IDEER:

Gruppe 1, sett 7

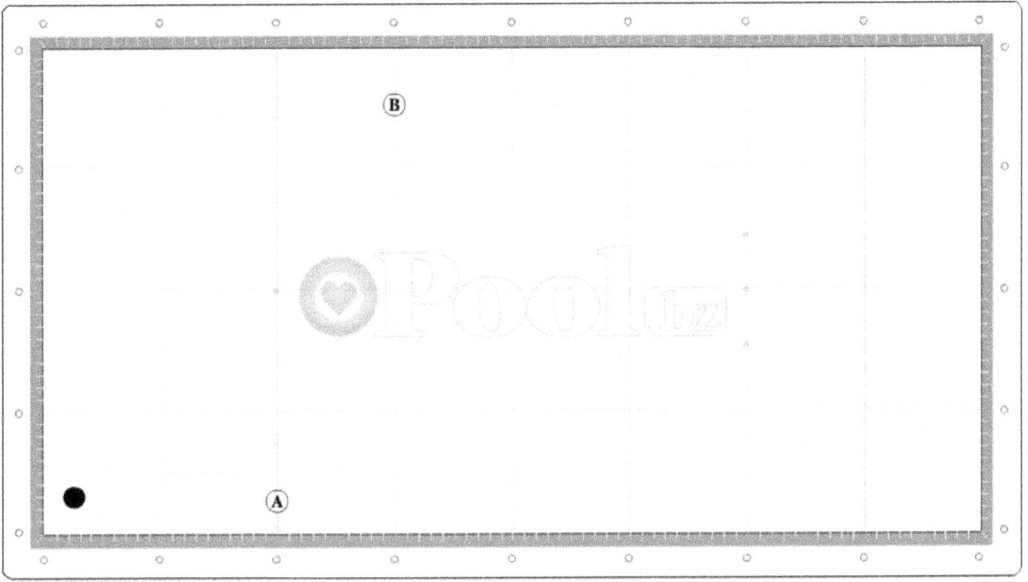

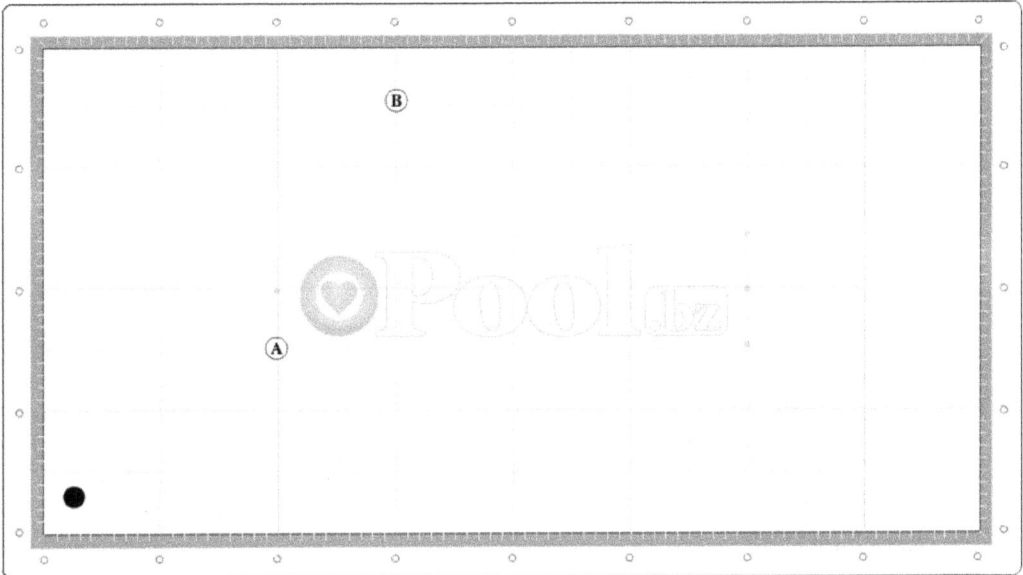

NOTATER OG IDEER:

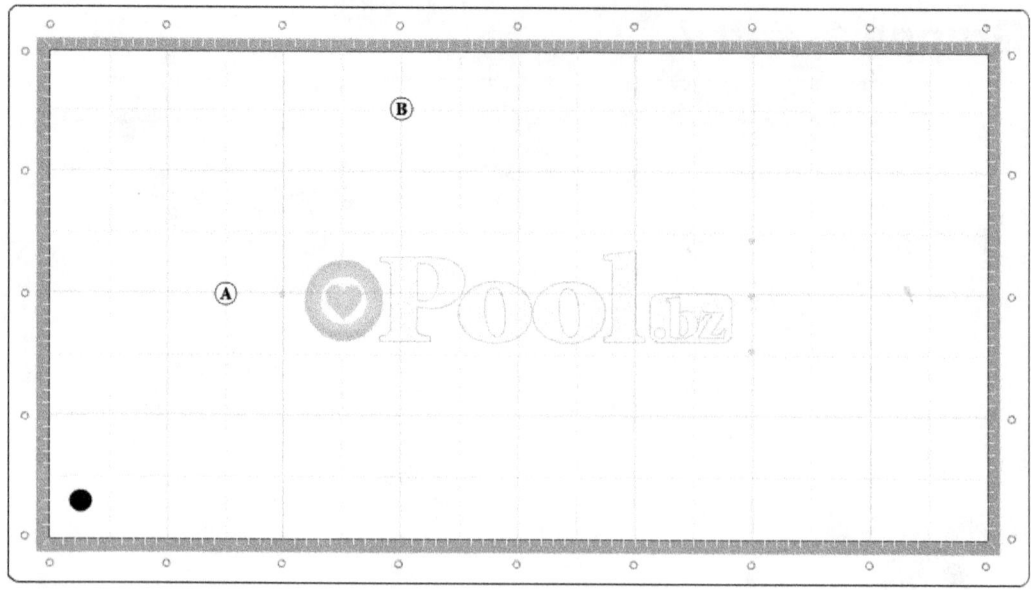

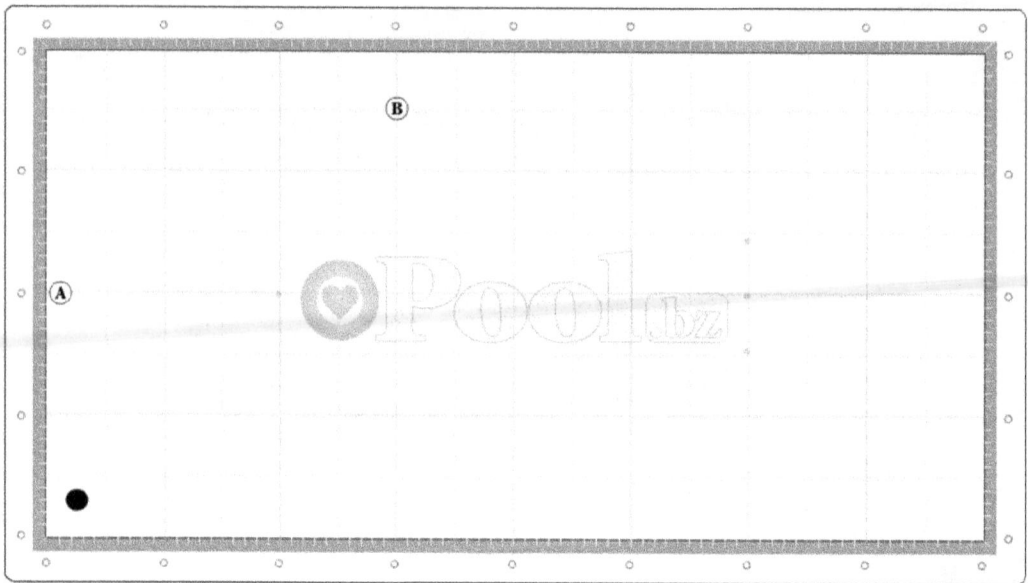

NOTATER OG IDEER:

Gruppe 1, sett 8

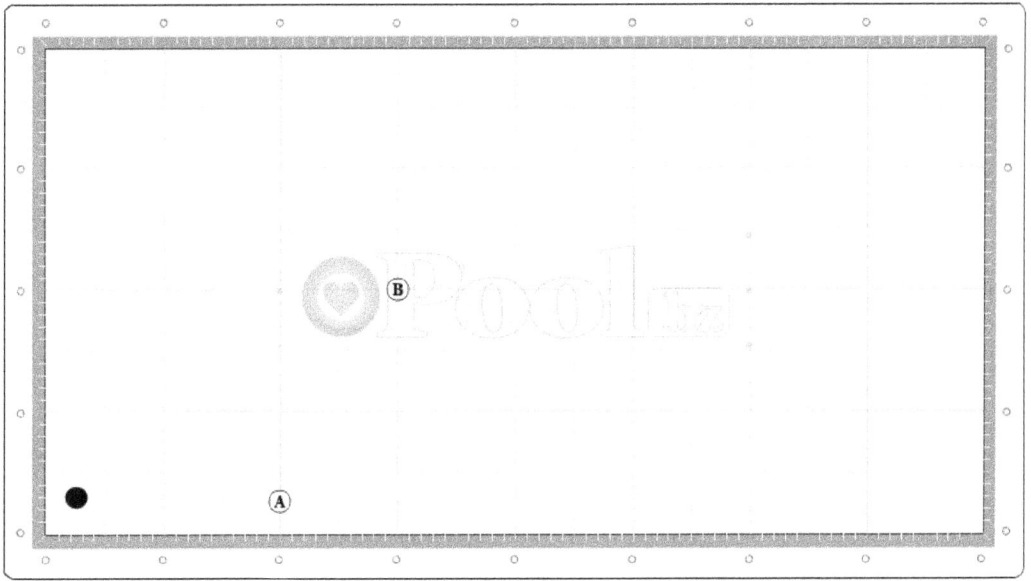

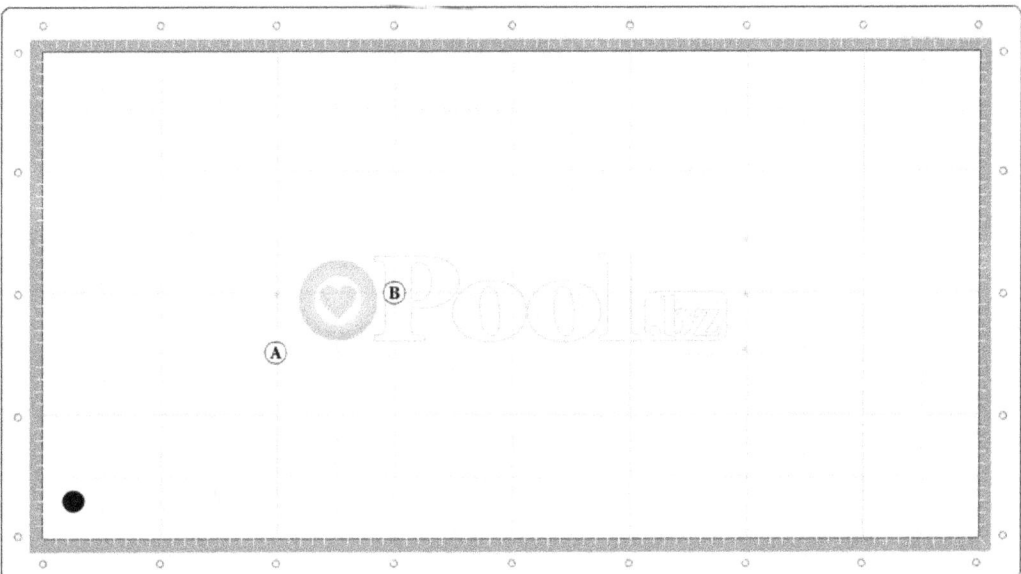

NOTATER OG IDEER:

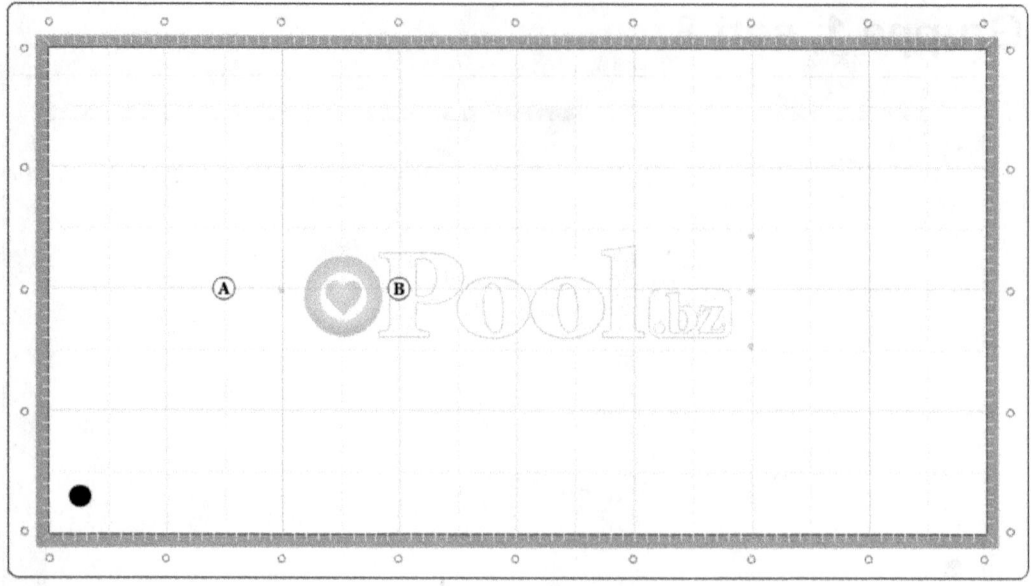

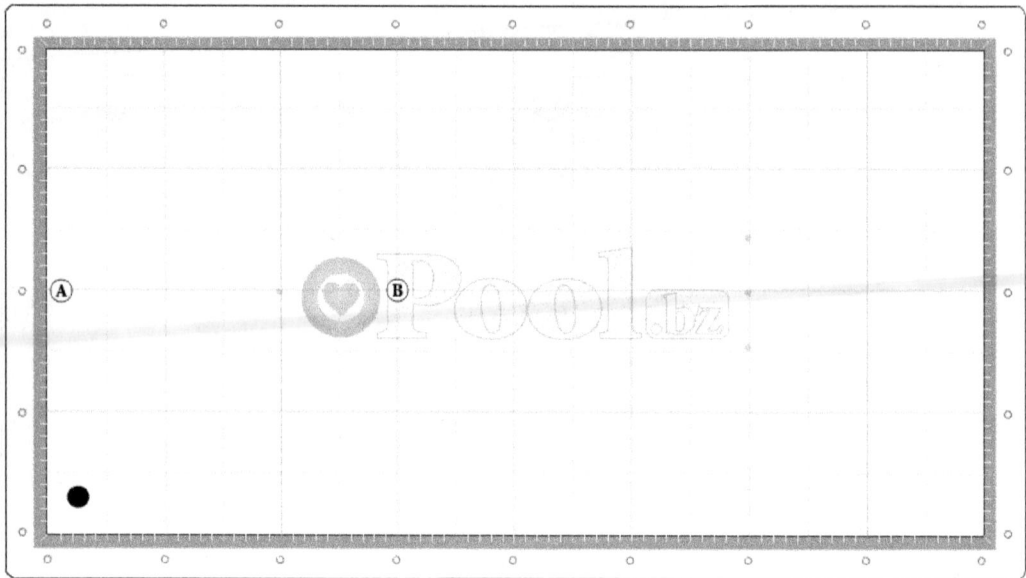

NOTATER OG IDEER:

Gruppe 1, sett 9

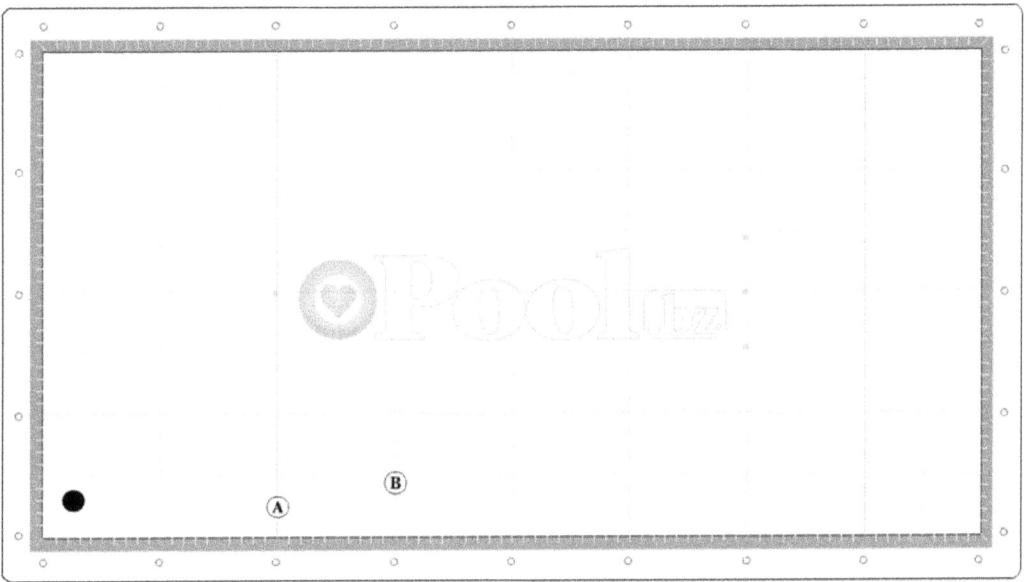

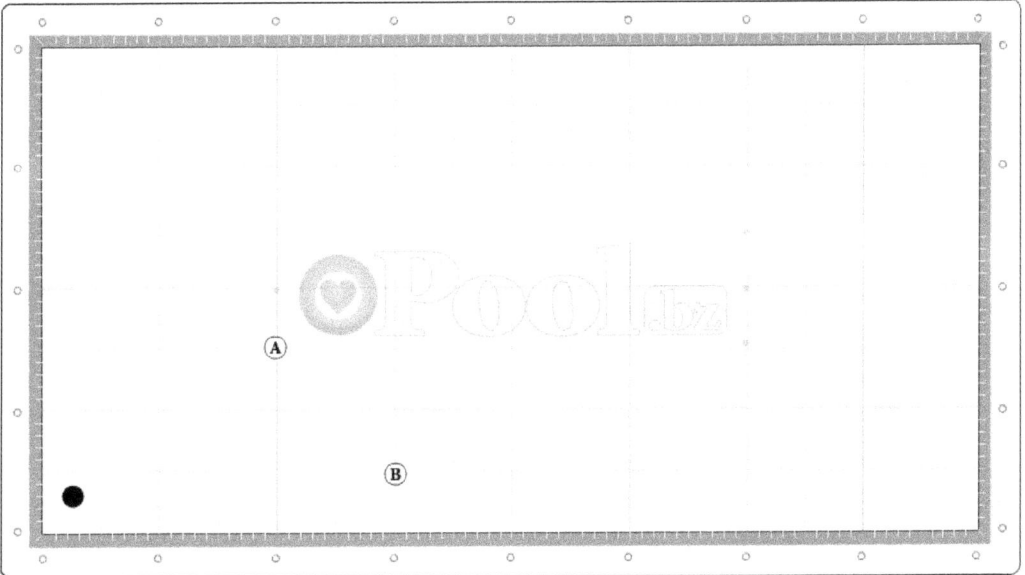

NOTATER OG IDEER:

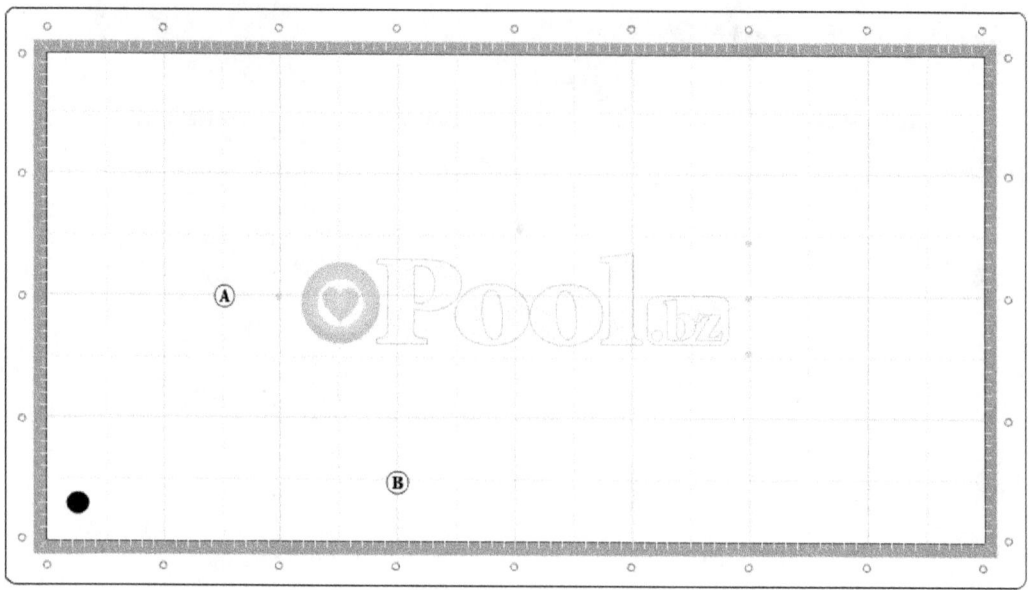

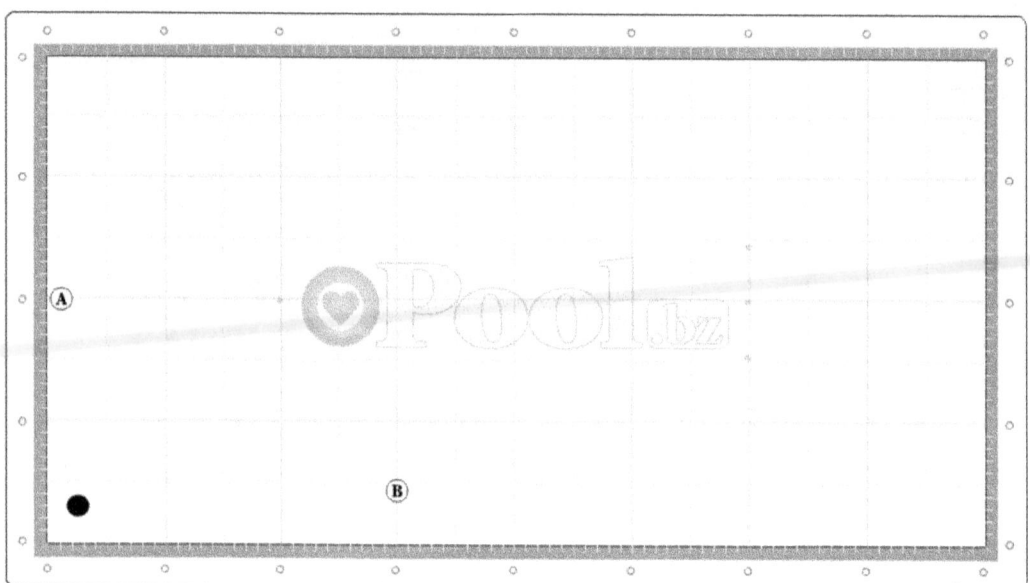

NOTATER OG IDEER:

Gruppe 1, sett 10

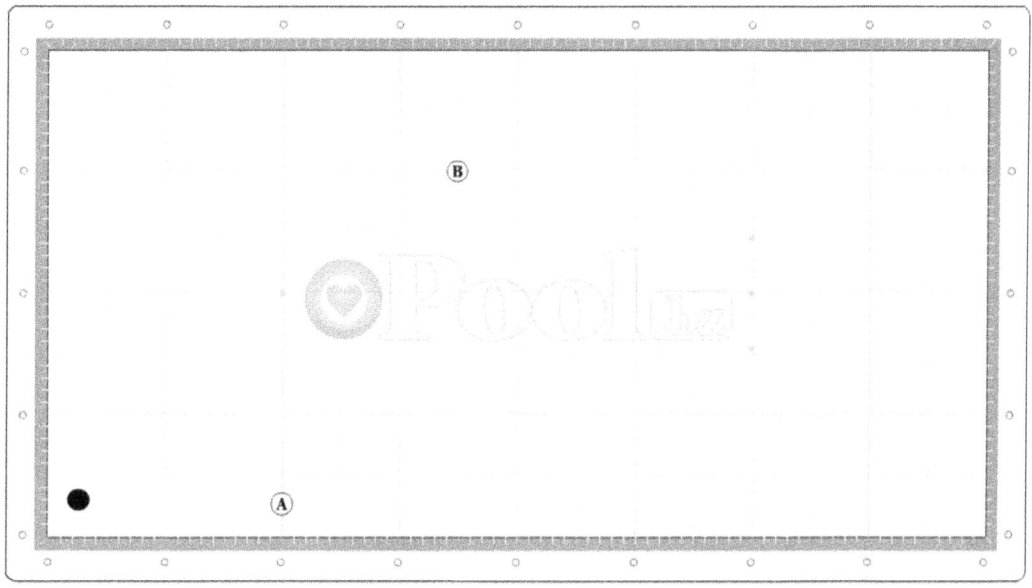

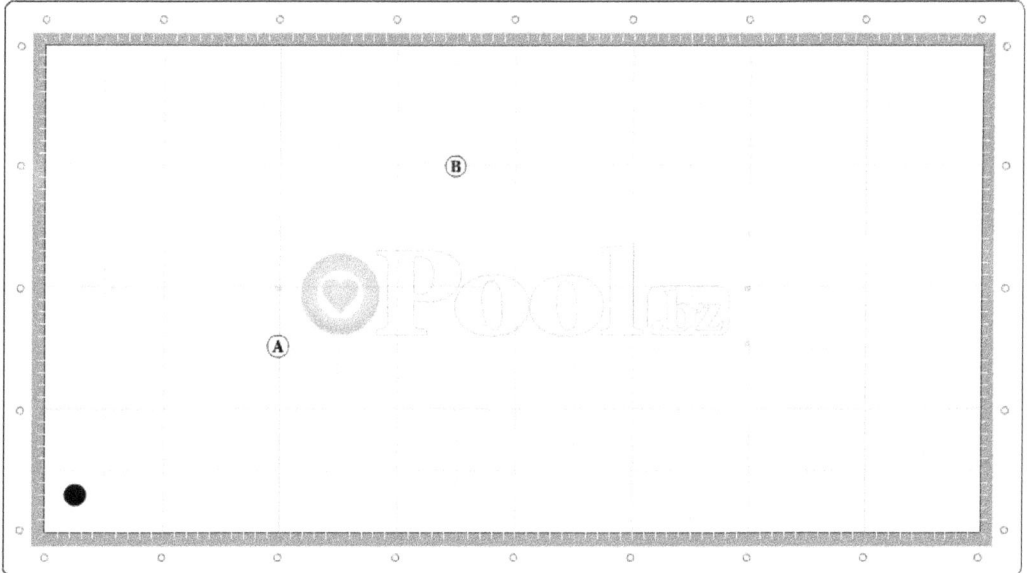

NOTATER OG IDEER:

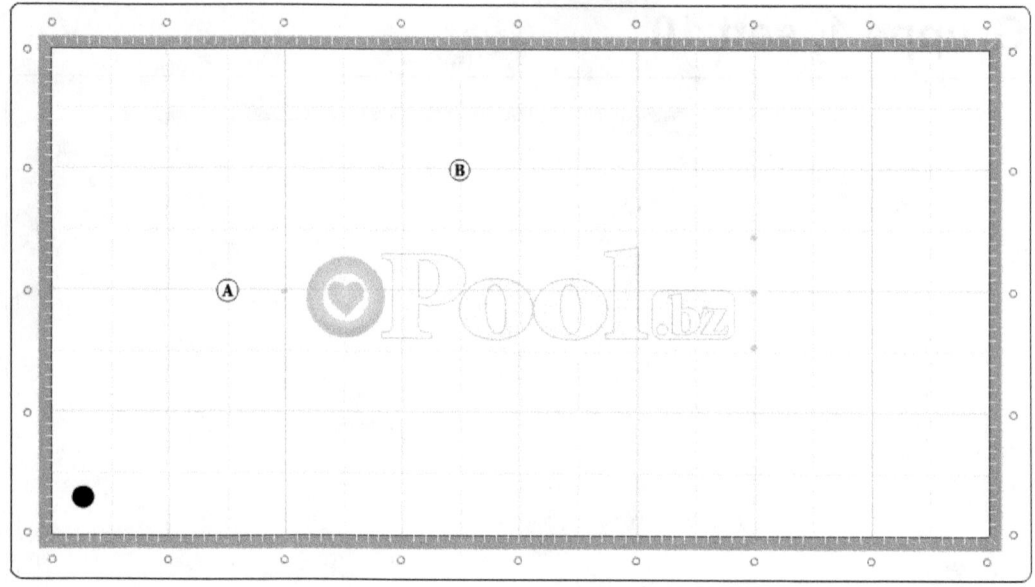

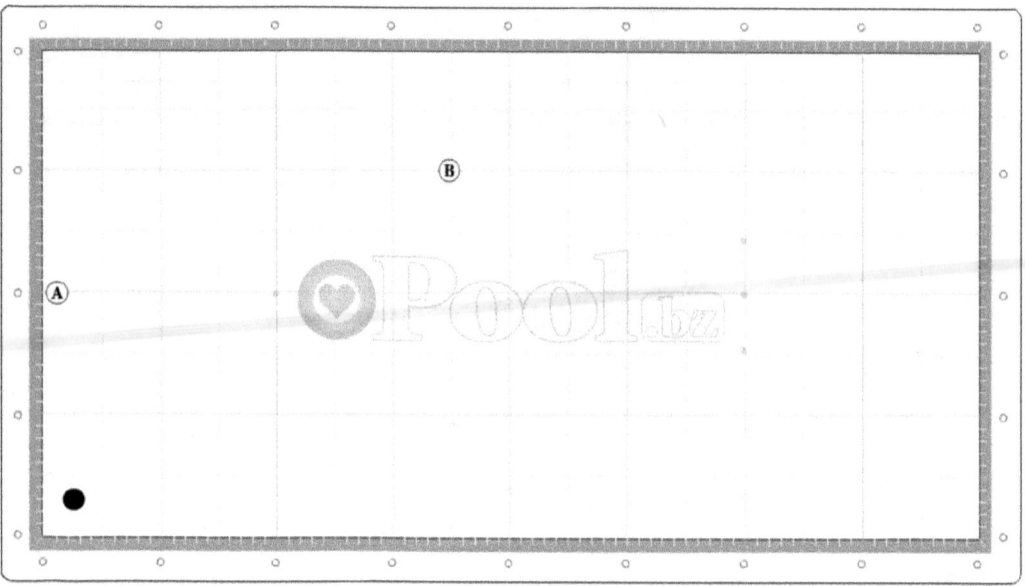

NOTATER OG IDEER:

Gruppe 1, sett 11

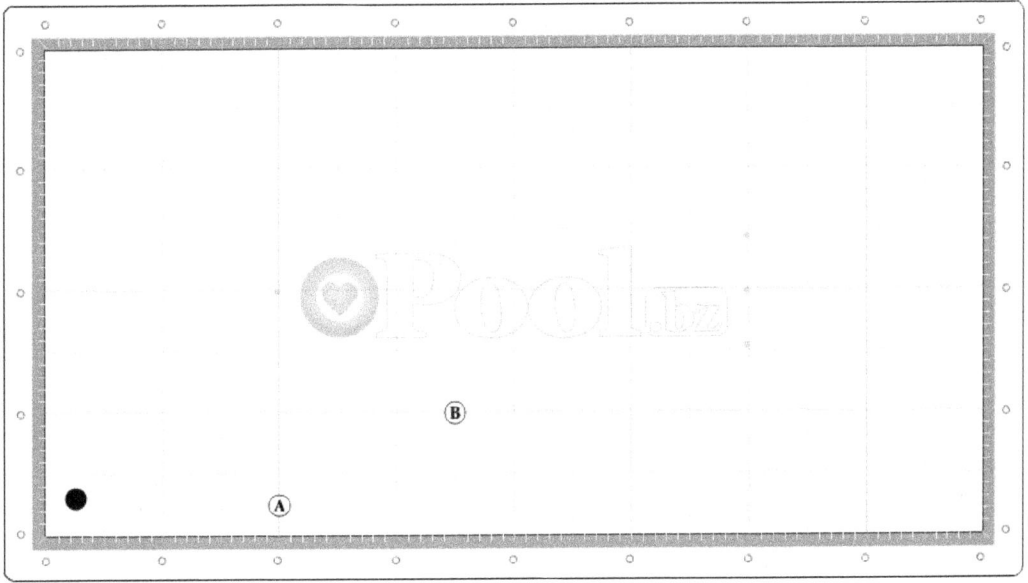

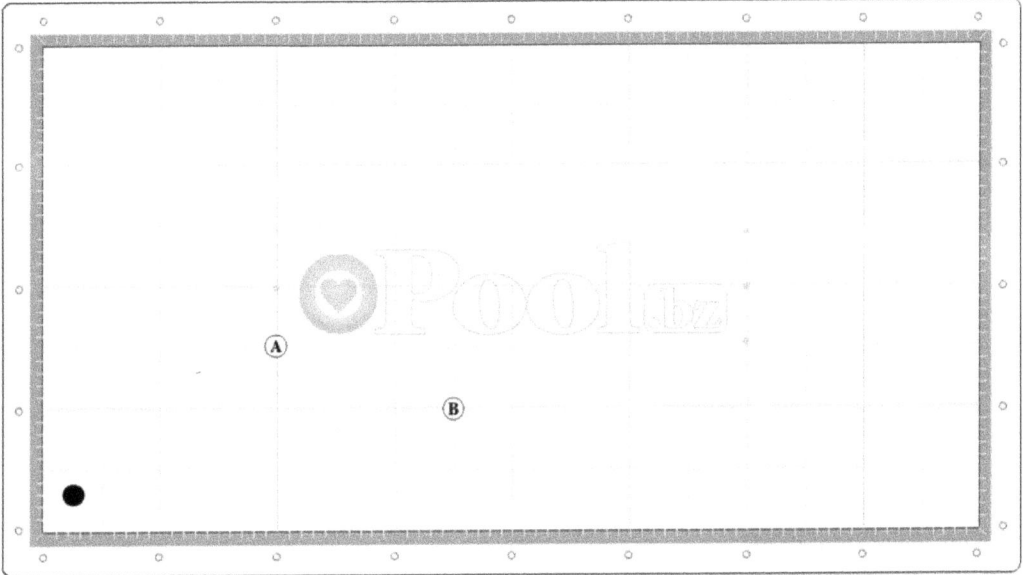

NOTATER OG IDEER:

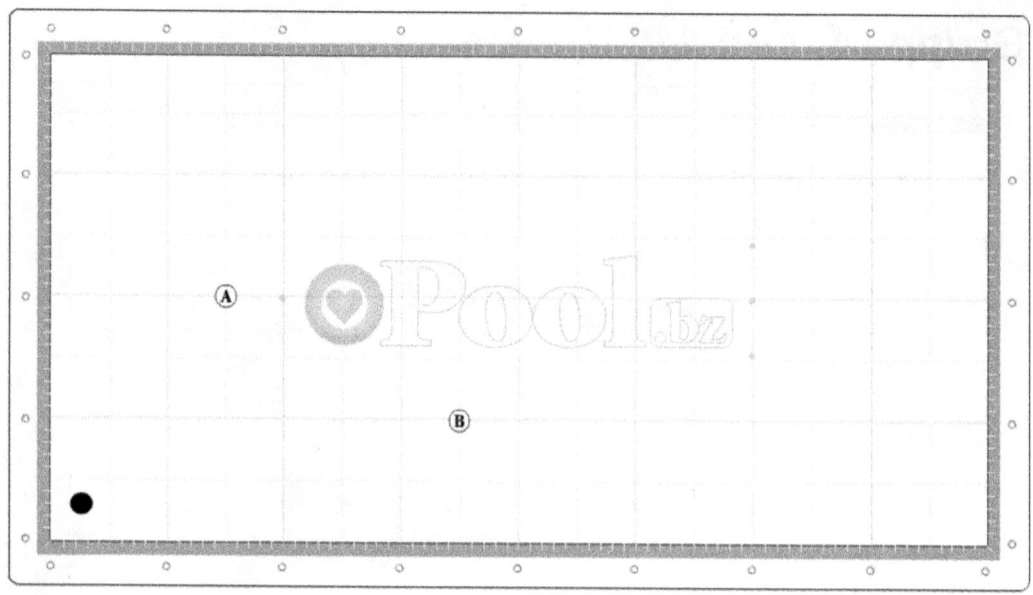

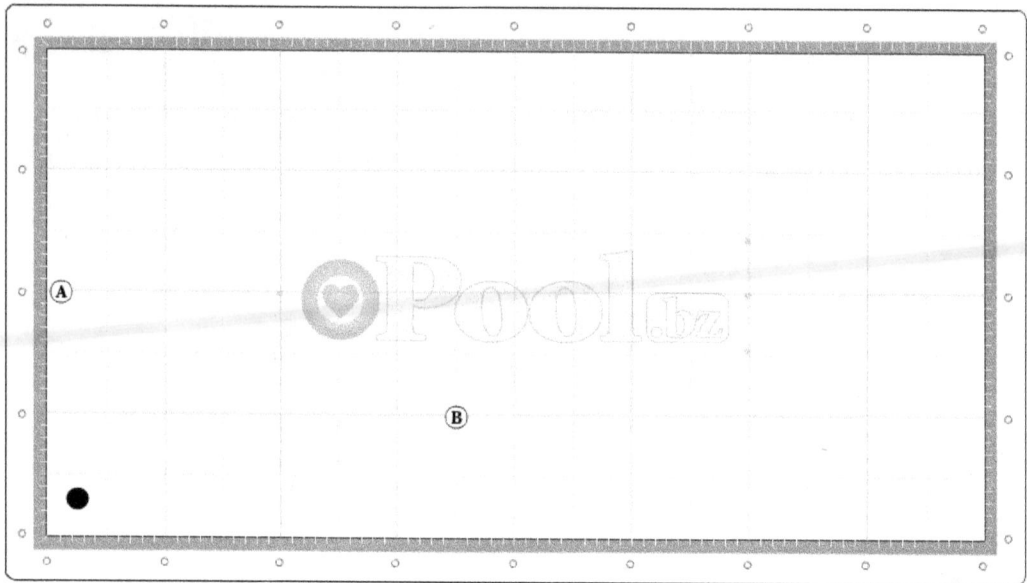

NOTATER OG IDEER:

GRUPPE 2

Gruppe 2, sett 1

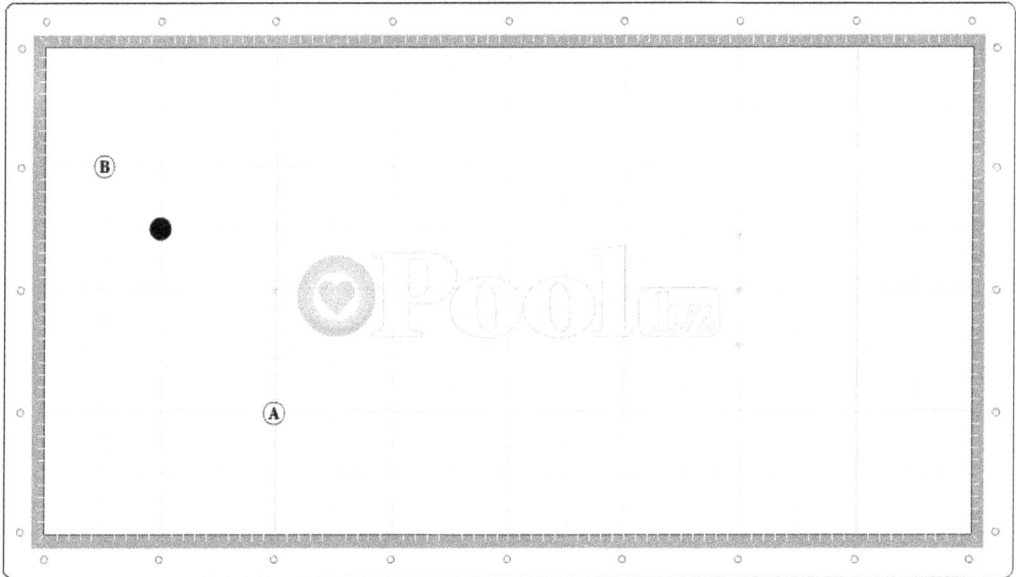

NOTATER OG IDEER:

Carambole biljart: Noen gåter og puslespill

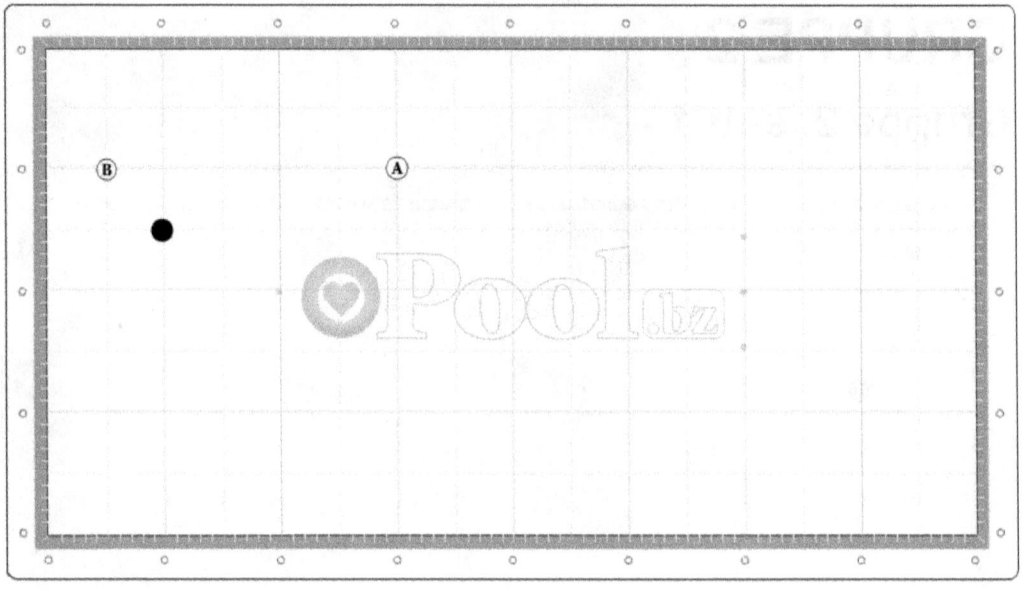

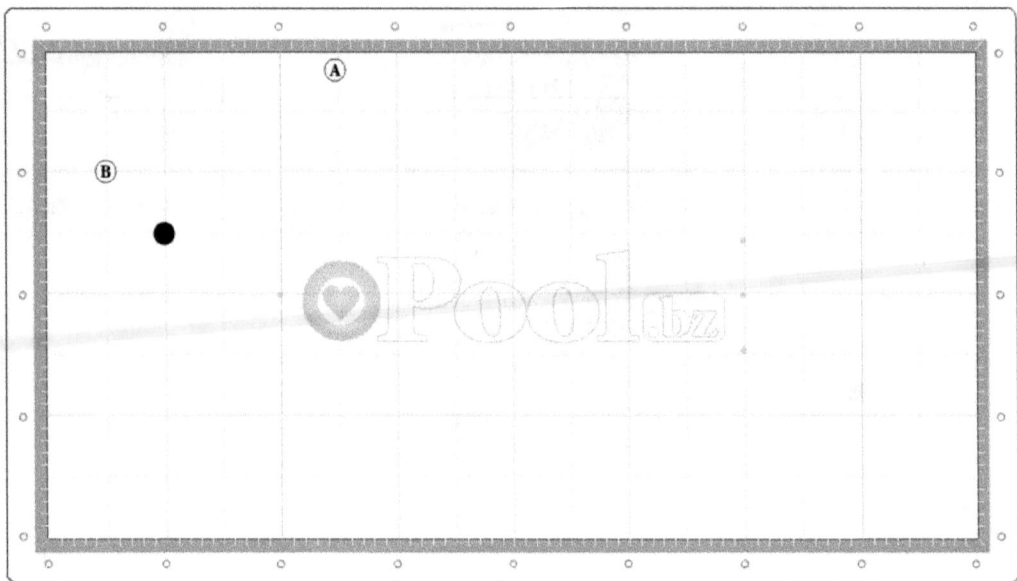

NOTATER OG IDEER:

Gruppe 2, sett 2

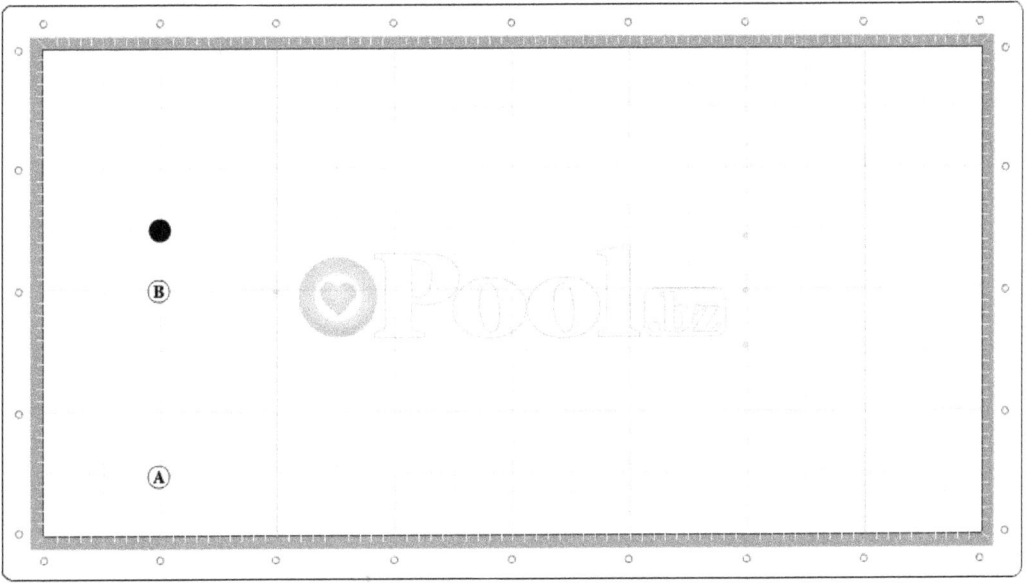

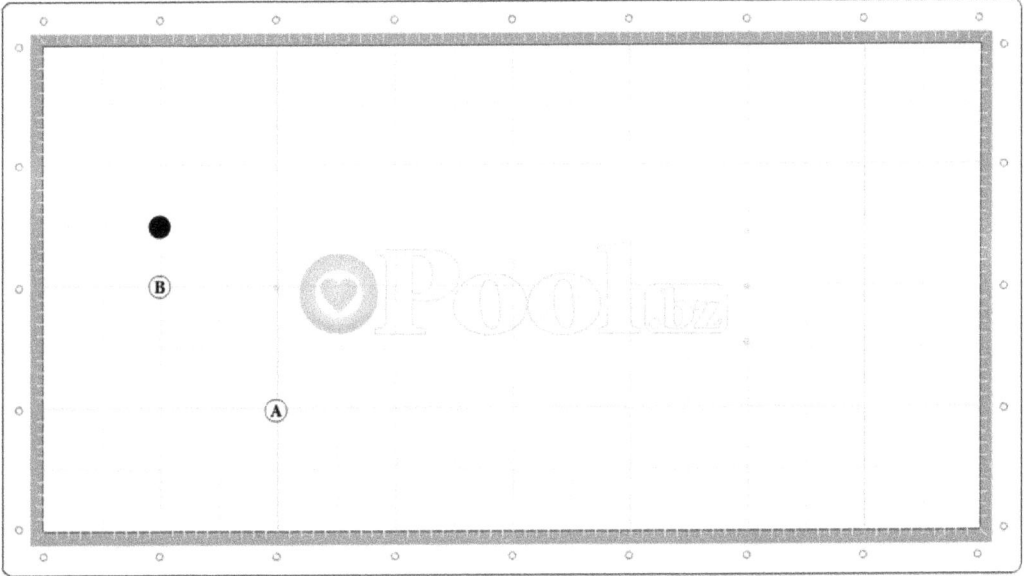

NOTATER OG IDEER:

Carambole biljart: Noen gåter og puslespill

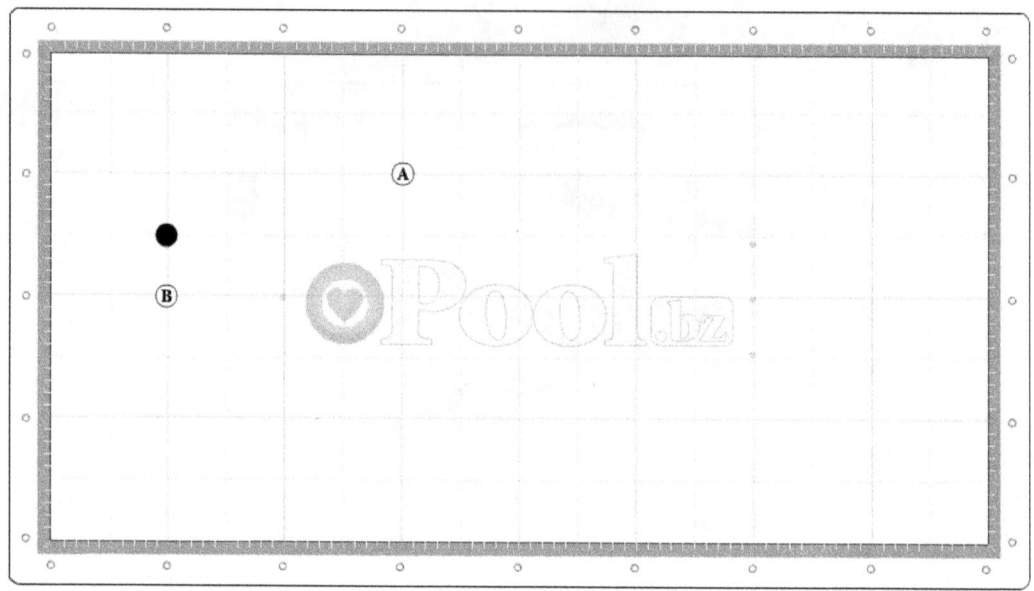

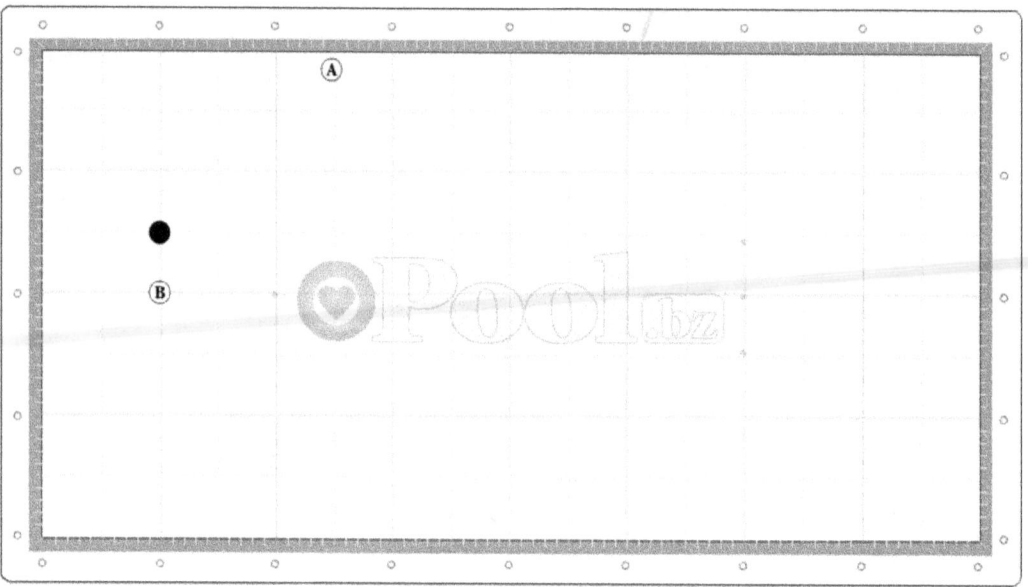

NOTATER OG IDEER:

Gruppe 2, sett 3

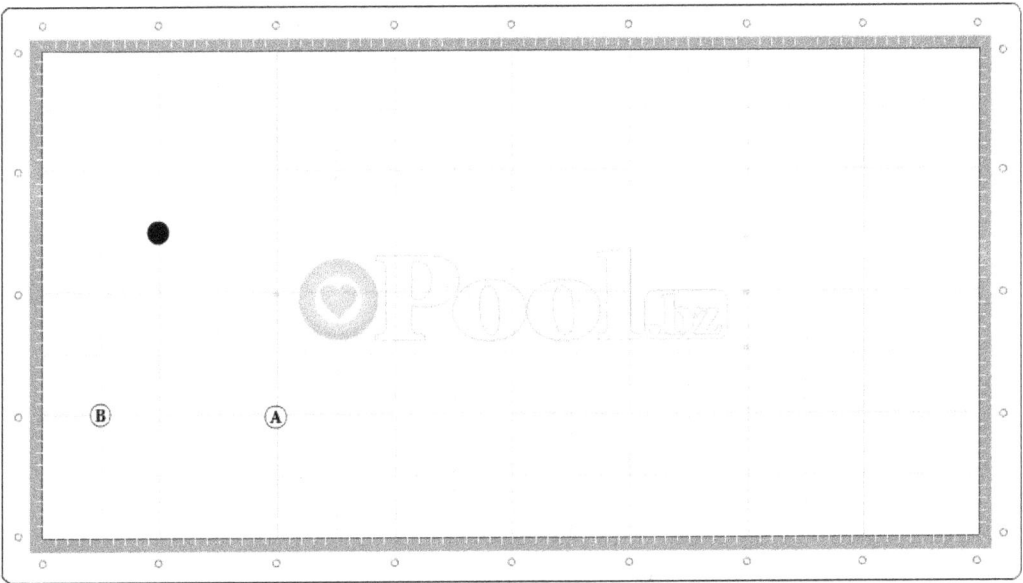

NOTATER OG IDEER:

Carambole biljart: Noen gåter og puslespill

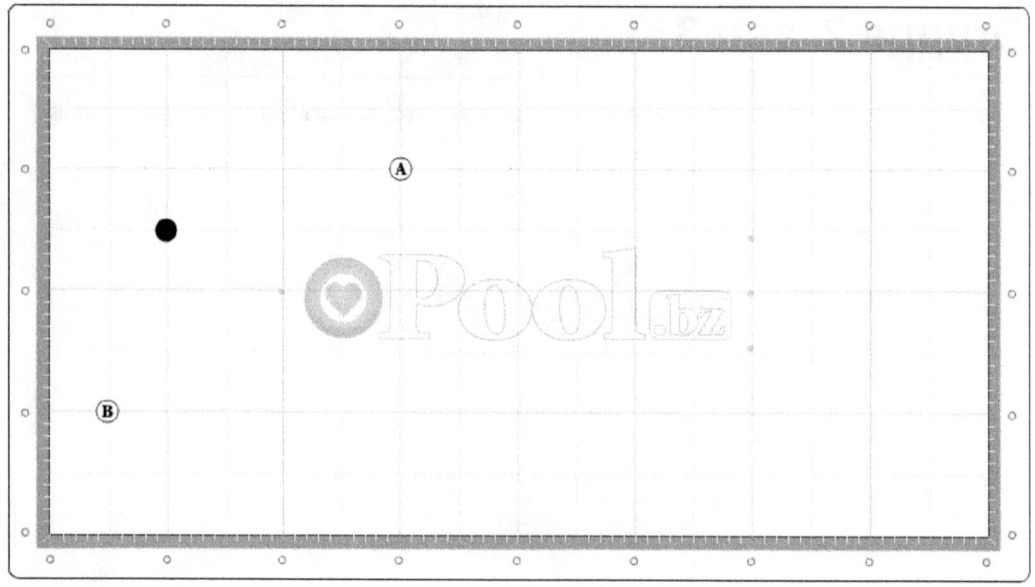

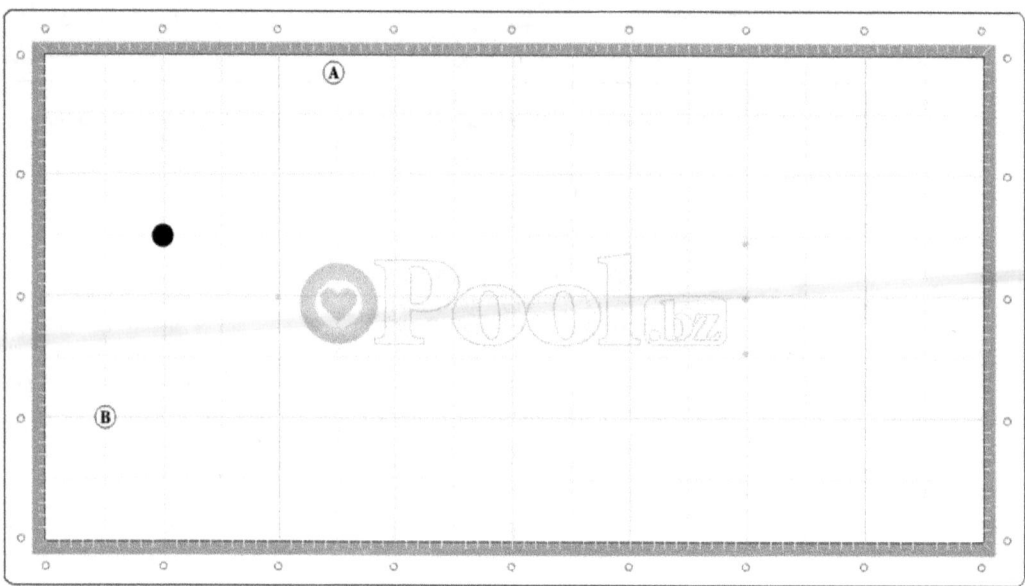

NOTATER OG IDEER:

Gruppe 2, sett 4

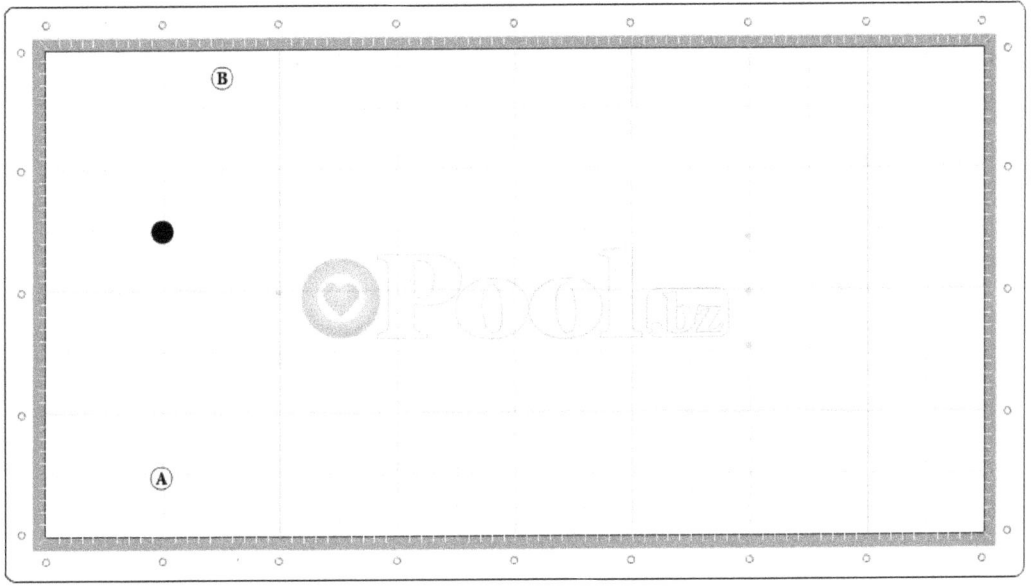

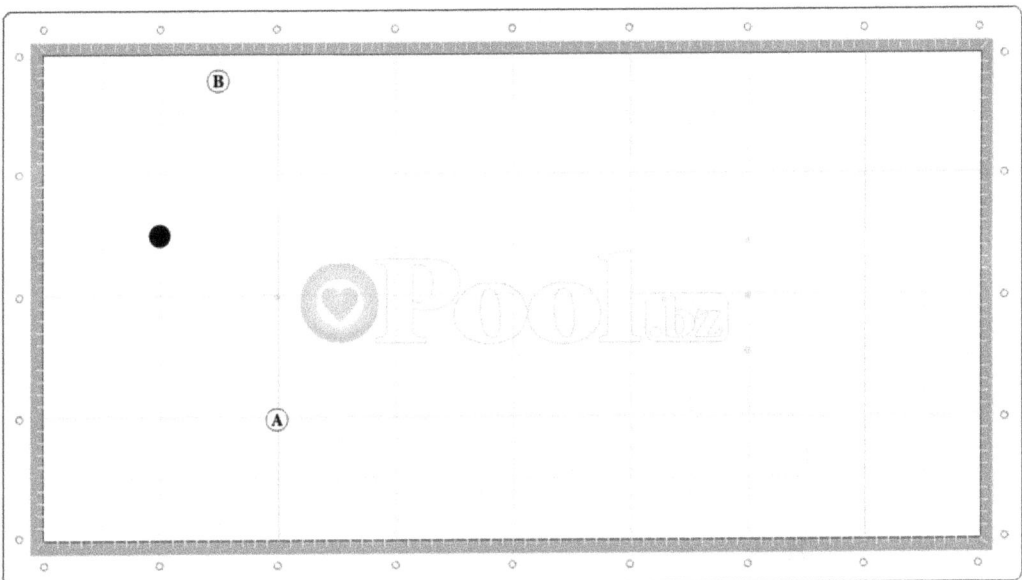

NOTATER OG IDEER:

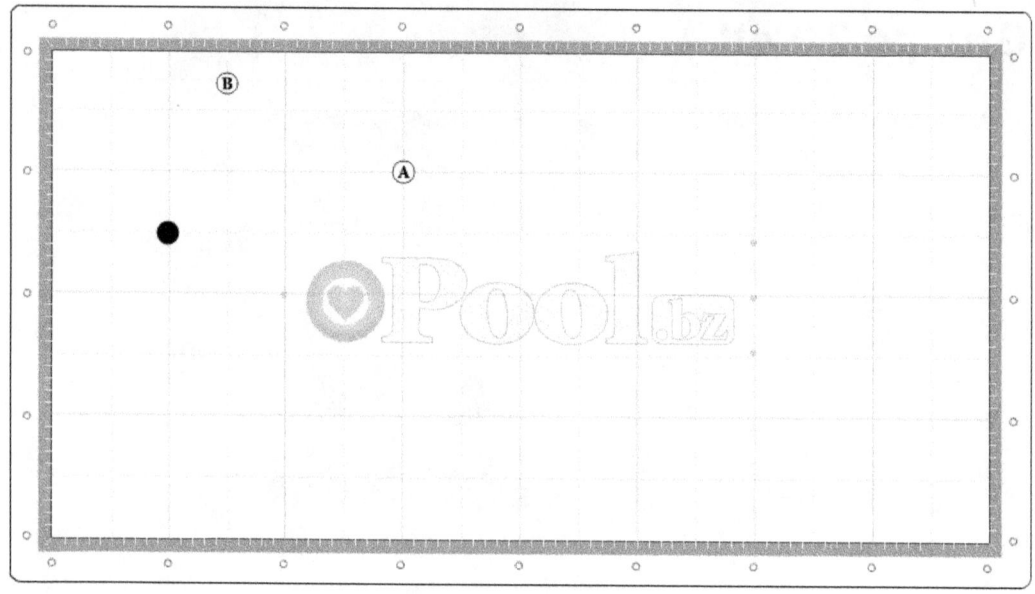

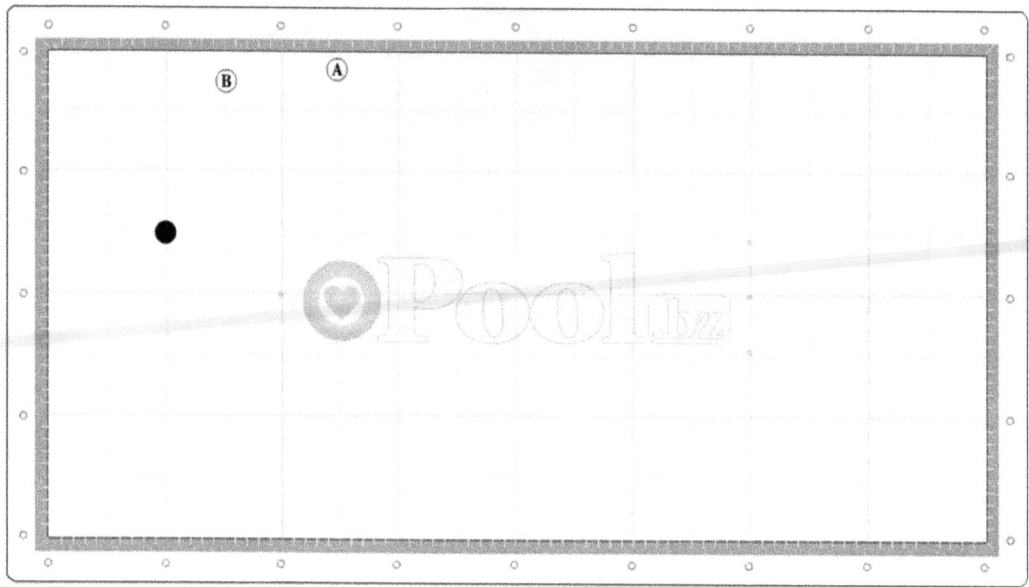

NOTATER OG IDEER:

Gruppe 2, sett 5

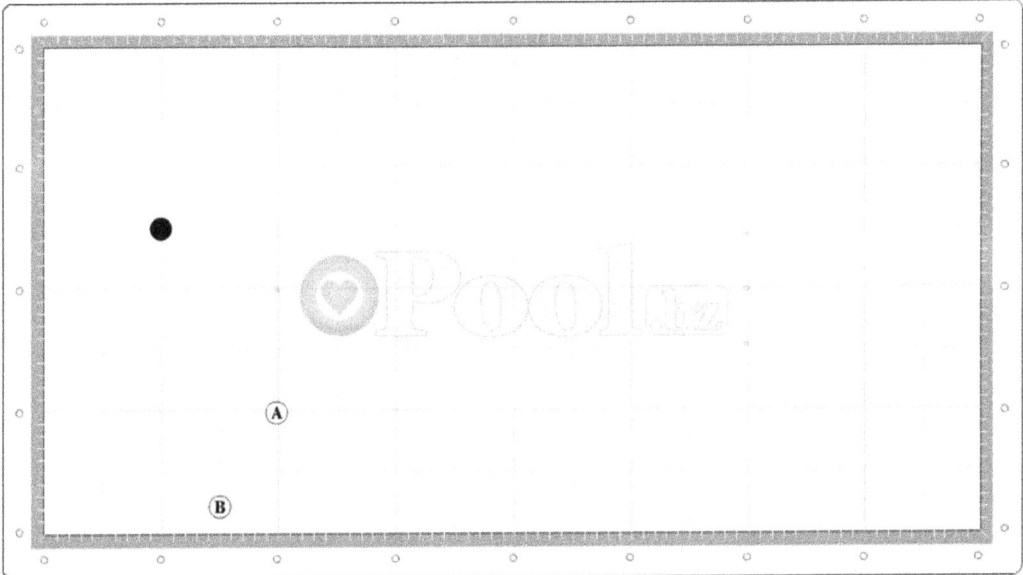

NOTATER OG IDEER:

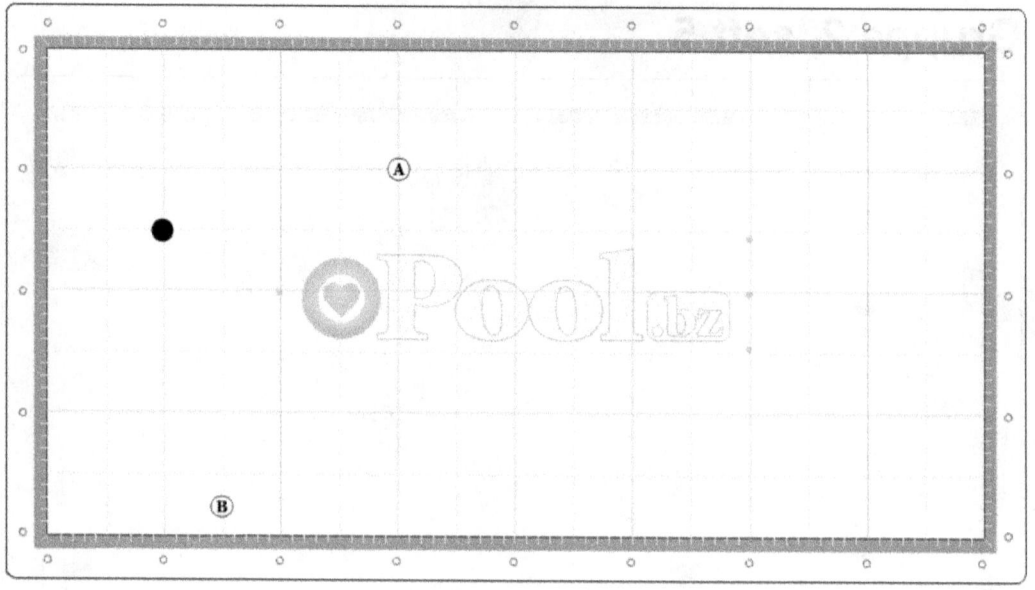

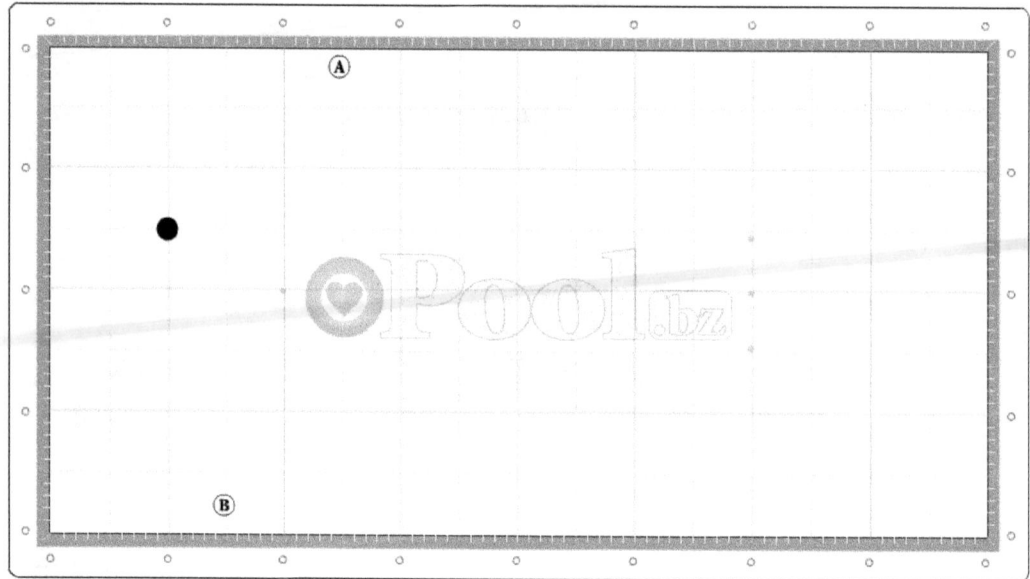

NOTATER OG IDEER:

Gruppe 2, sett 6

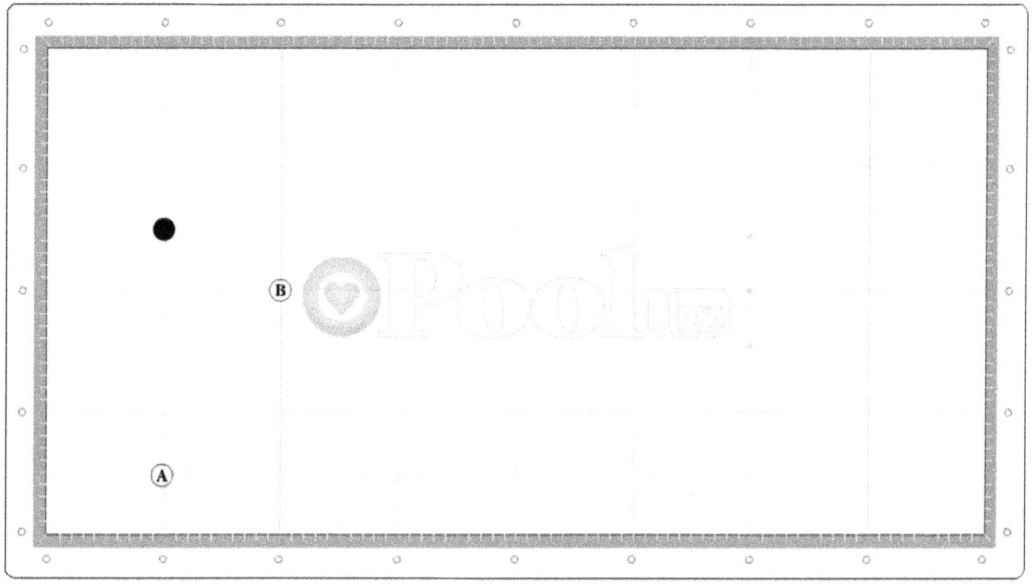

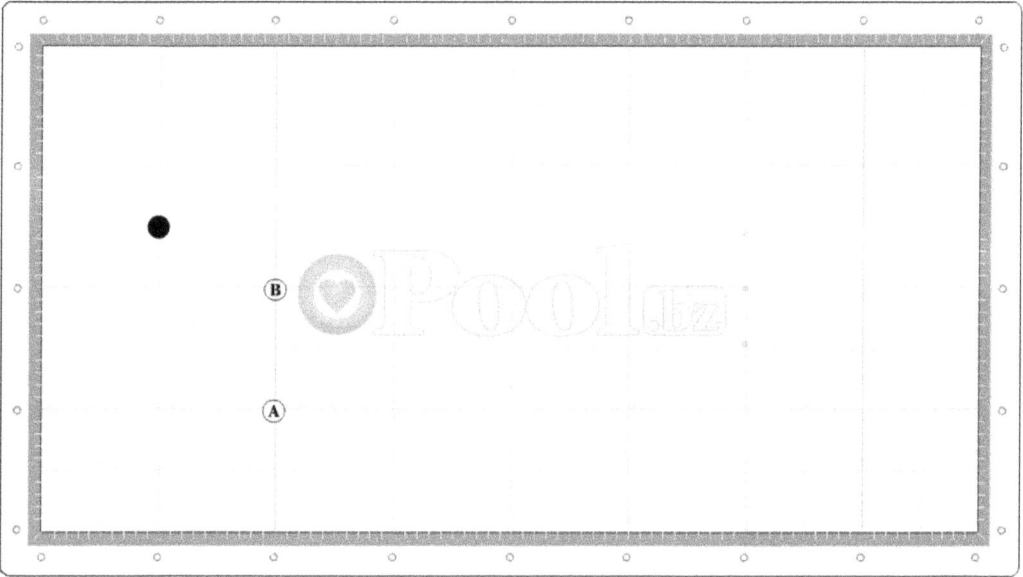

NOTATER OG IDEER:

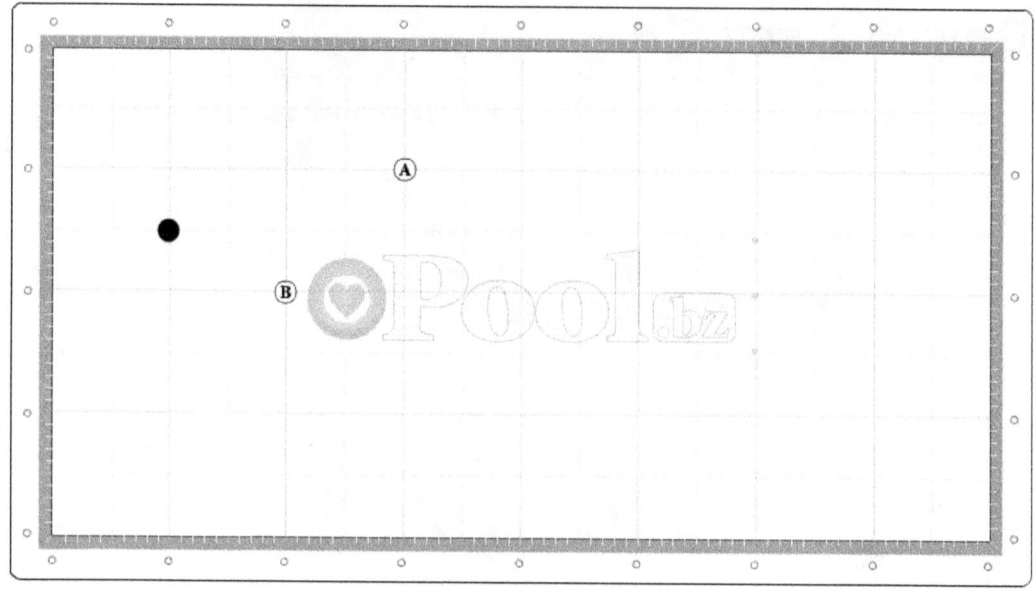

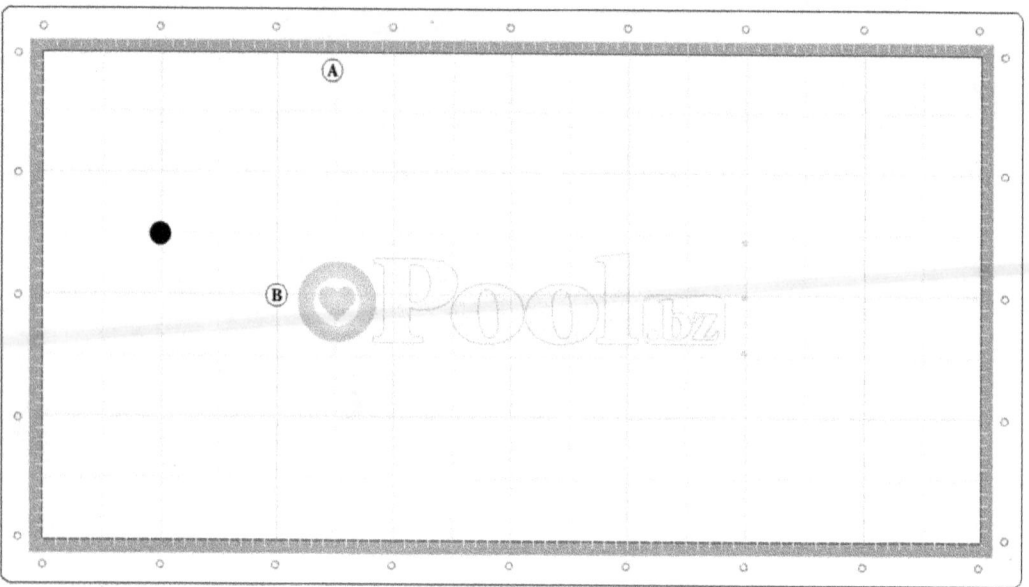

NOTATER OG IDEER:

Gruppe 2, sett 7

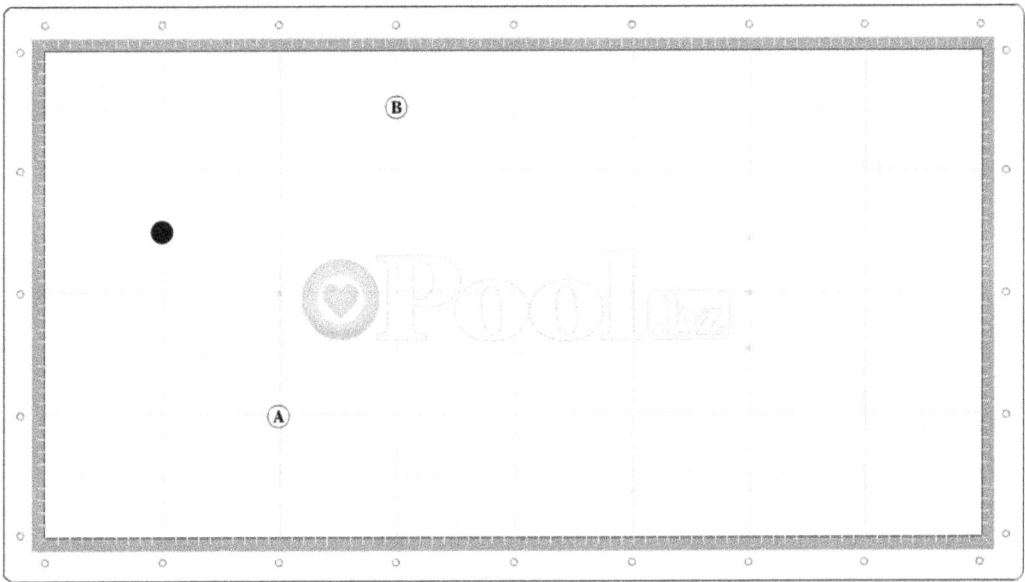

NOTATER OG IDEER:

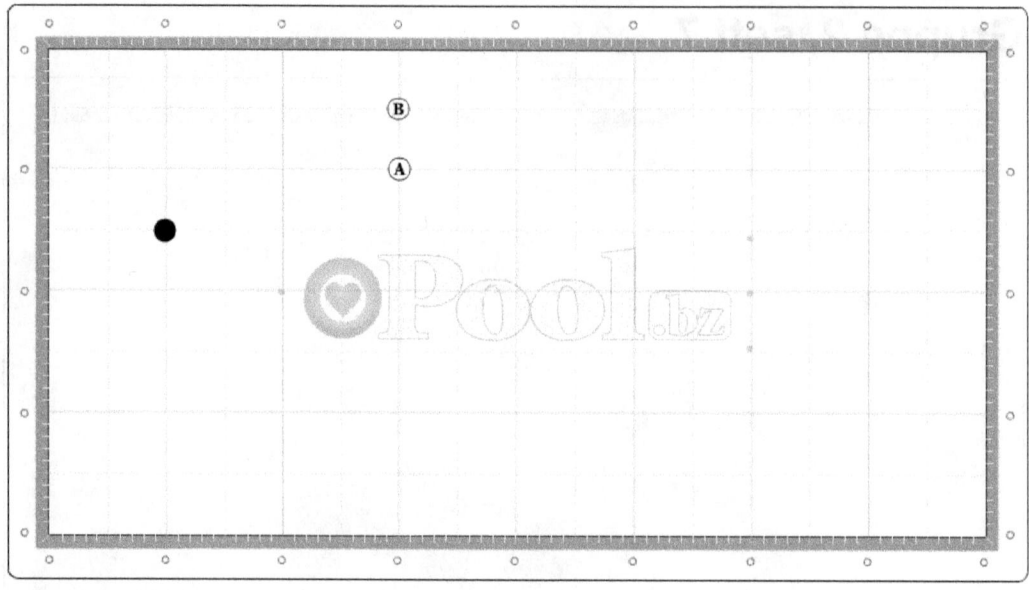

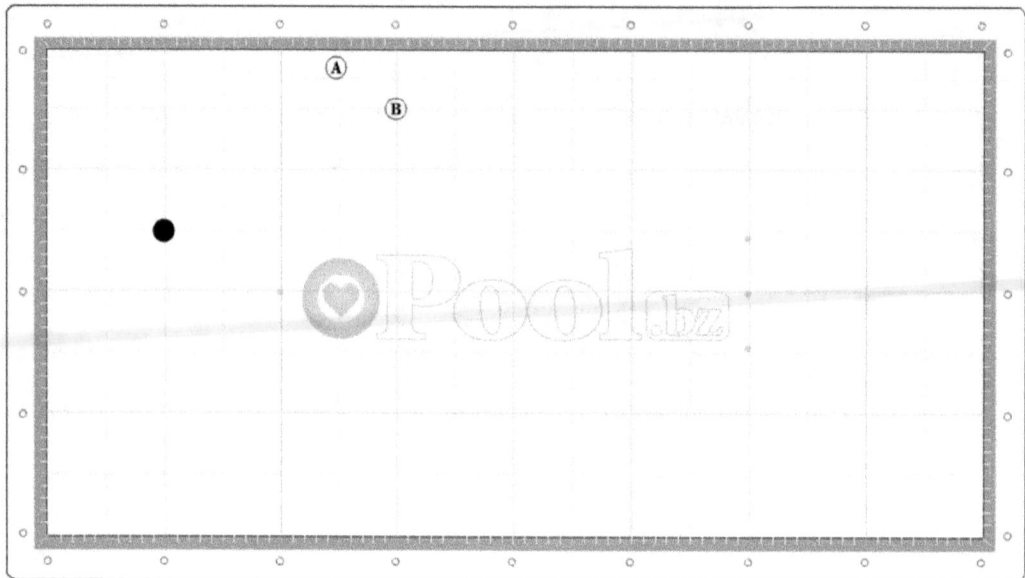

NOTATER OG IDEER:

Gruppe 2, sett 8

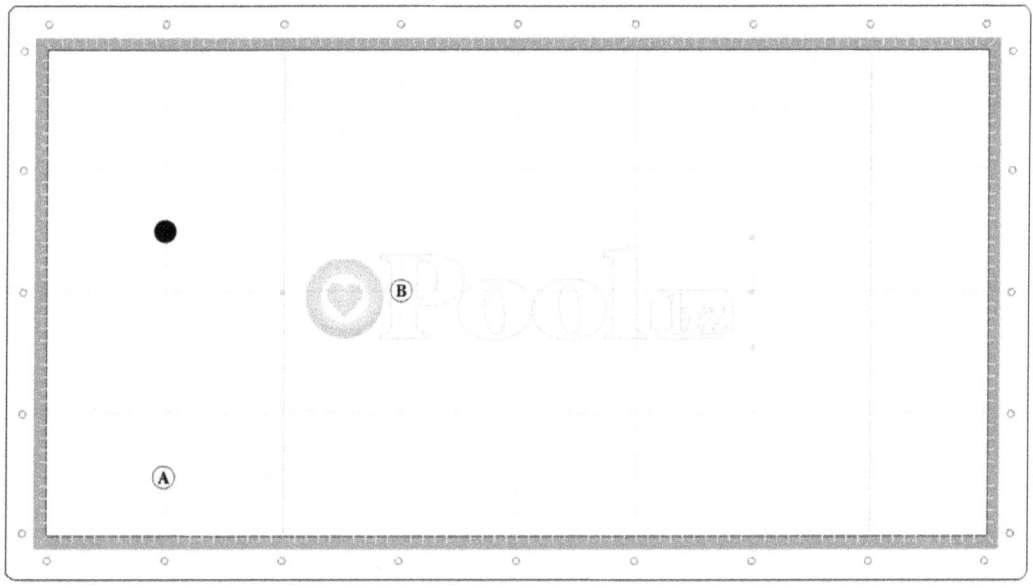

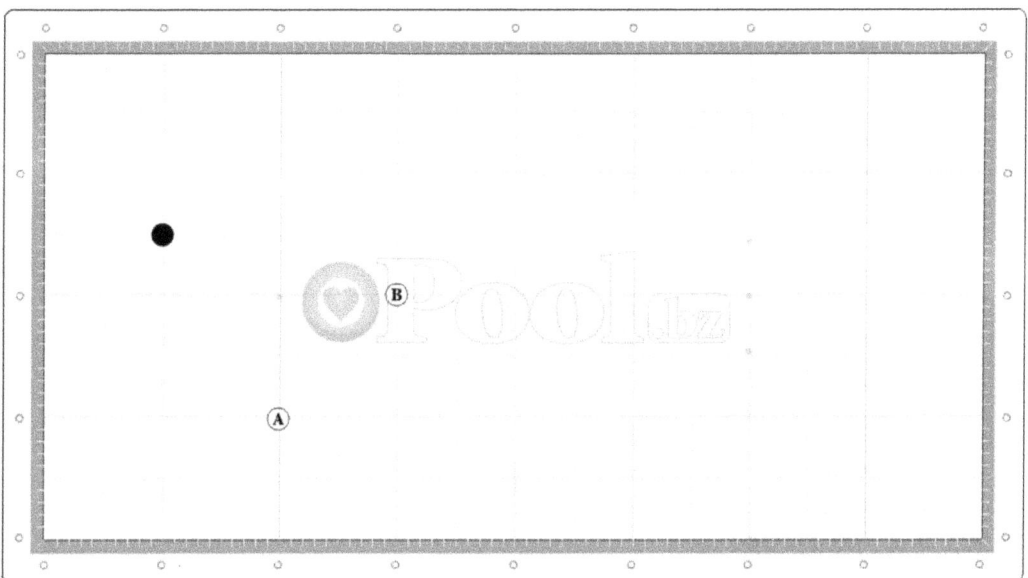

NOTATER OG IDEER:

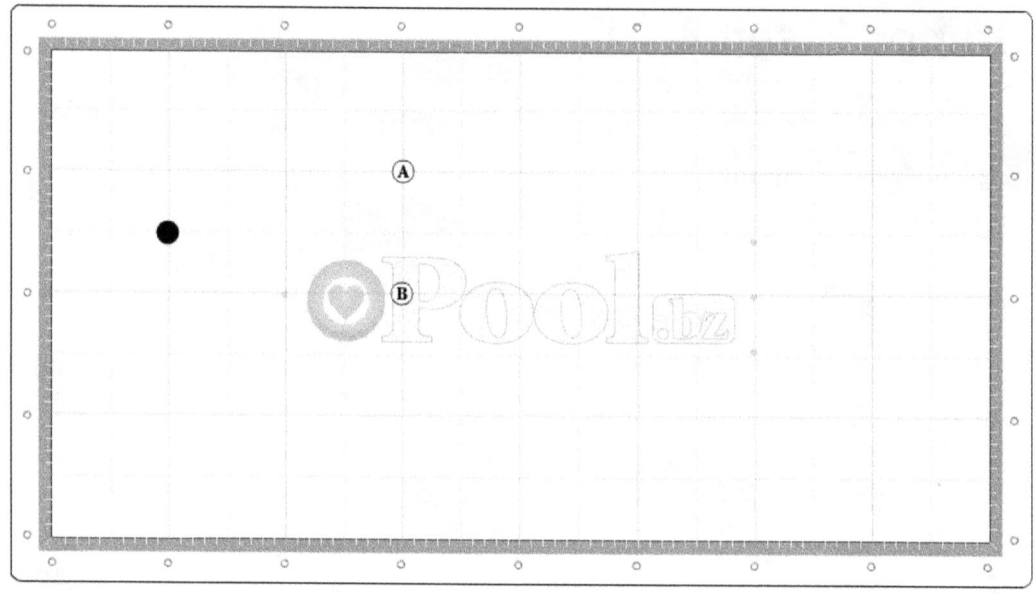

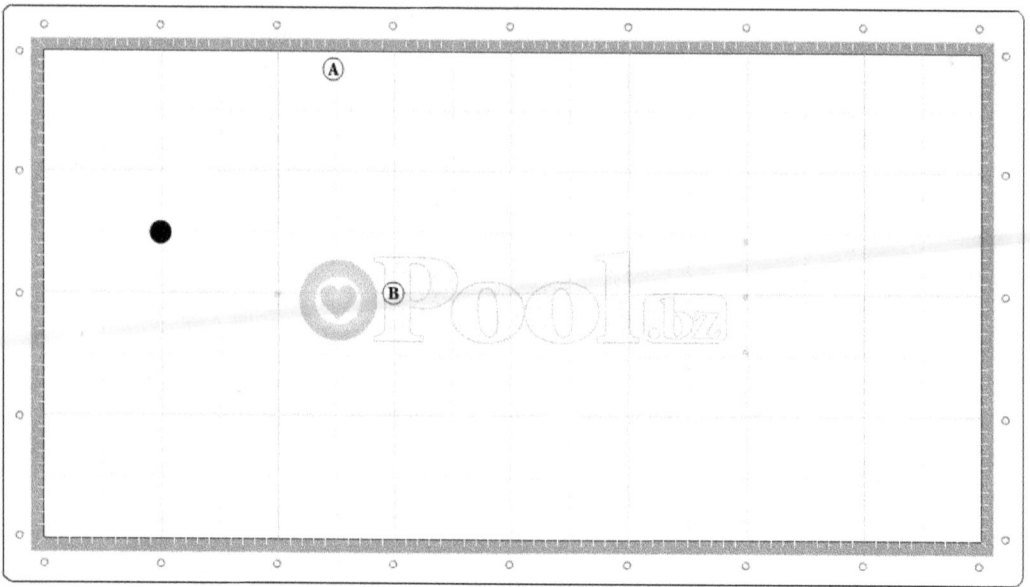

NOTATER OG IDEER:

Gruppe 2, sett 9

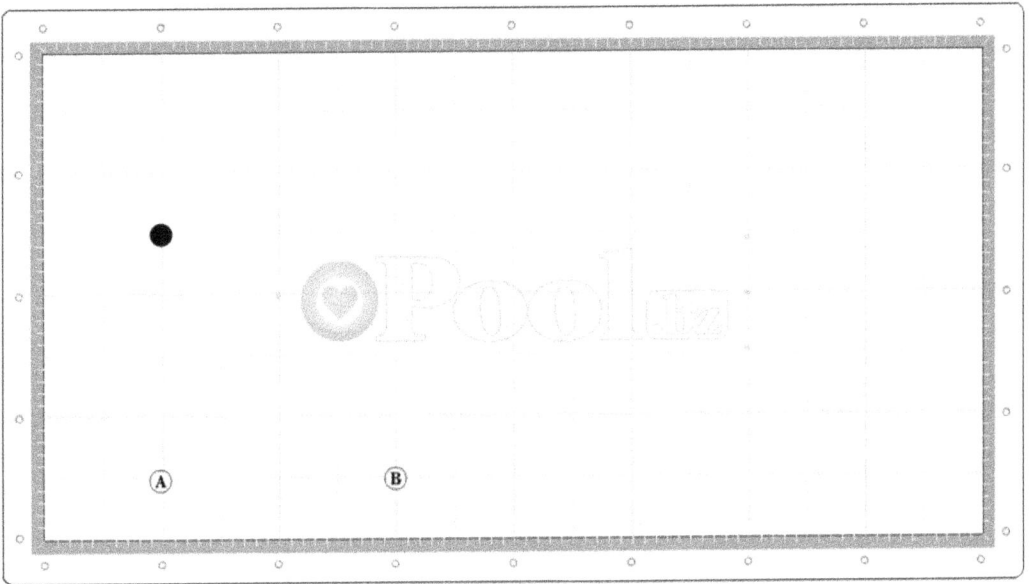

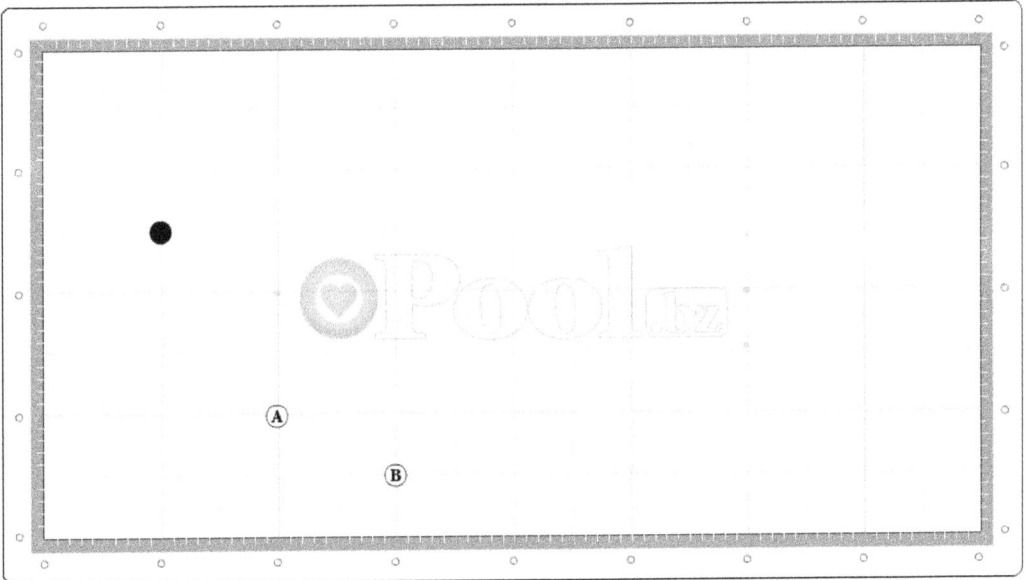

NOTATER OG IDEER:

Carambole biljart: Noen gåter og puslespill

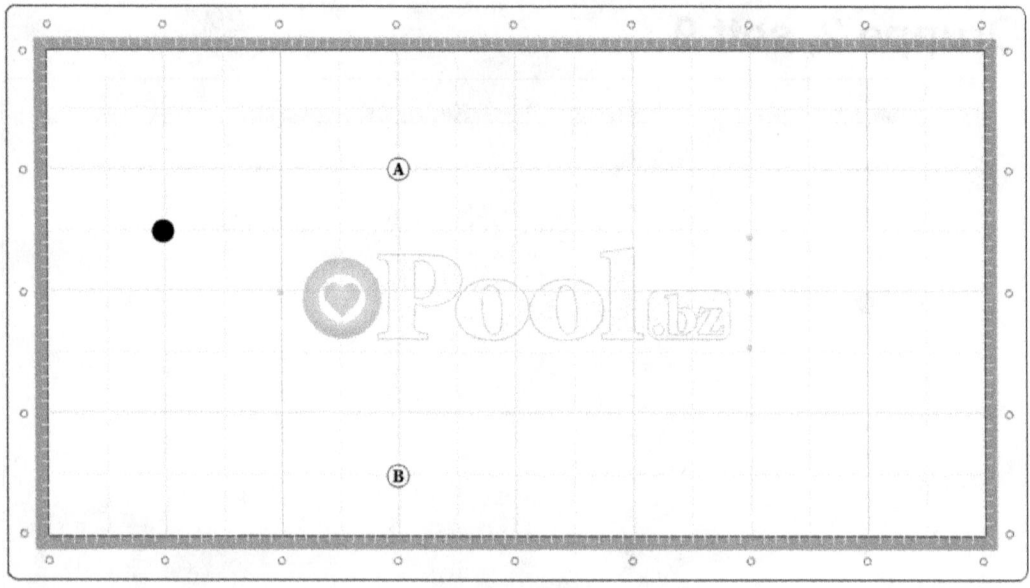

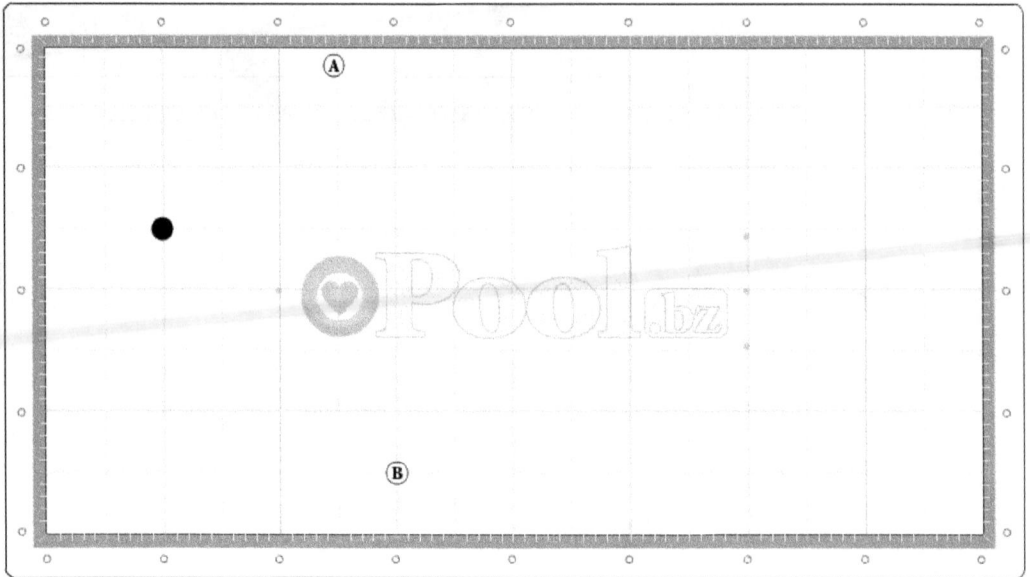

NOTATER OG IDEER:

Gruppe 2, sett 10

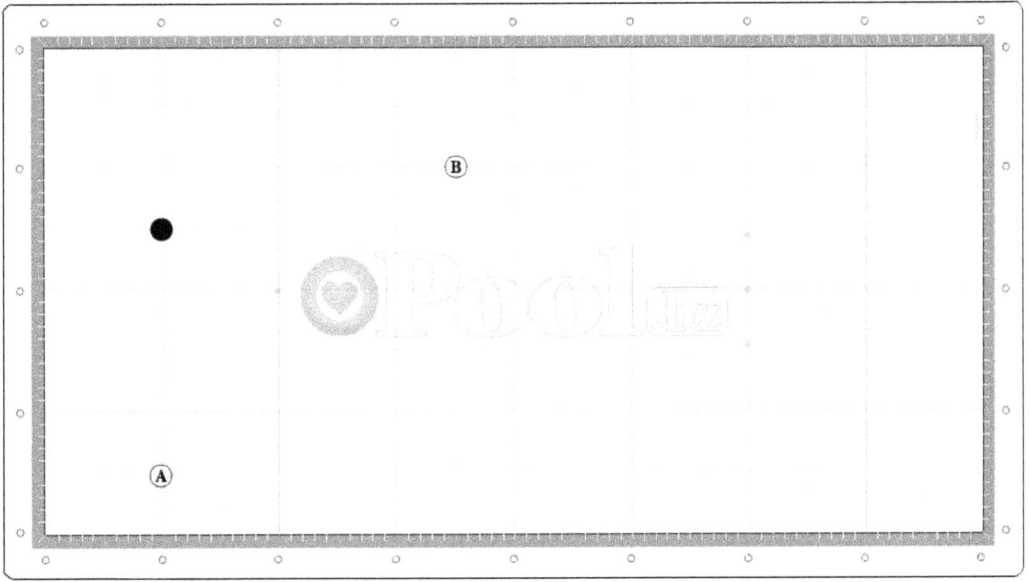

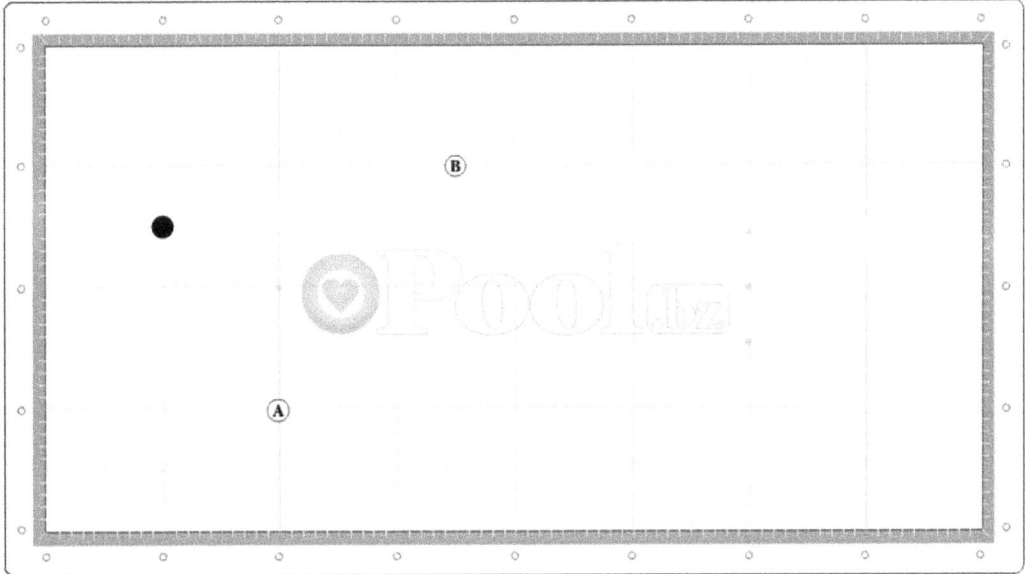

NOTATER OG IDEER:

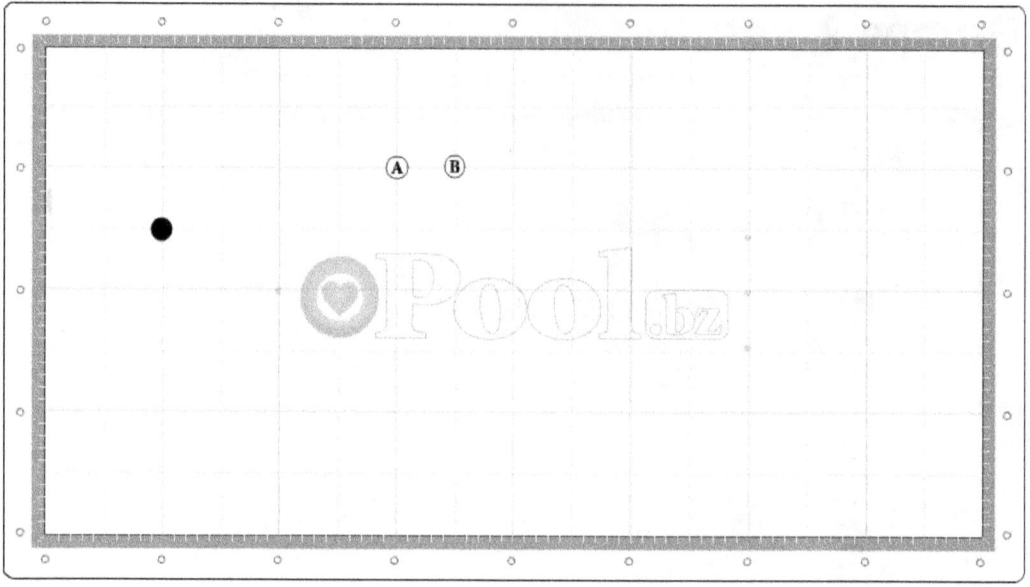

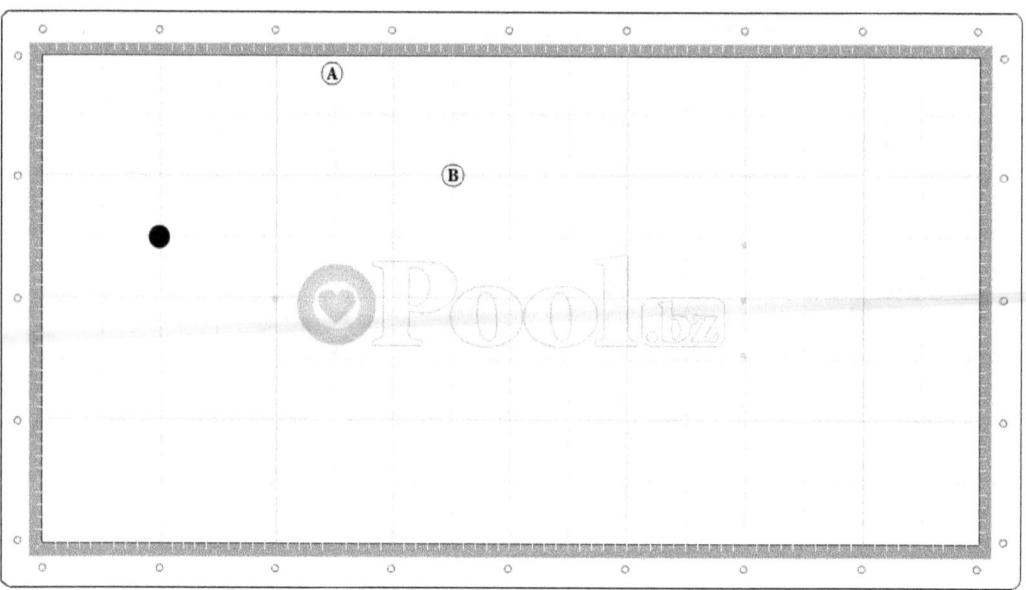

NOTATER OG IDEER:

Gruppe 2, sett 11

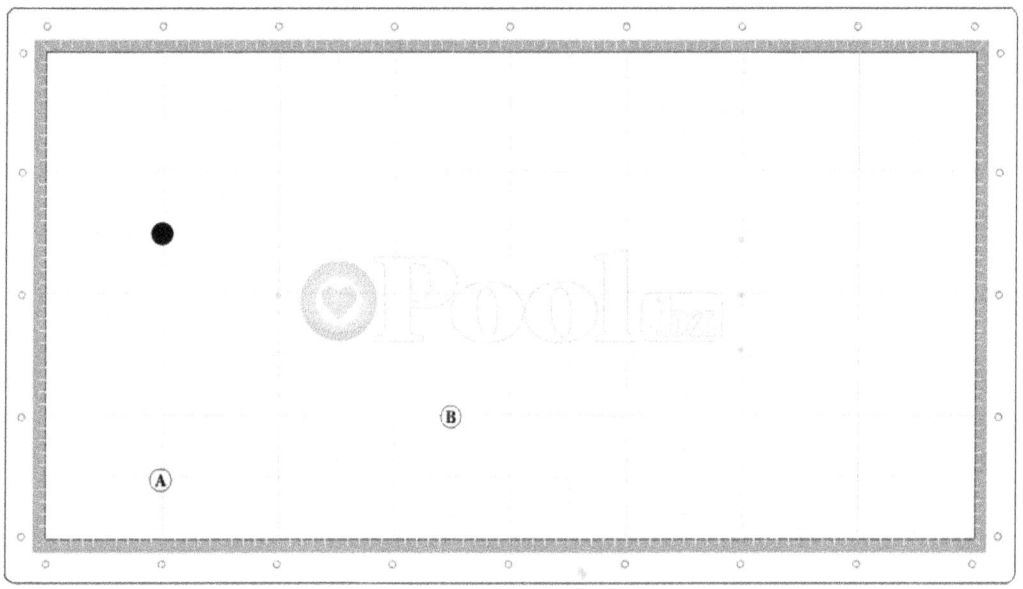

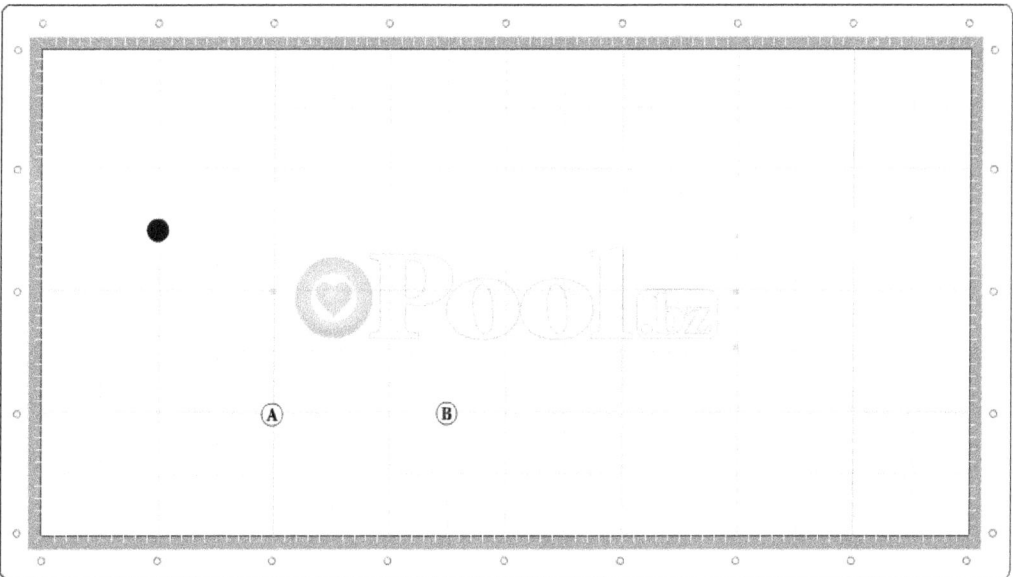

NOTATER OG IDEER:

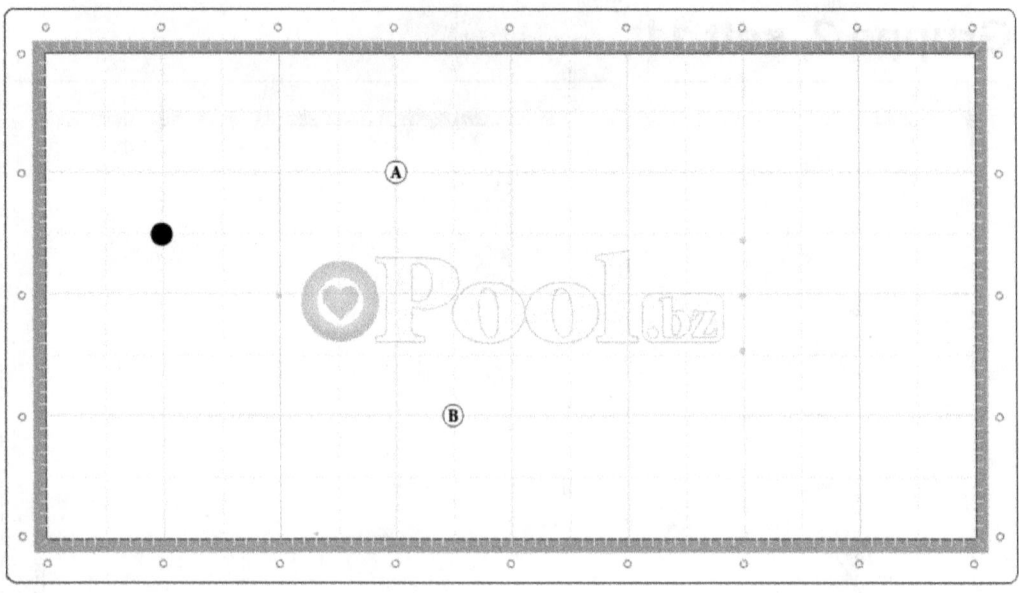

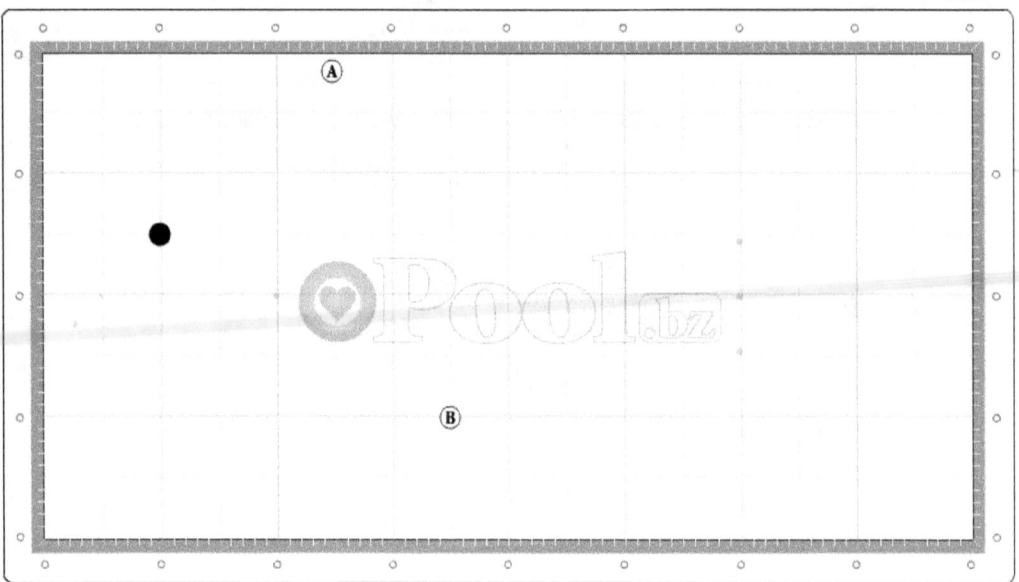

NOTATER OG IDEER:

GRUPPE 3
Gruppe 3, sett 1

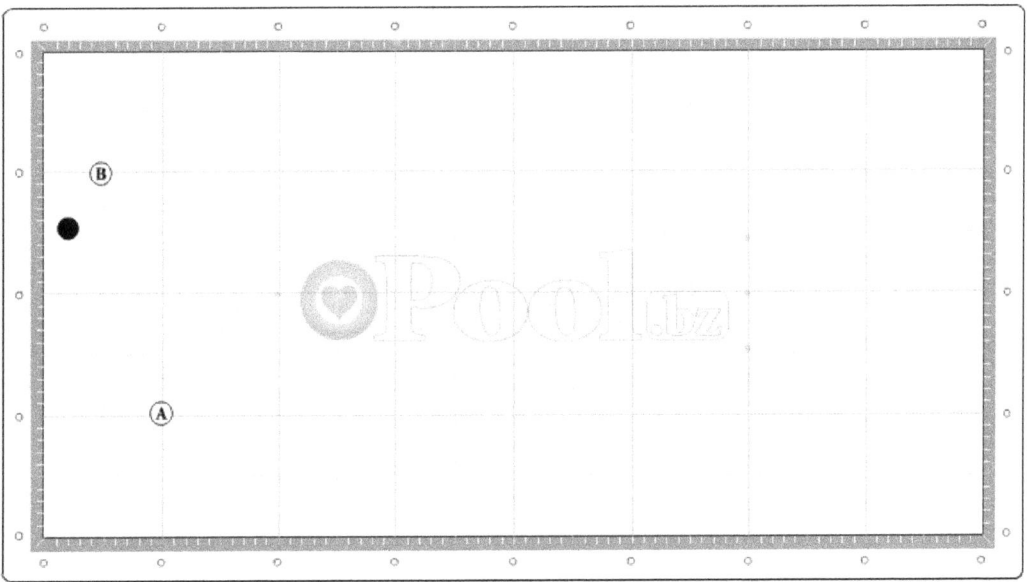

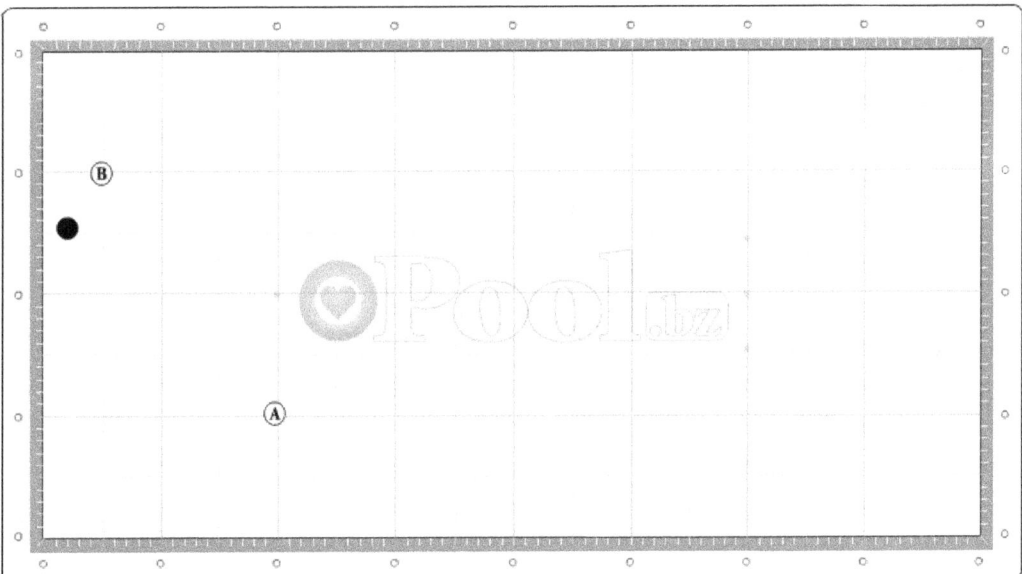

NOTATER OG IDEER:

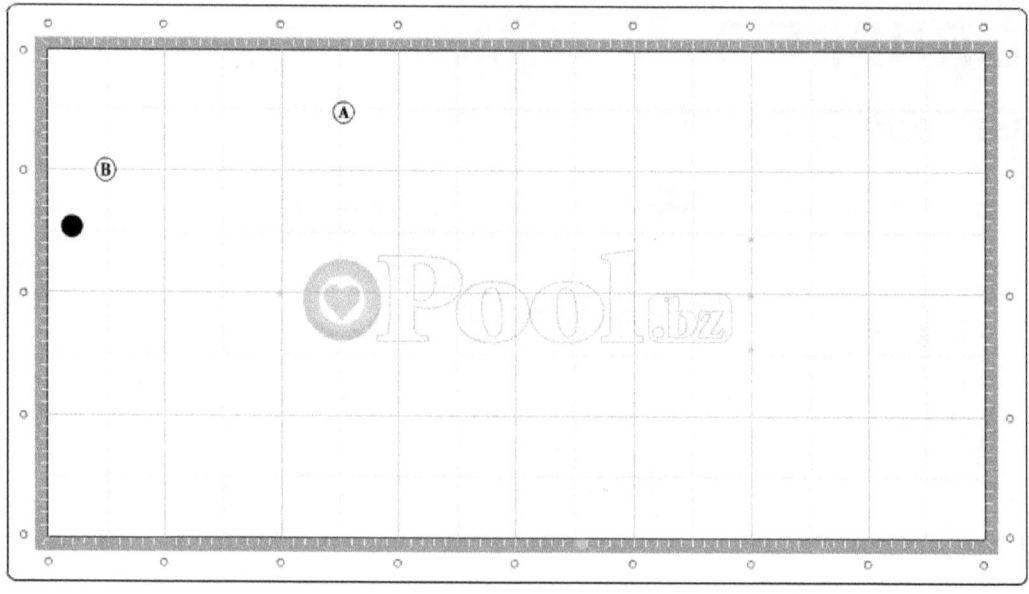

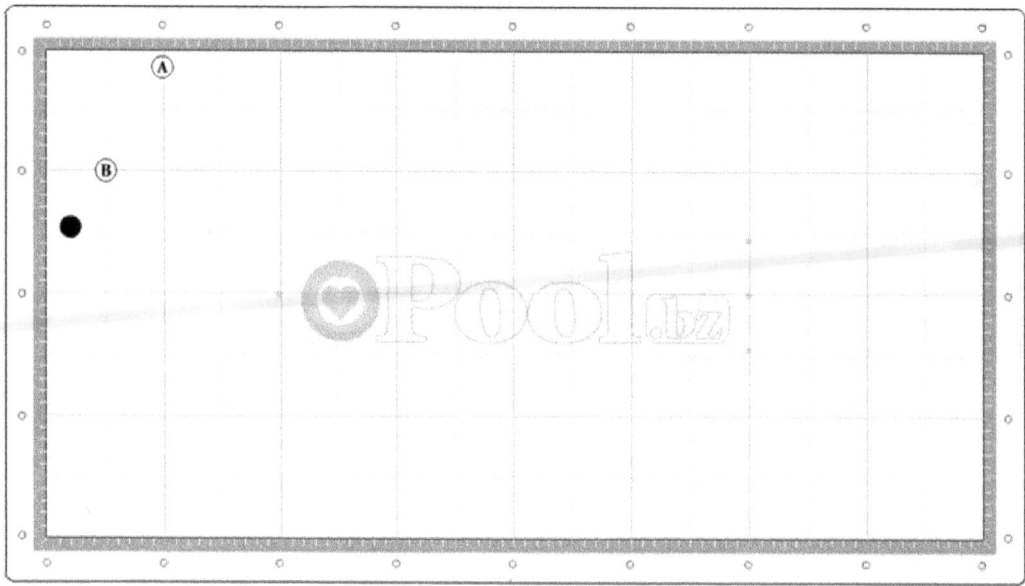

NOTATER OG IDEER:

Gruppe 3, sett 2

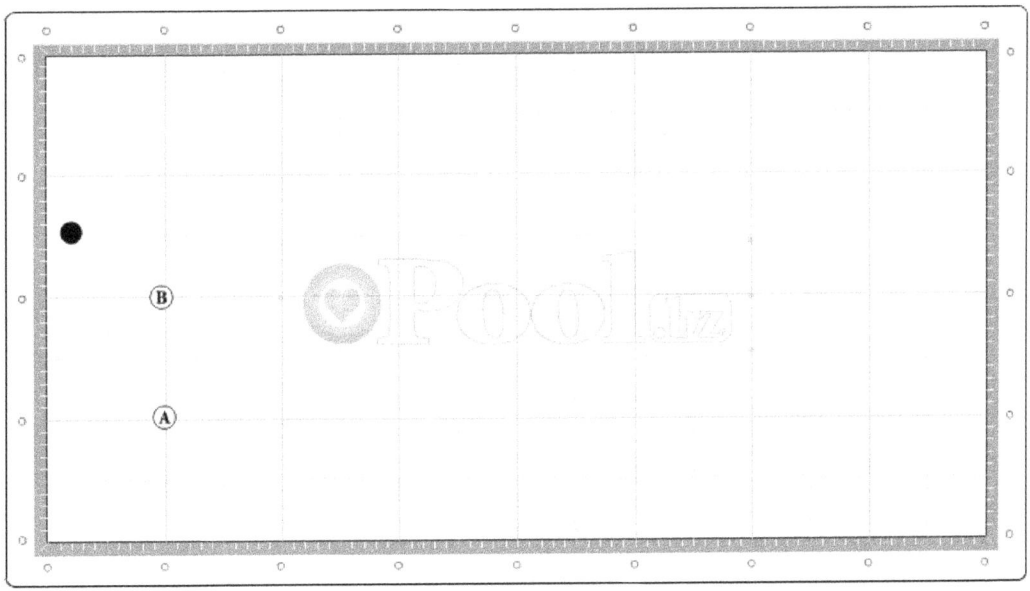

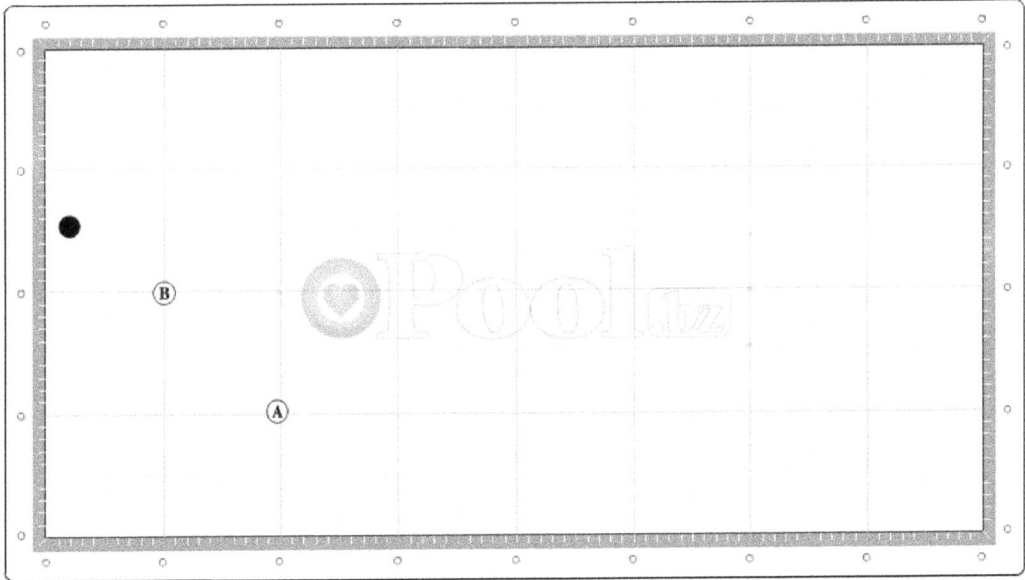

NOTATER OG IDEER:

Carambole biljart: Noen gåter og puslespill

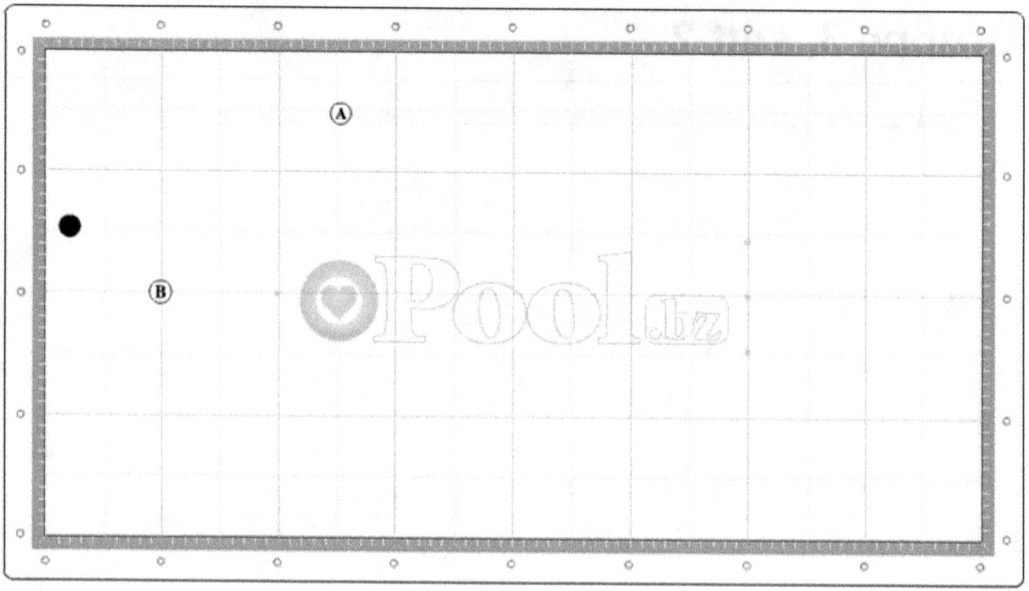

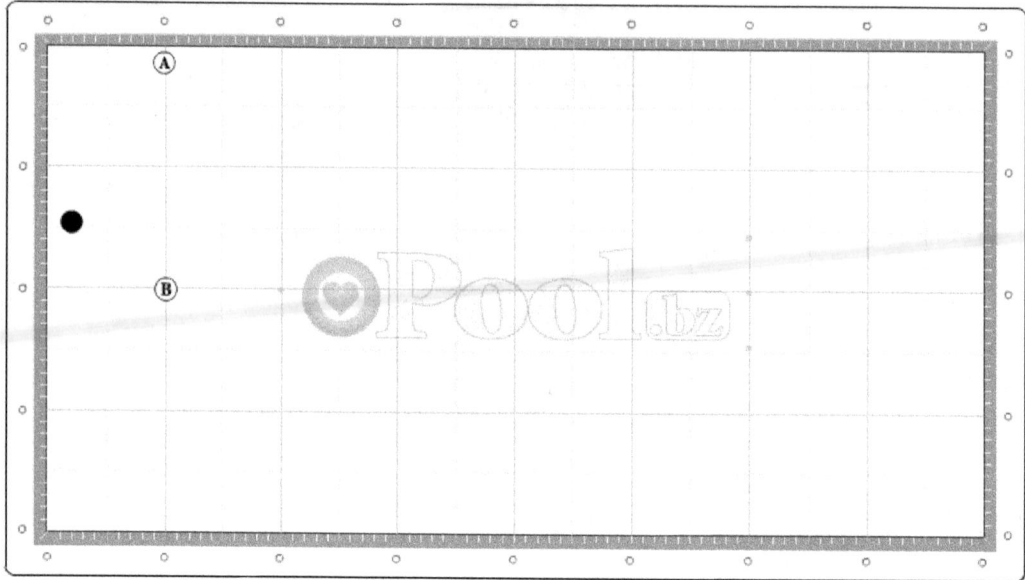

NOTATER OG IDEER:

Gruppe 3, sett 3

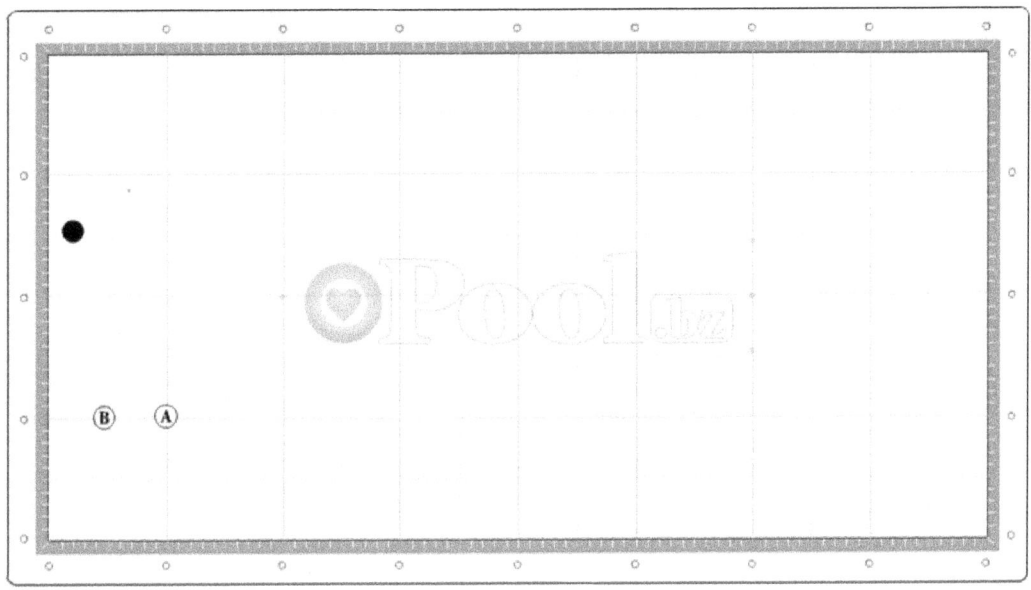

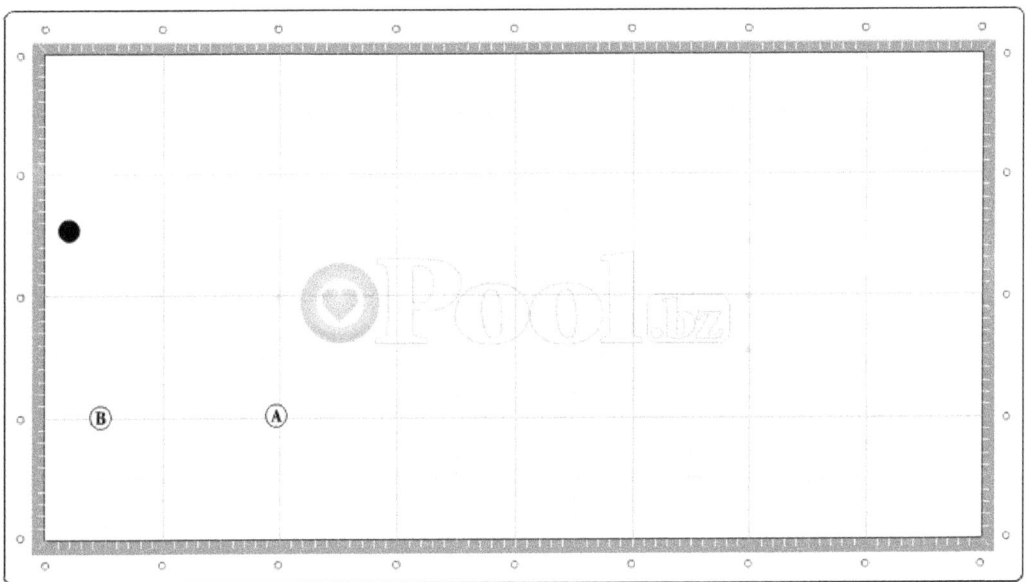

NOTATER OG IDEER:

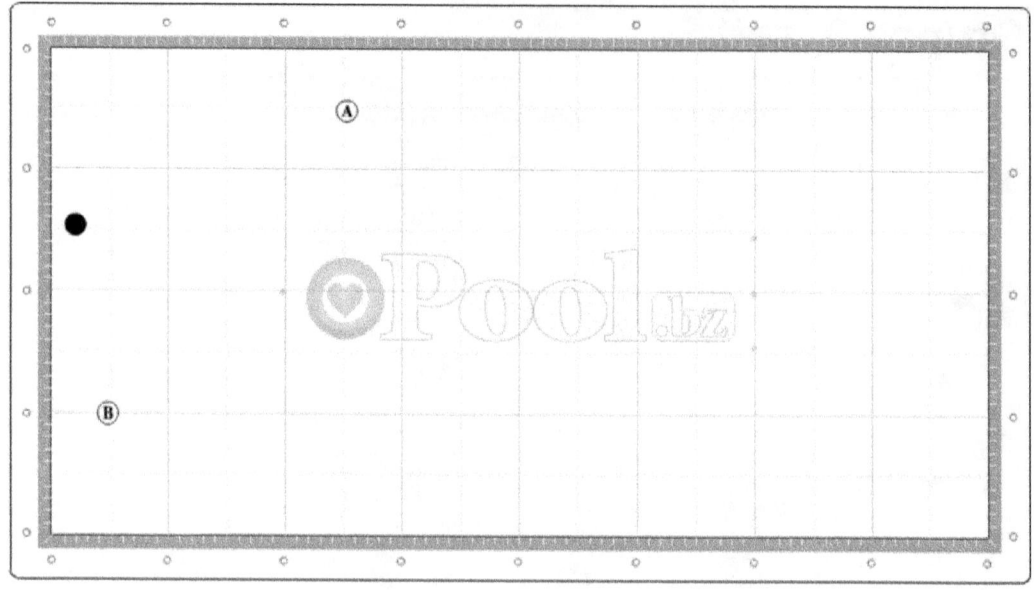

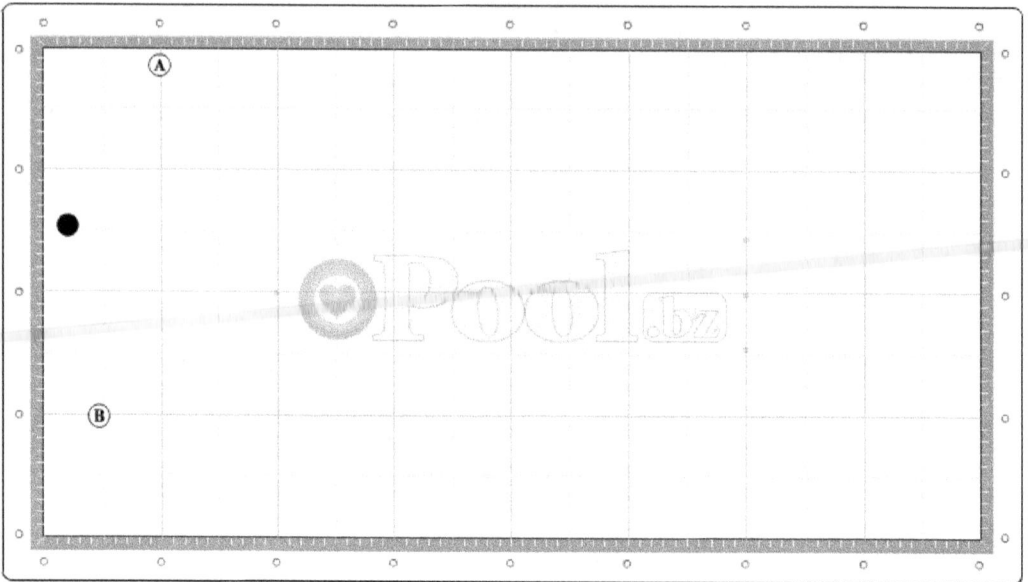

NOTATER OG IDEER:

Gruppe 3, sett 4

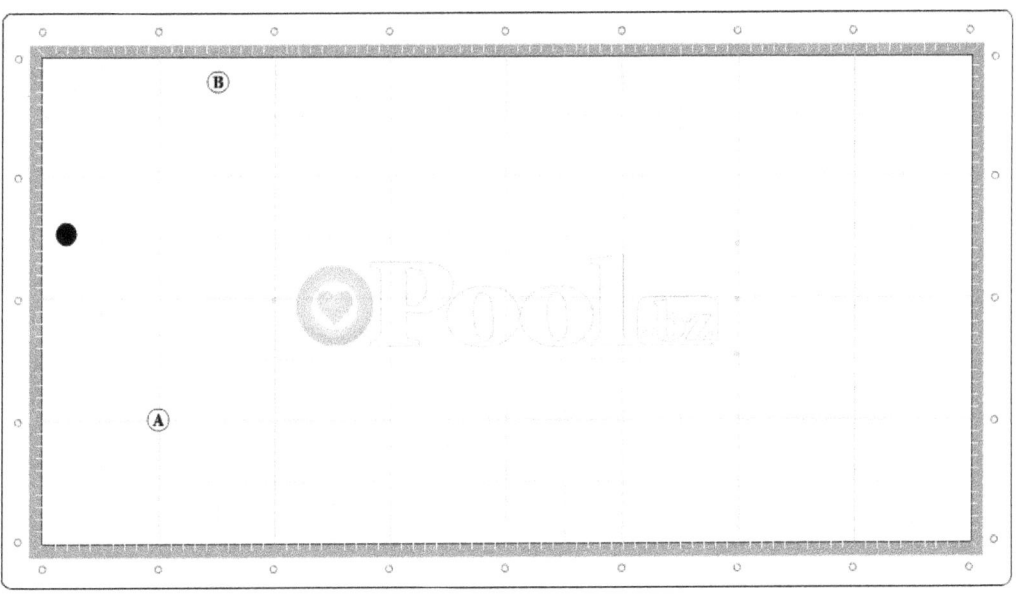

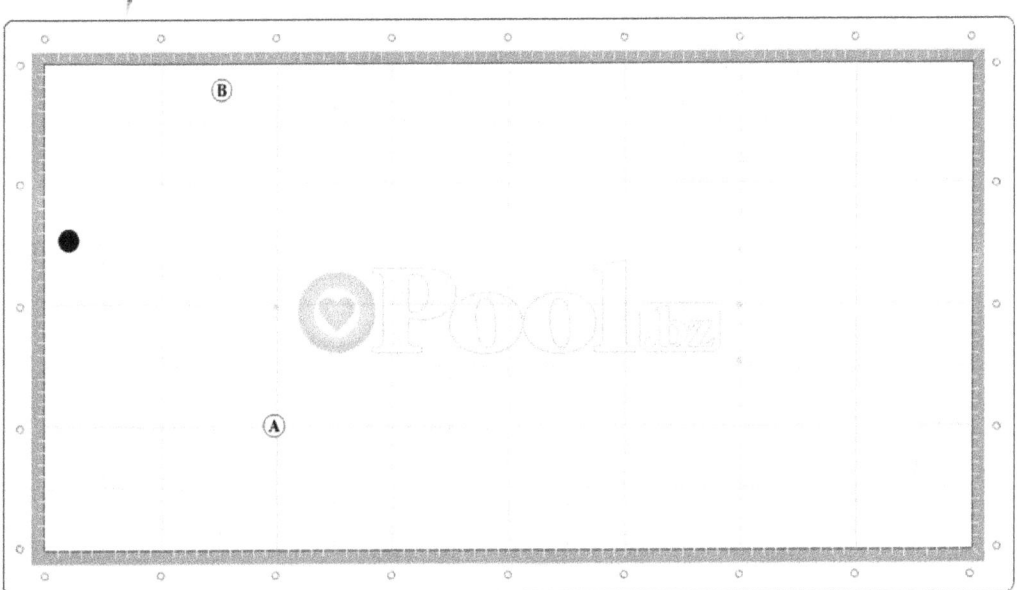

NOTATER OG IDEER:

Carambole biljart: Noen gåter og puslespill

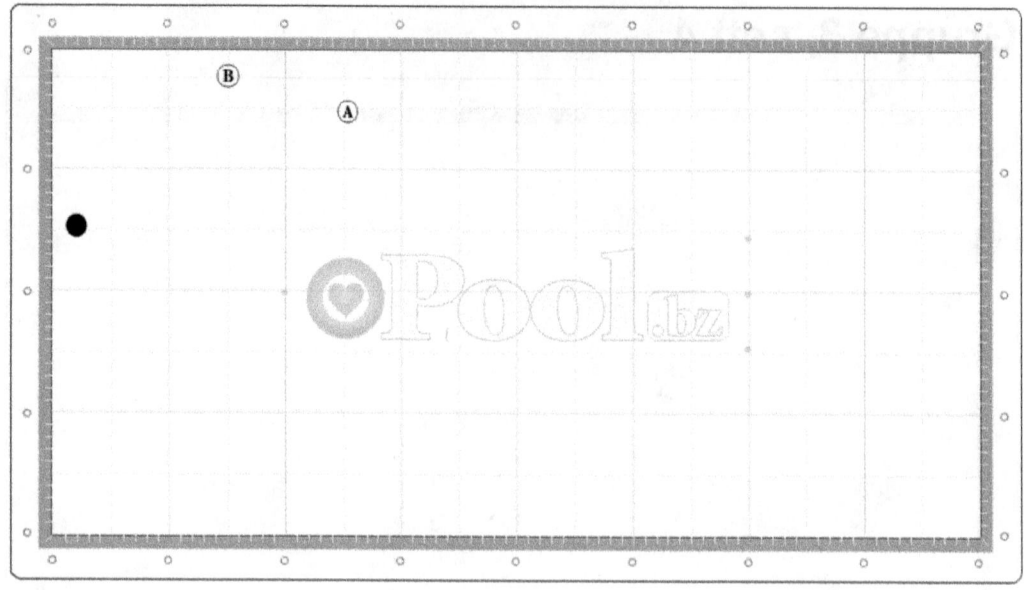

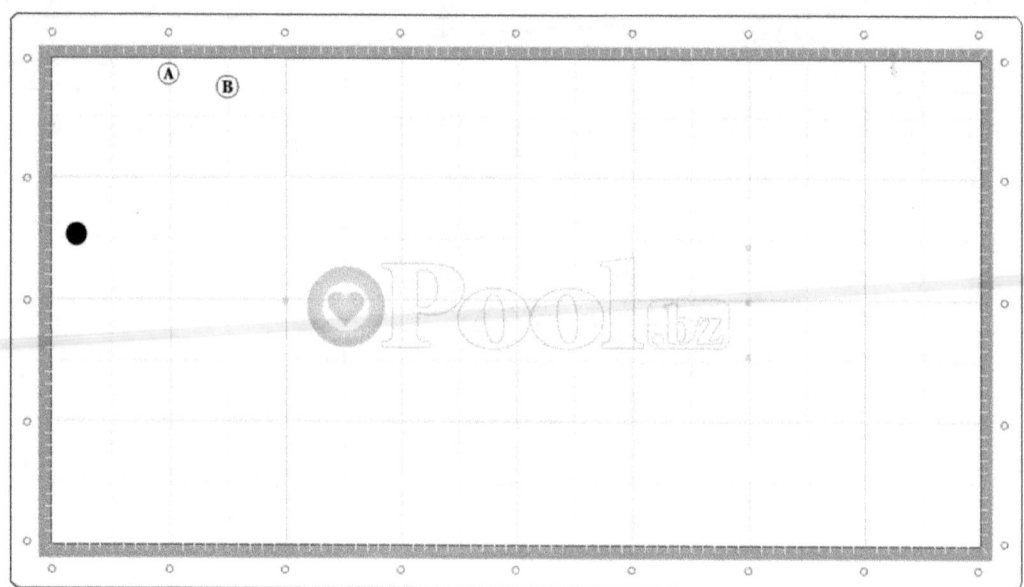

NOTATER OG IDEER:

Gruppe 3, sett 5

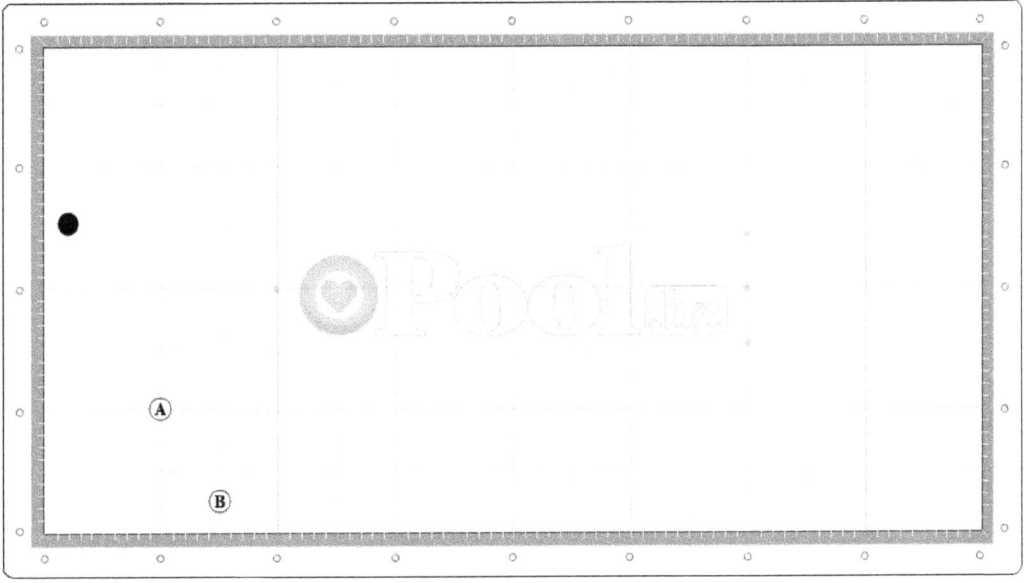

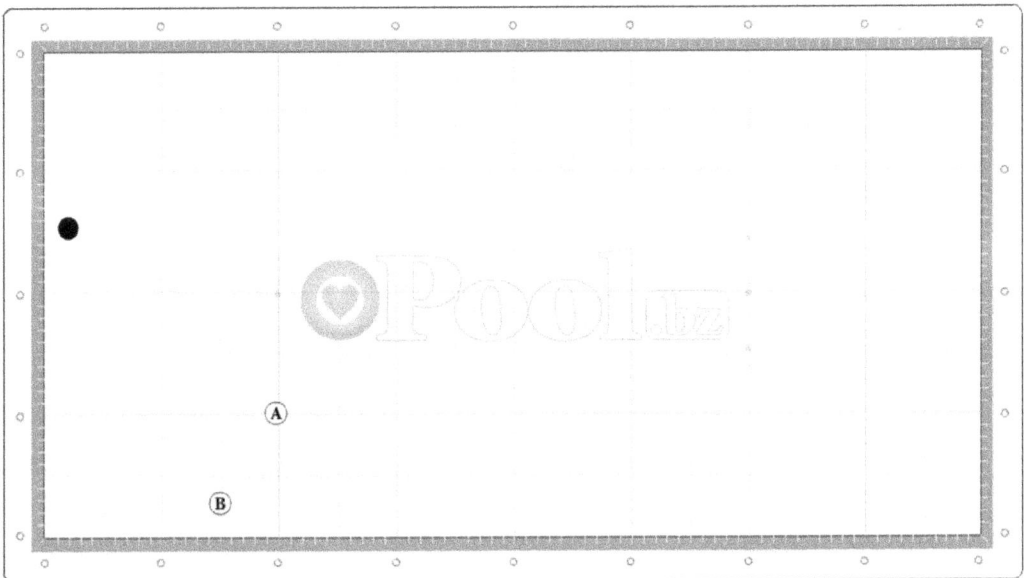

NOTATER OG IDEER:

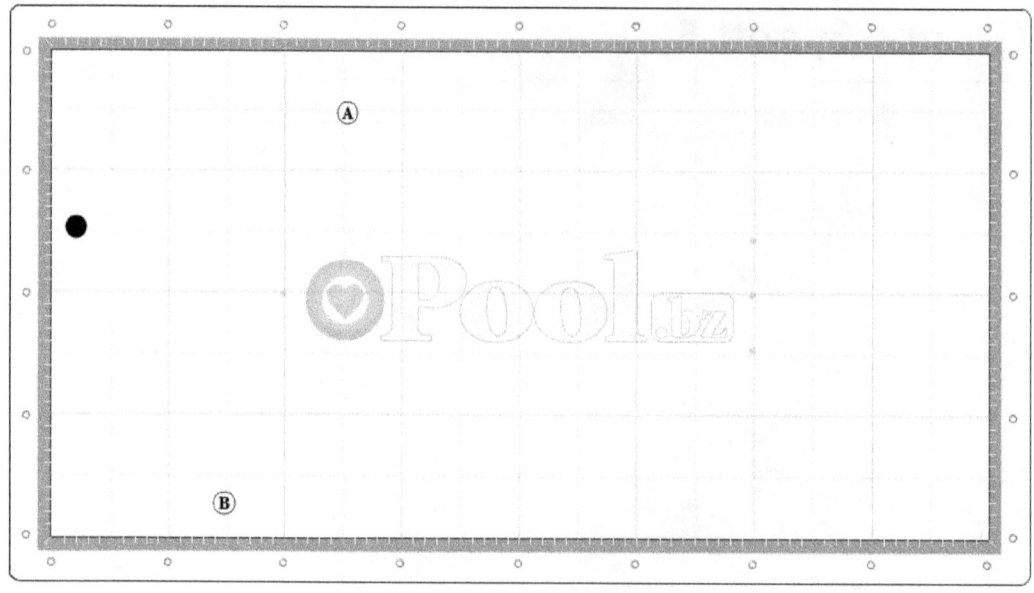

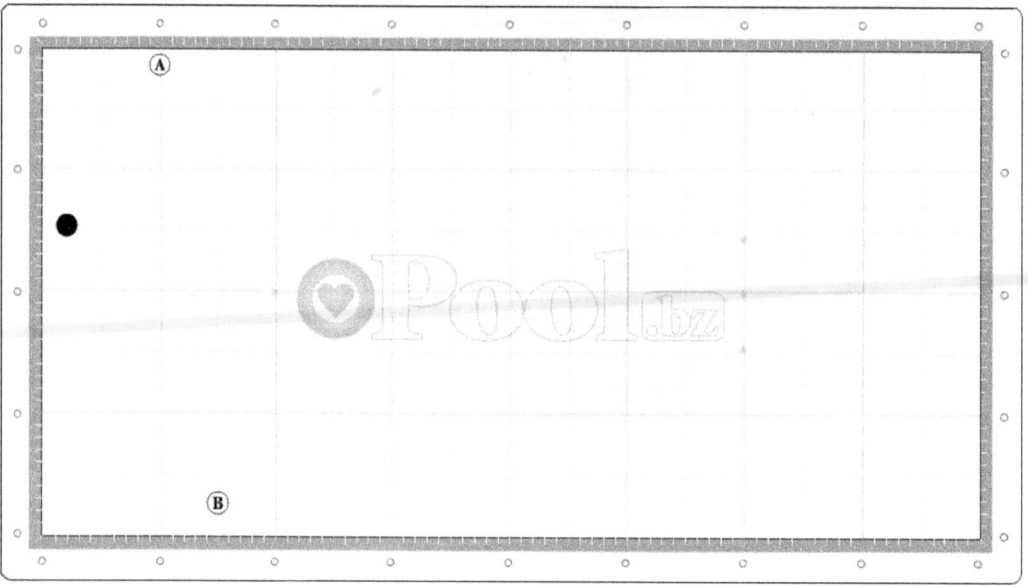

NOTATER OG IDEER:

Gruppe 3, sett 6

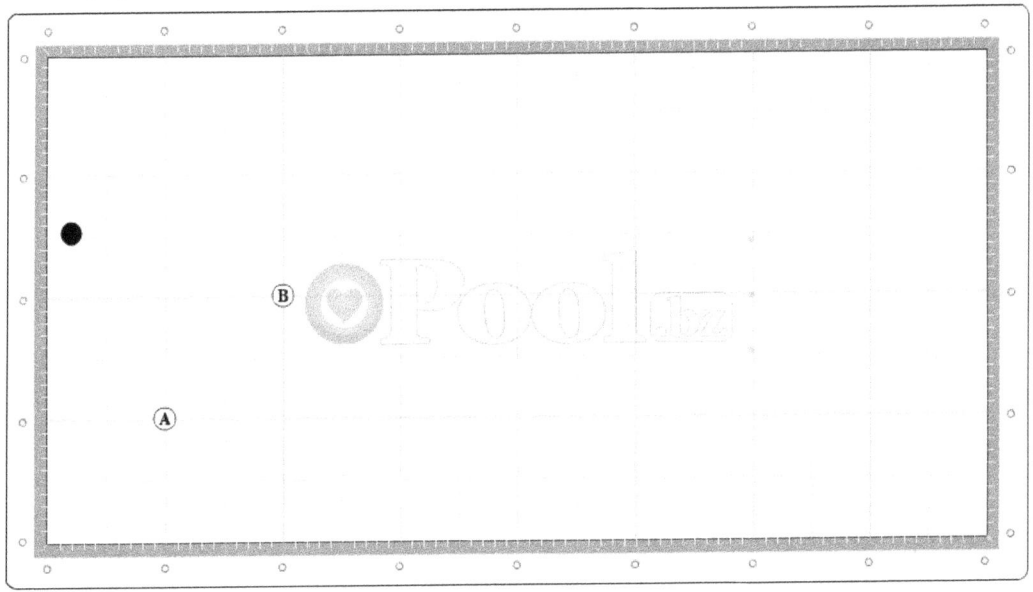

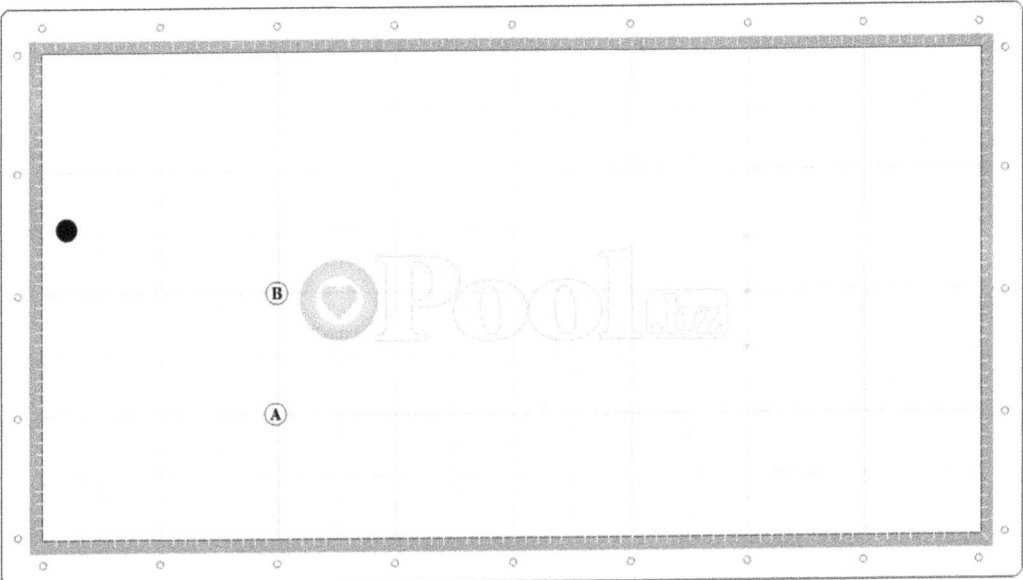

NOTATER OG IDEER:

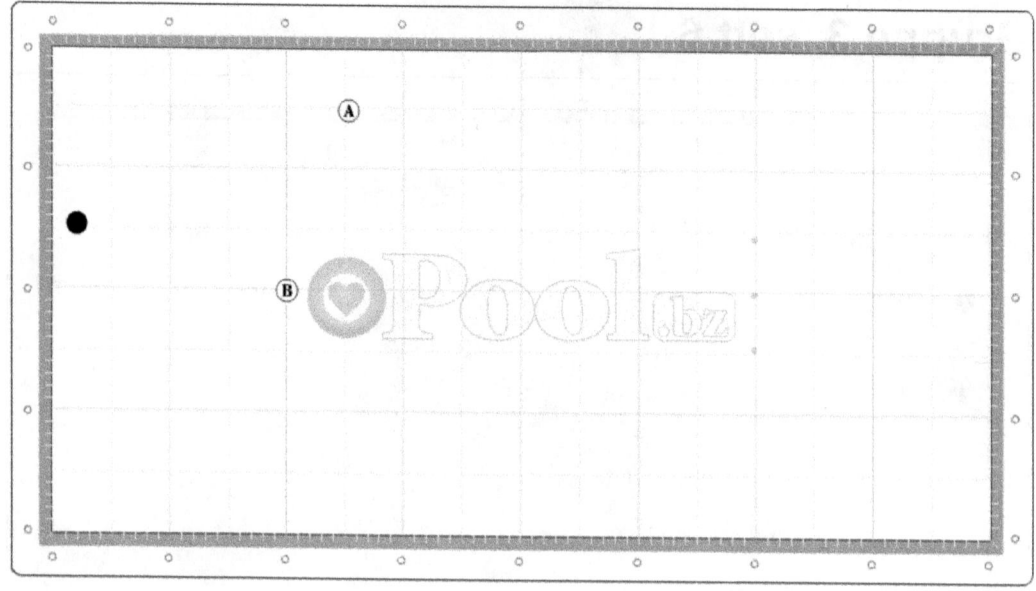

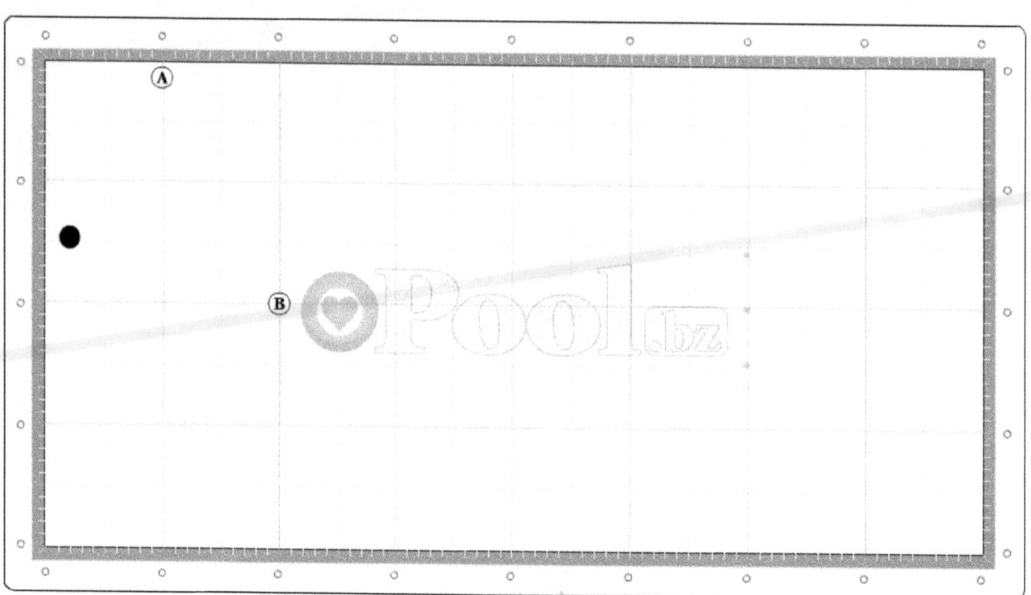

NOTATER OG IDEER:

Gruppe 3, sett 7

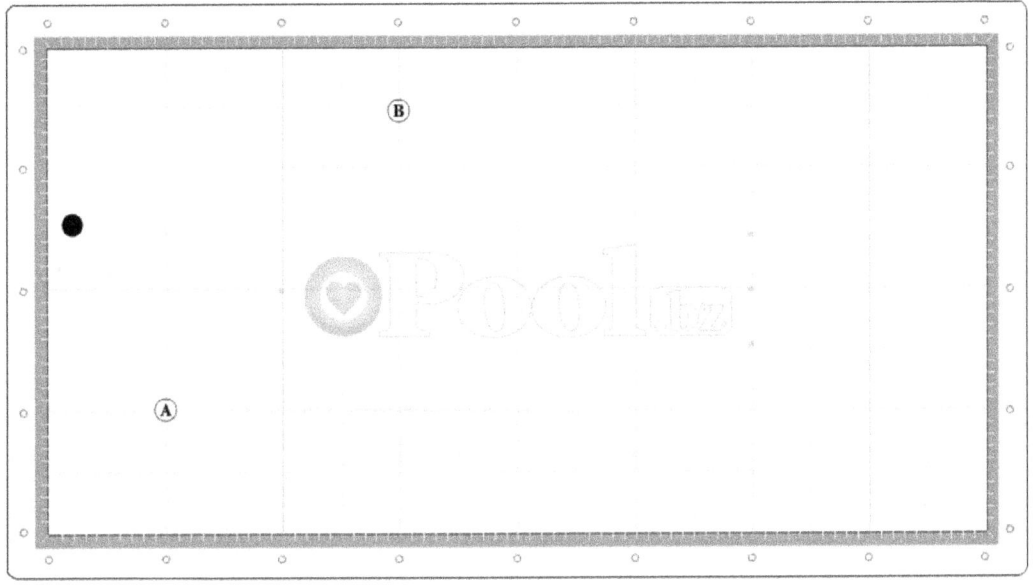

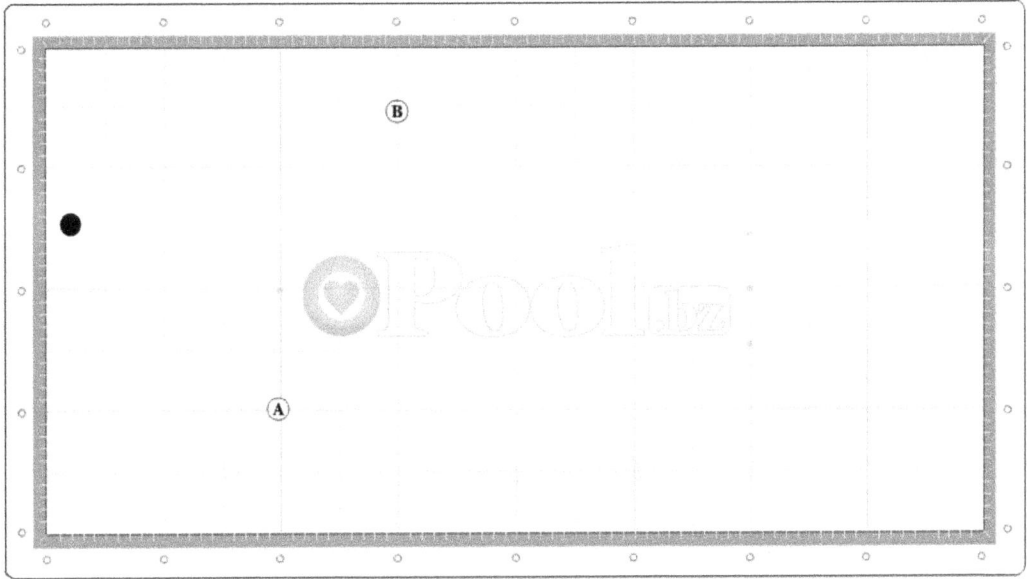

NOTATER OG IDEER:

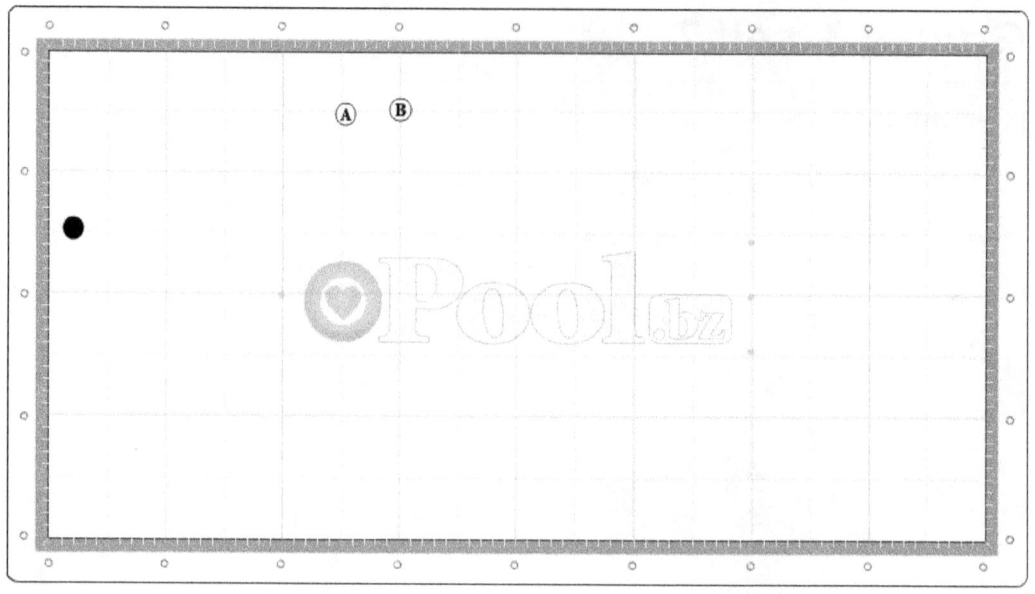

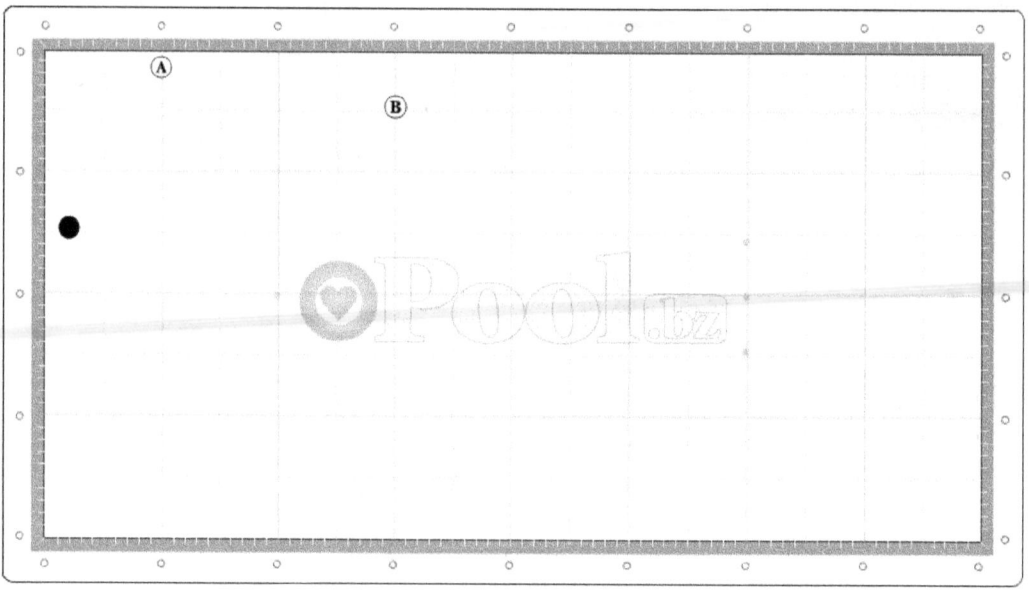

NOTATER OG IDEER:

Gruppe 3, sett 8

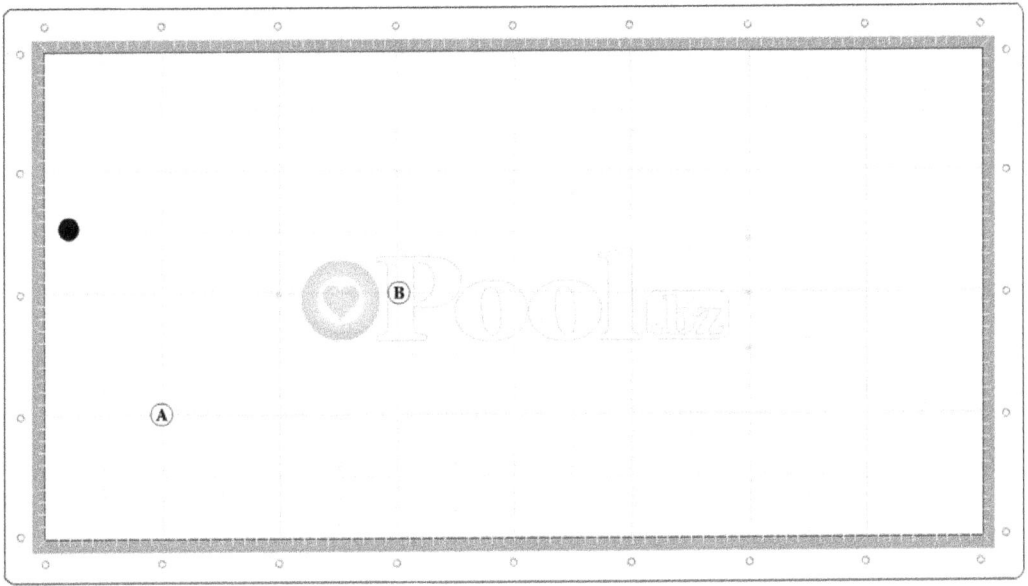

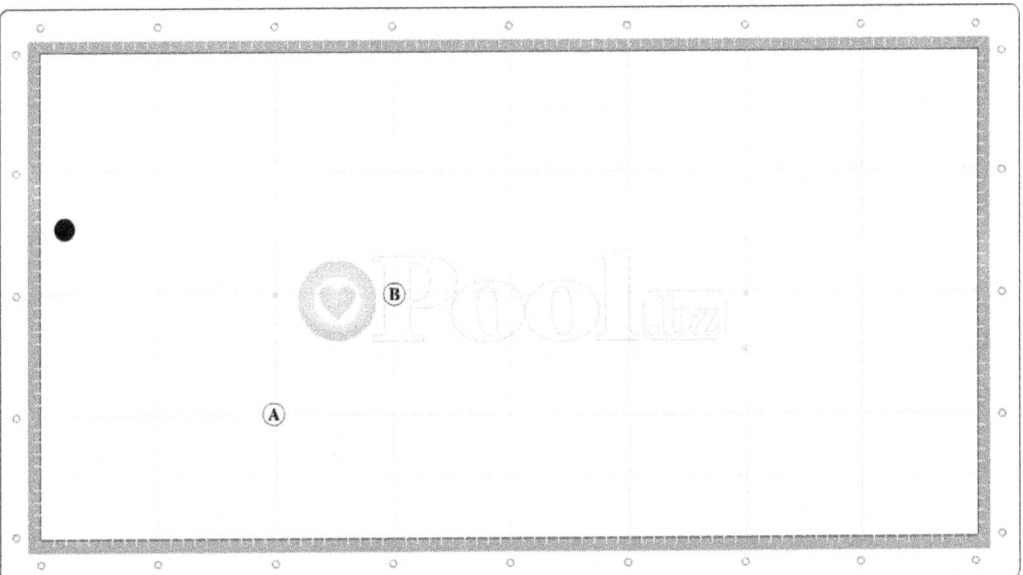

NOTATER OG IDEER:

Carambole biljart: Noen gåter og puslespill

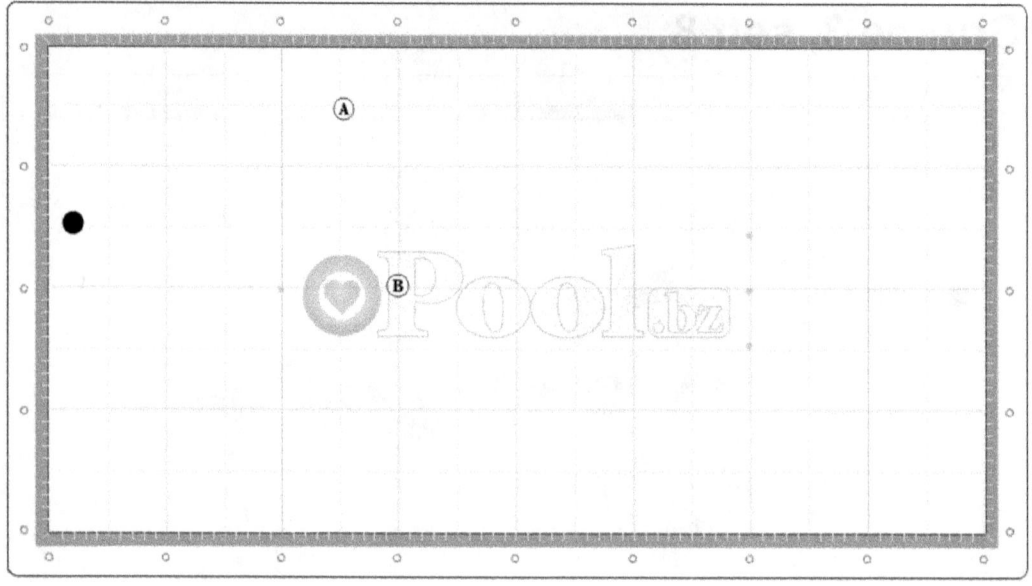

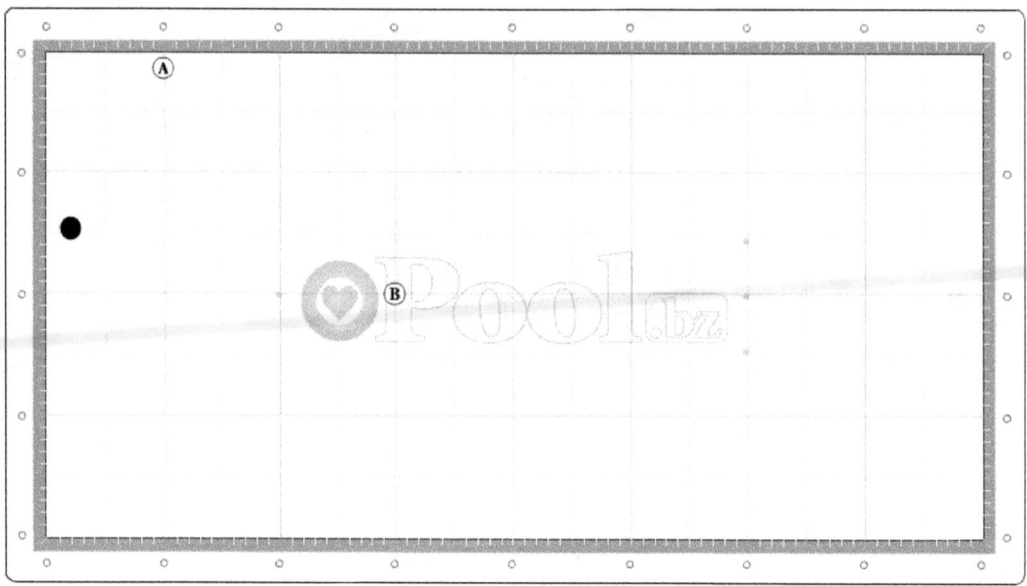

NOTATER OG IDEER:

Gruppe 3, sett 9

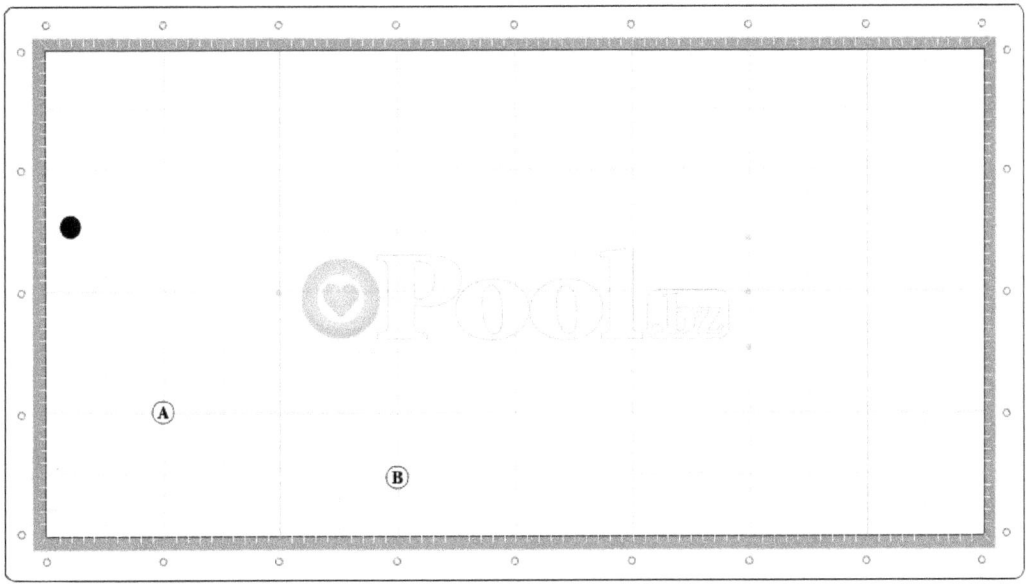

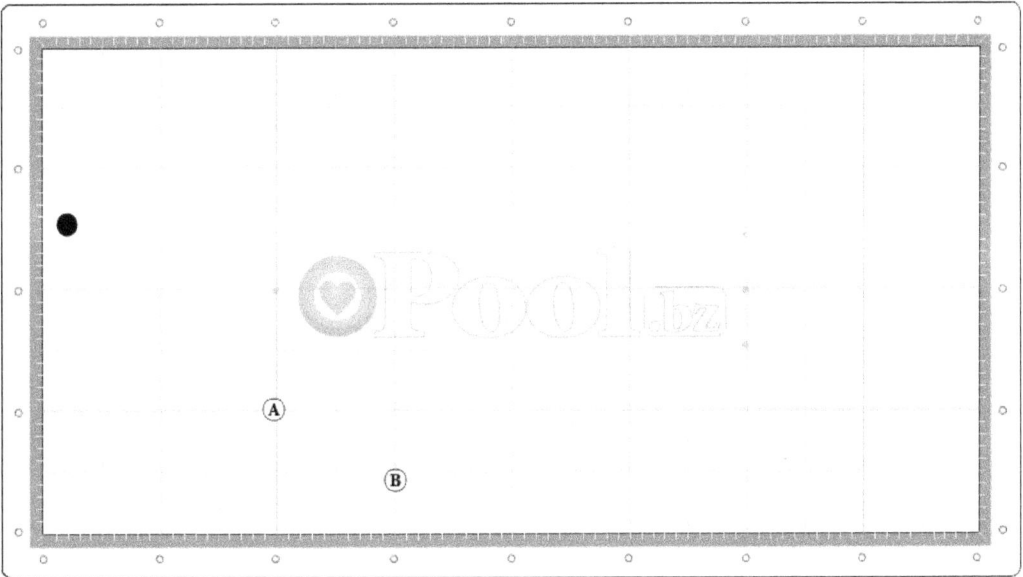

NOTATER OG IDEER:

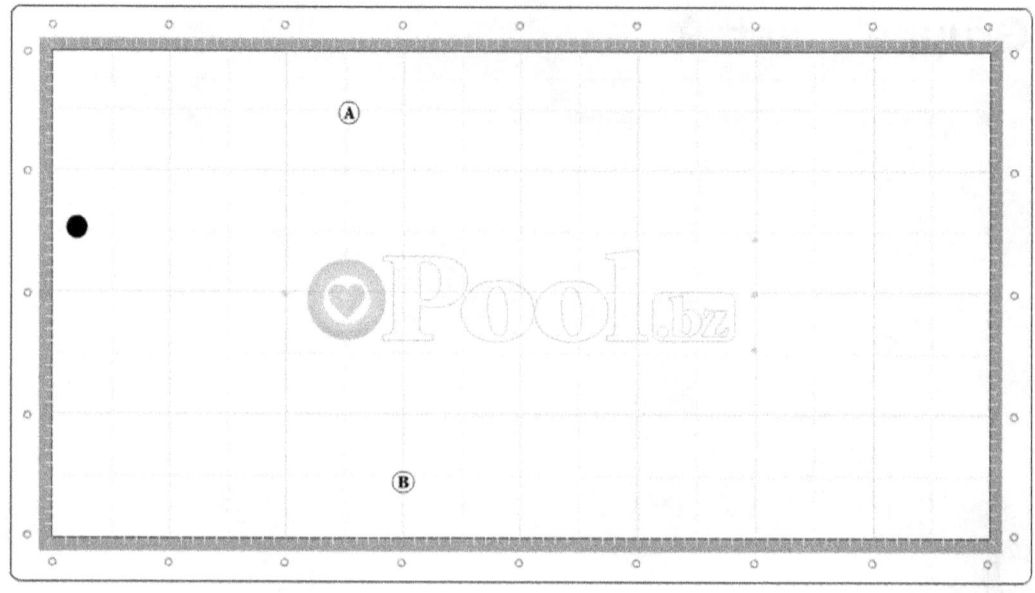

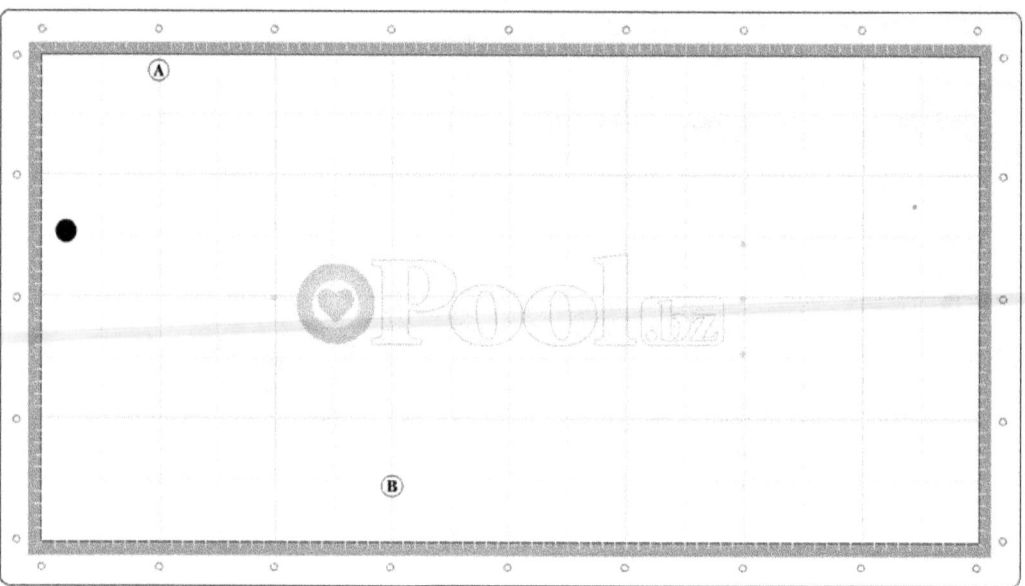

NOTATER OG IDEER:

Gruppe 3, sett 10

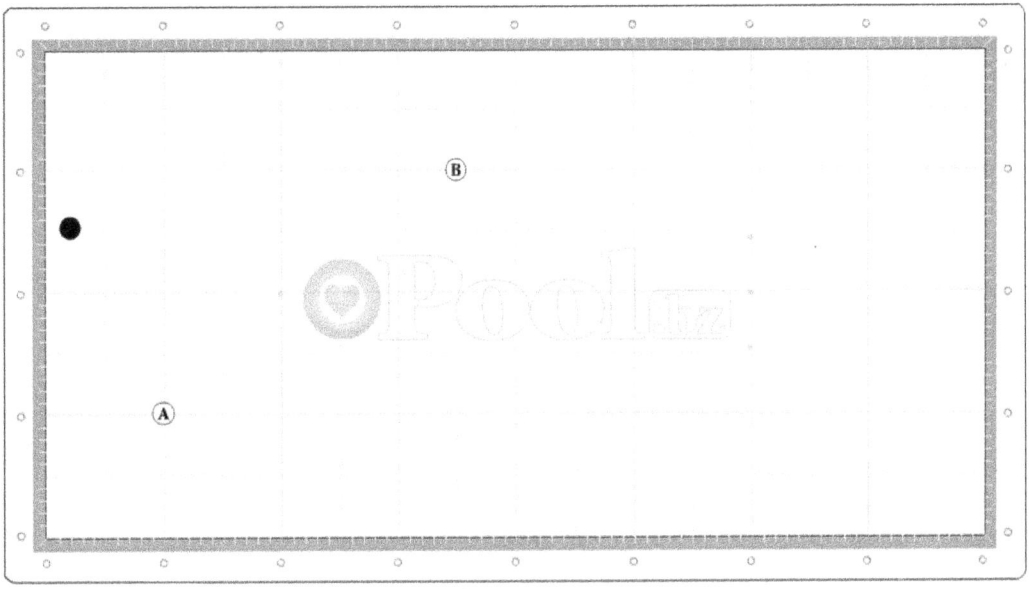

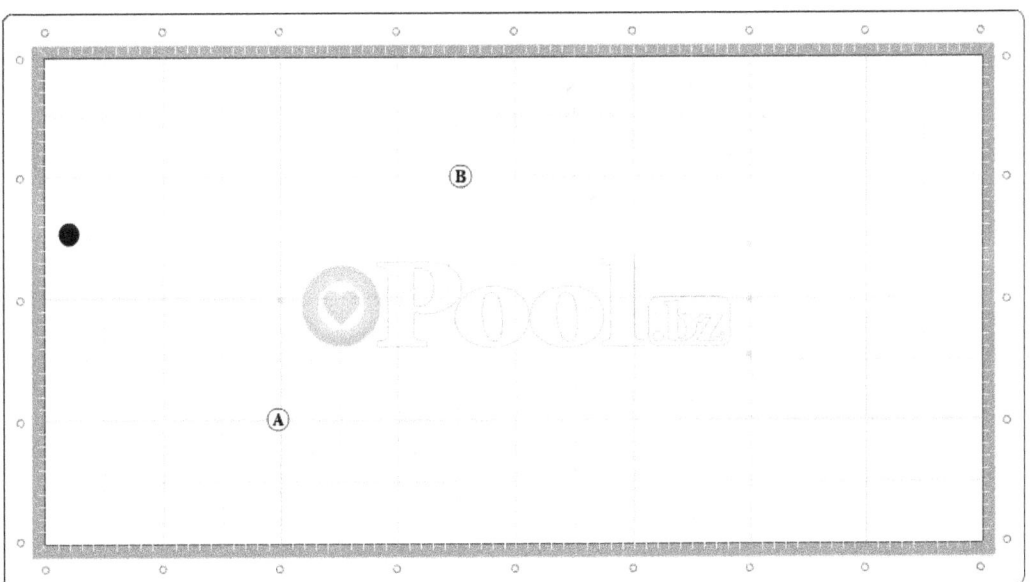

NOTATER OG IDEER:

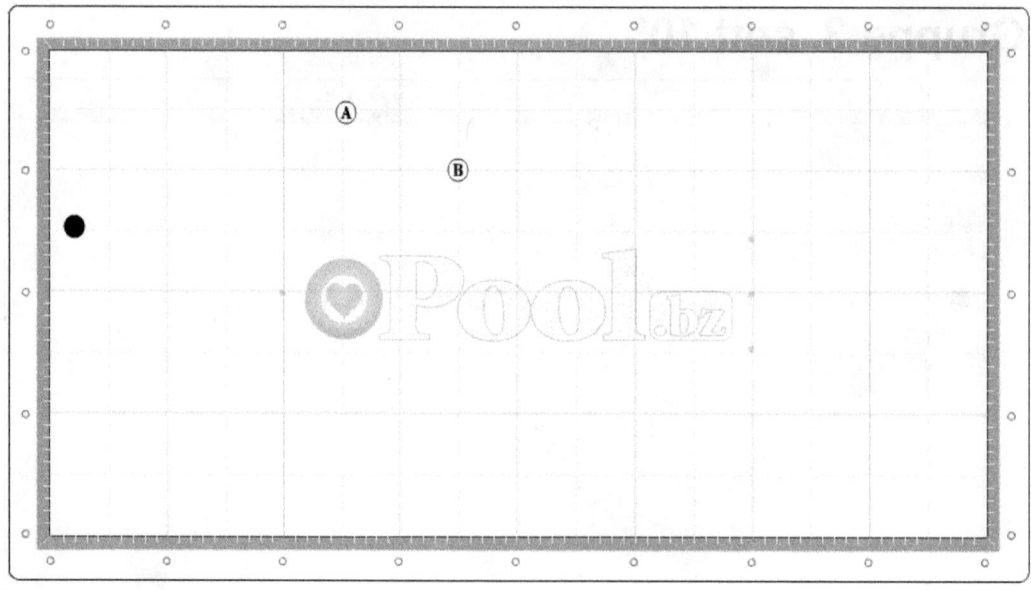

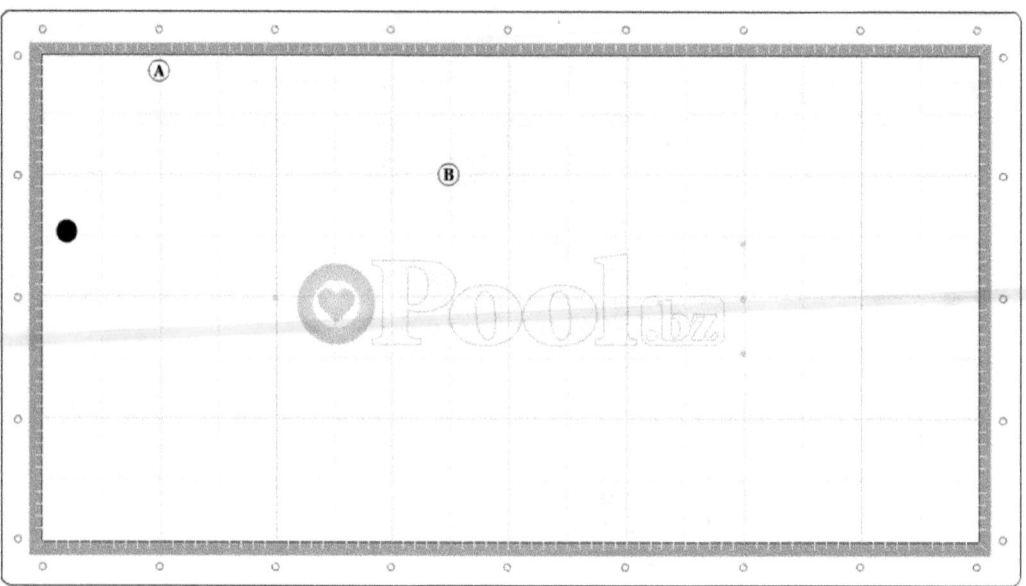

NOTATER OG IDEER:

Gruppe 3, sett 11

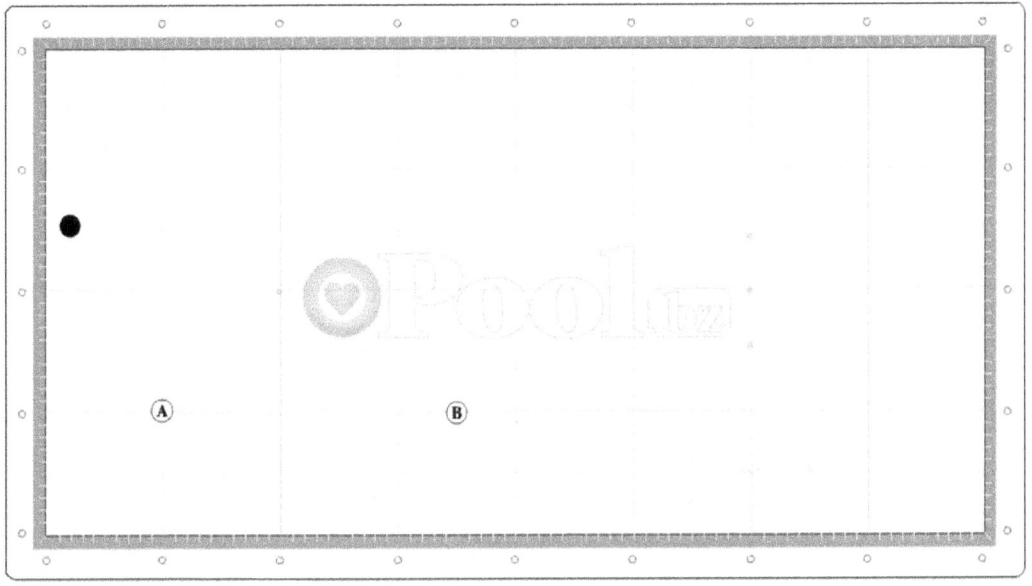

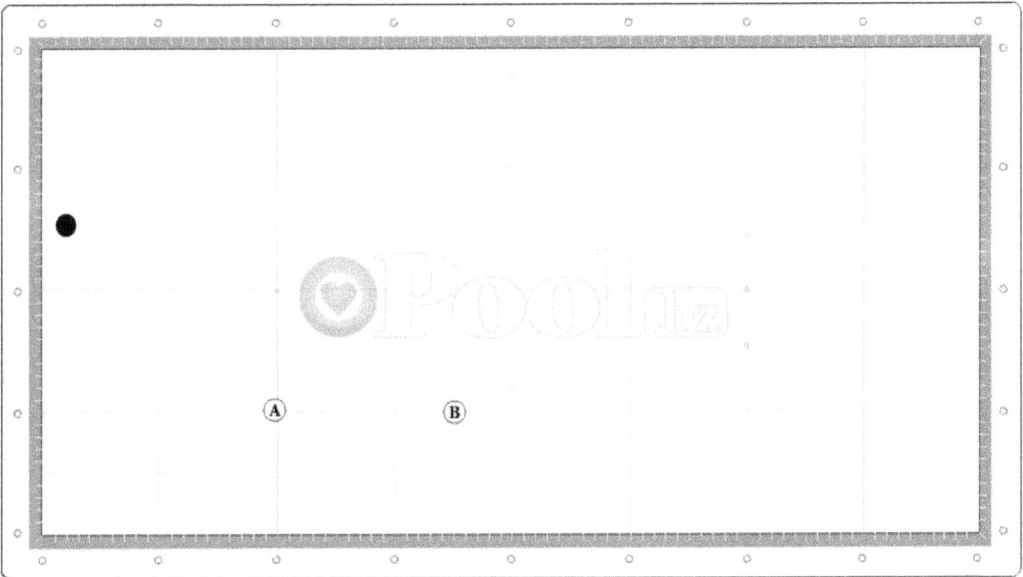

NOTATER OG IDEER:

Carambole biljart: Noen gåter og puslespill

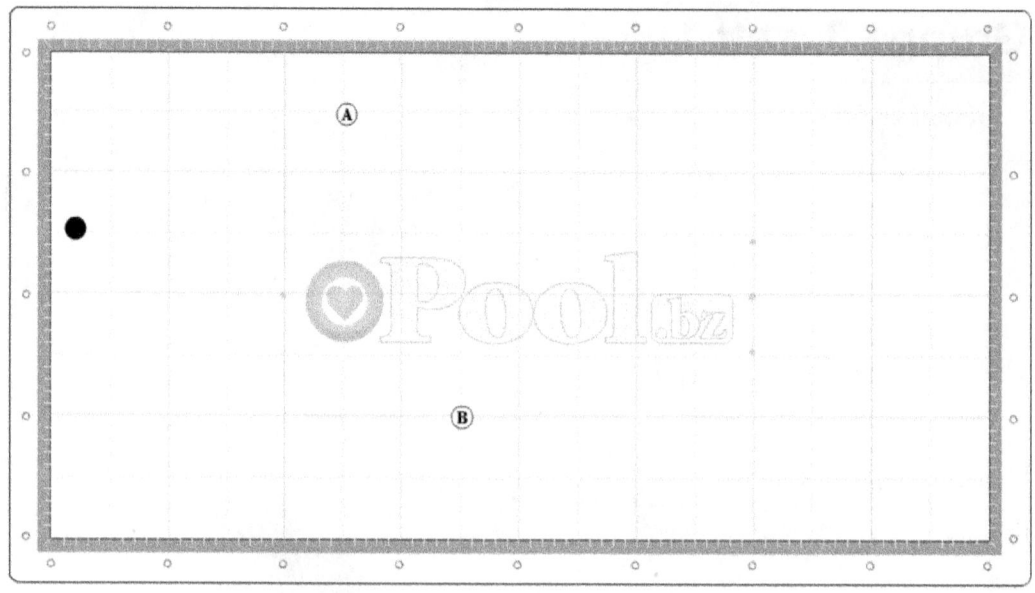

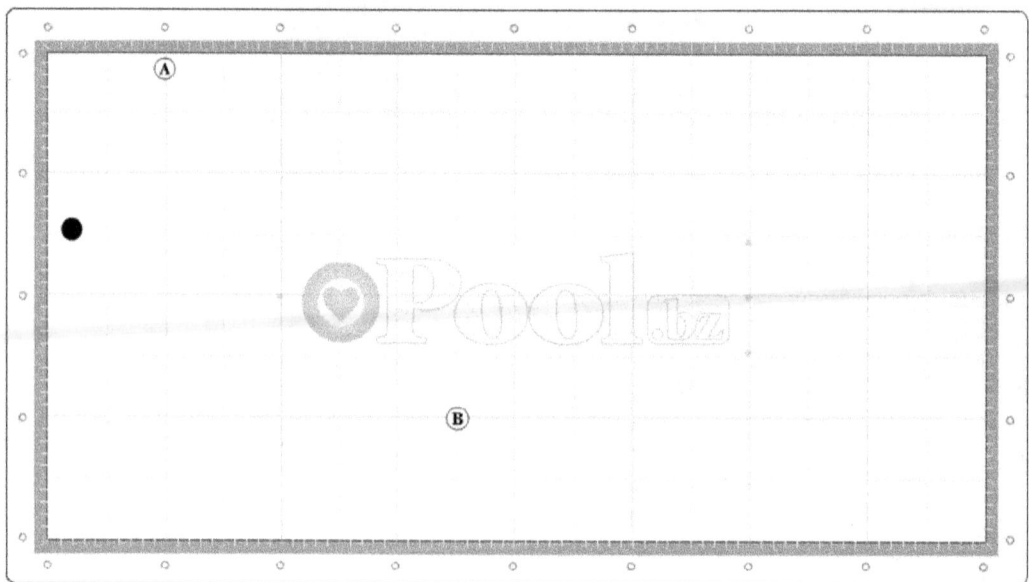

NOTATER OG IDEER:

GRUPPE 4
Gruppe 4, sett 1

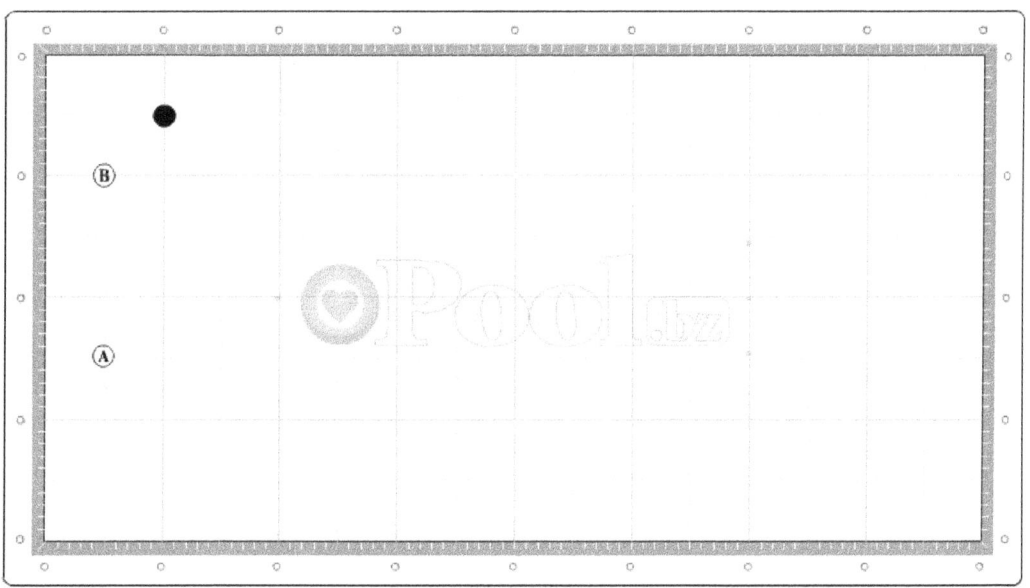

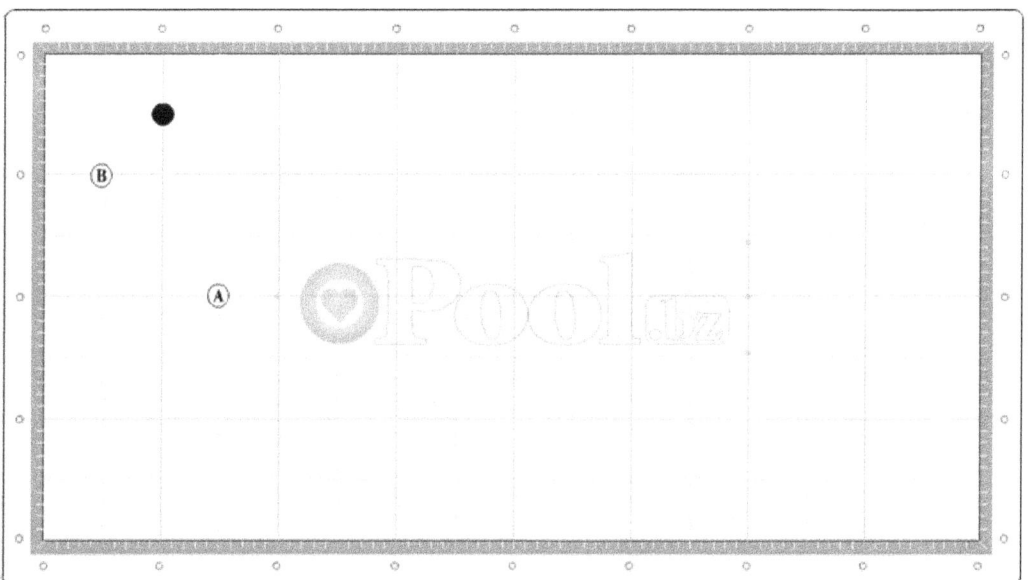

NOTATER OG IDEER:

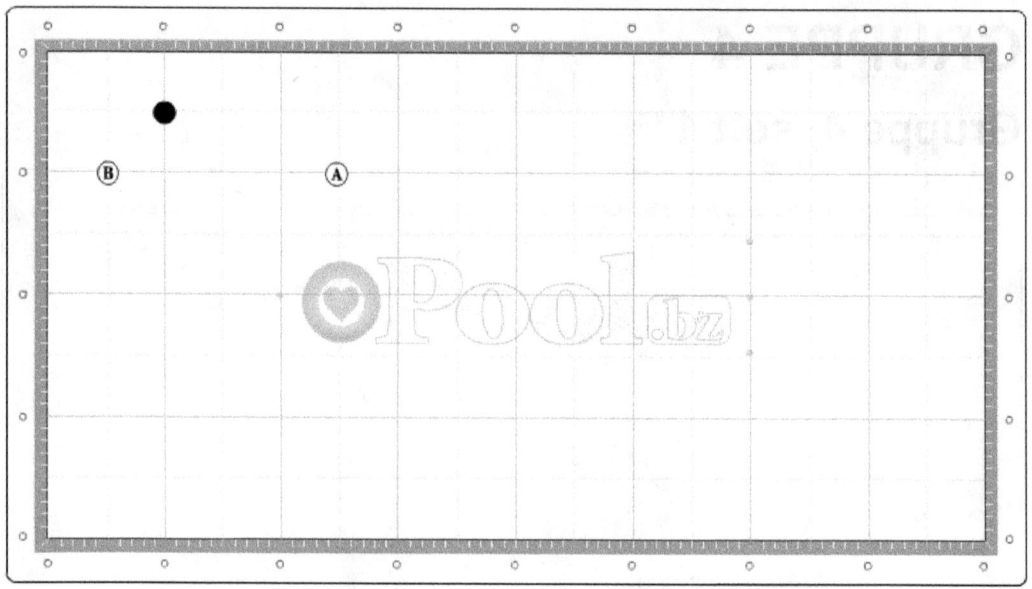

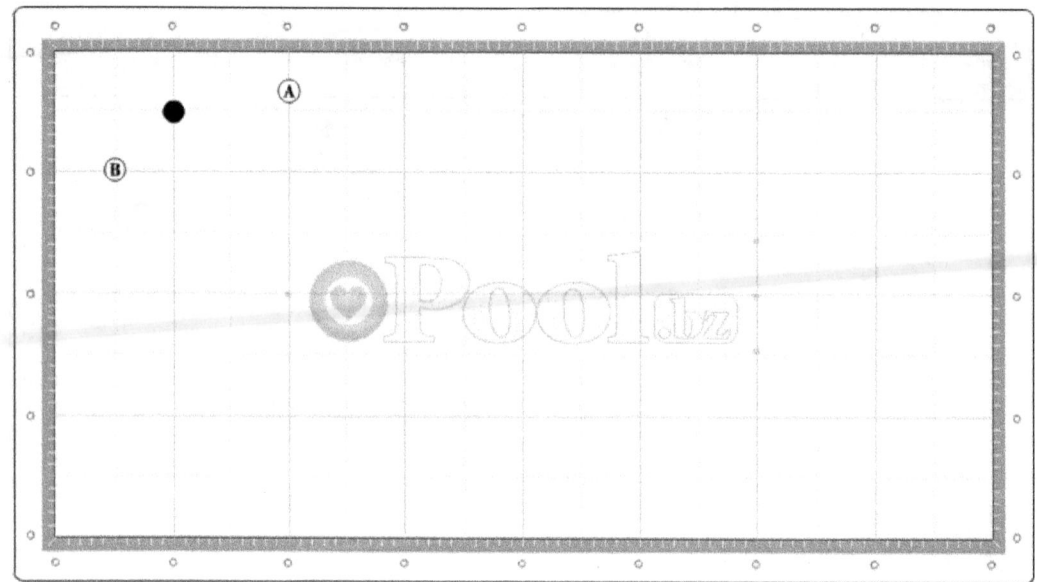

NOTATER OG IDEER:

Gruppe 4, sett 2

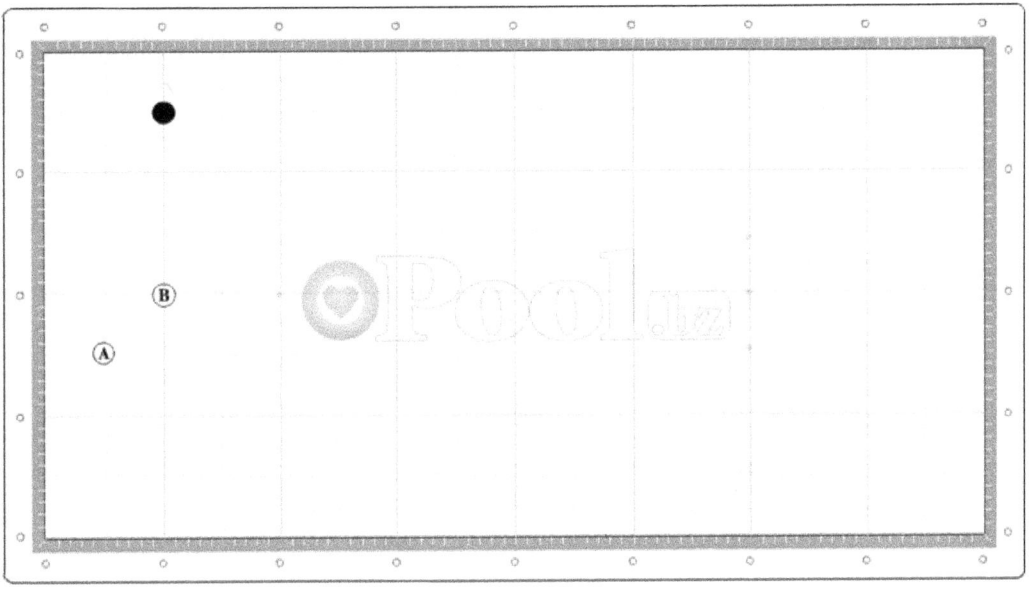

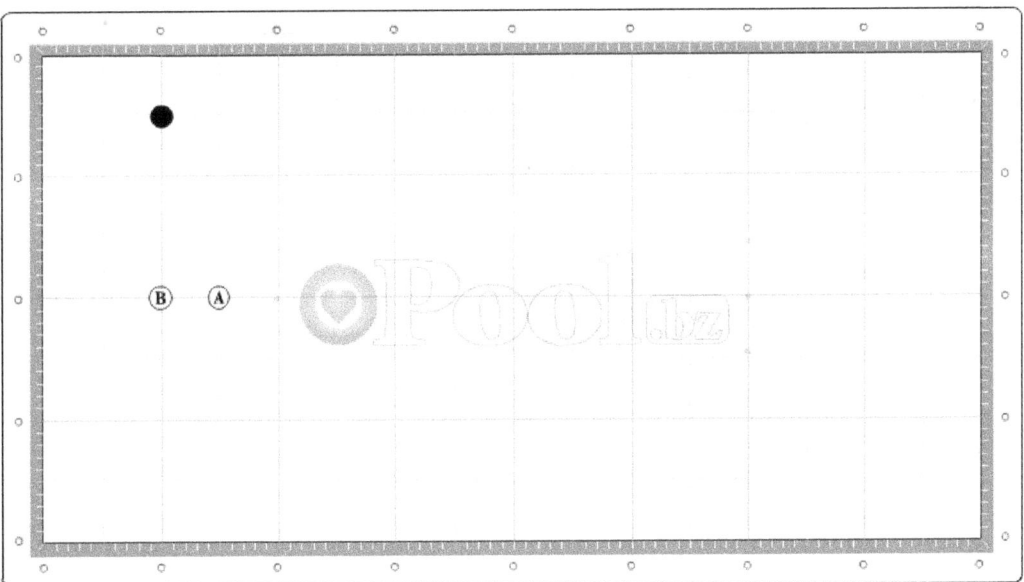

NOTATER OG IDEER:

Carambole biljart: Noen gåter og puslespill

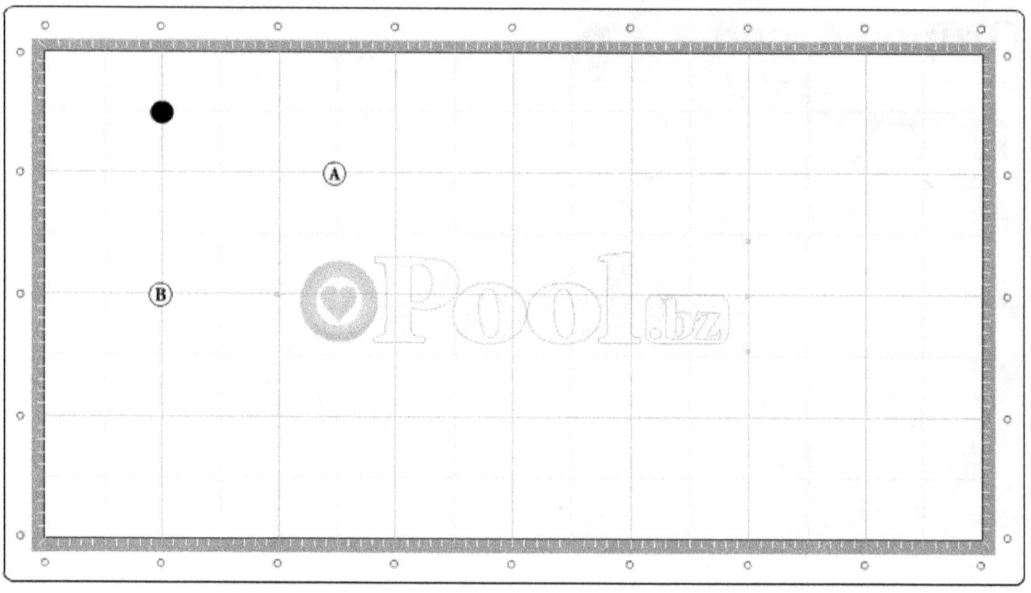

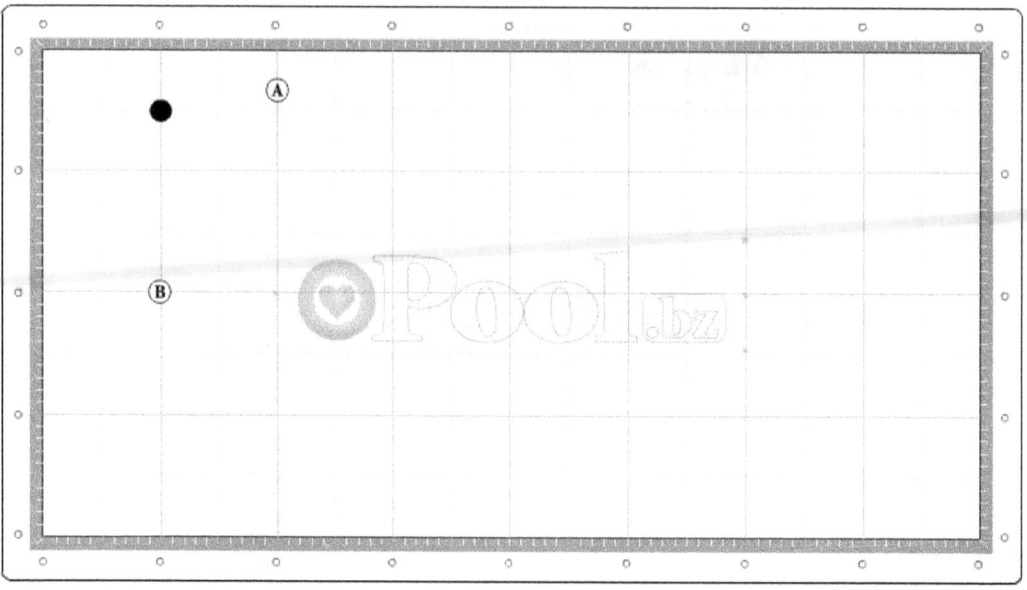

NOTATER OG IDEER:

Gruppe 4, sett 3

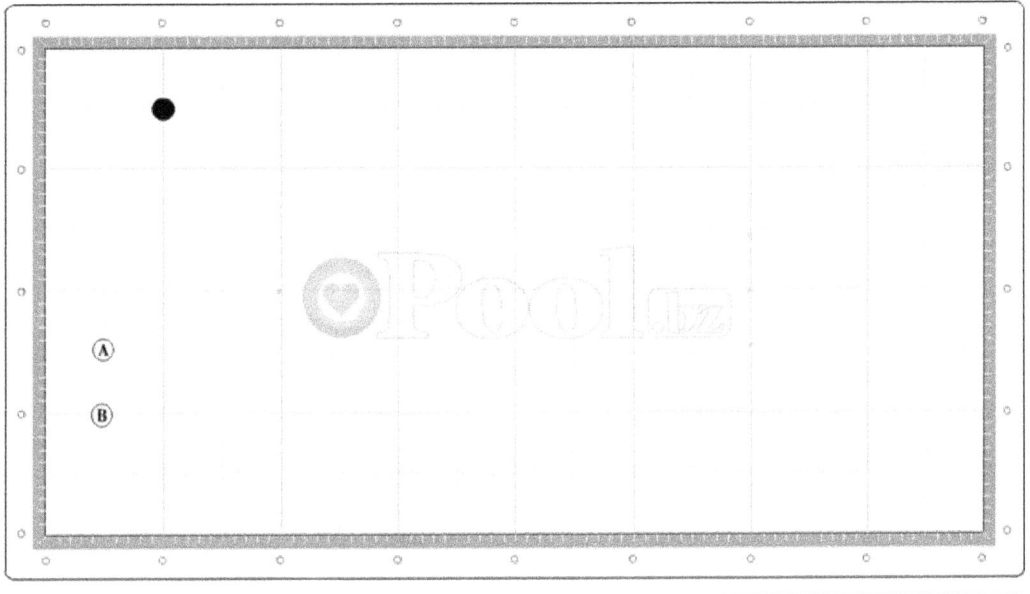

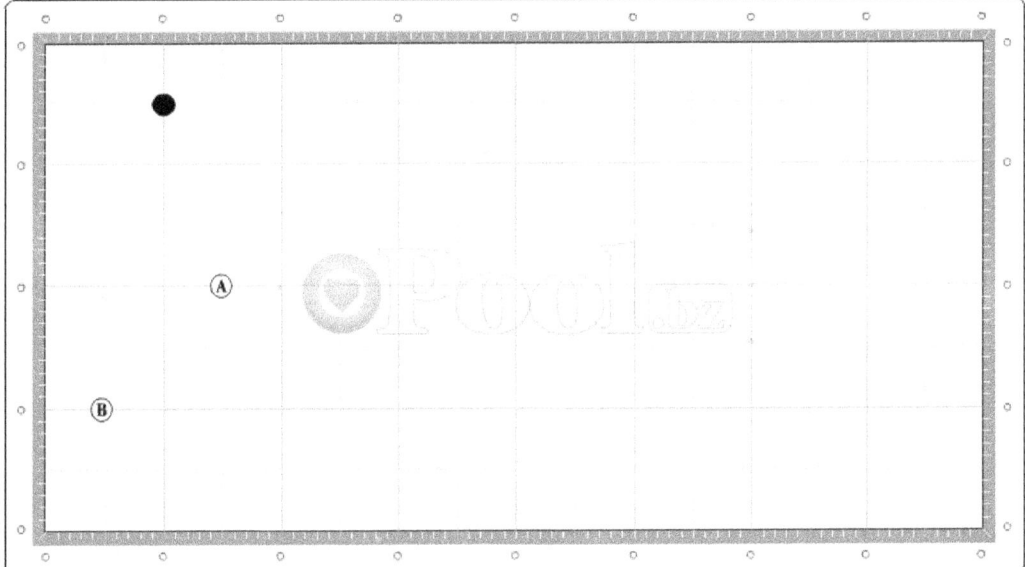

NOTATER OG IDEER:

Carambole biljart: Noen gåter og puslespill

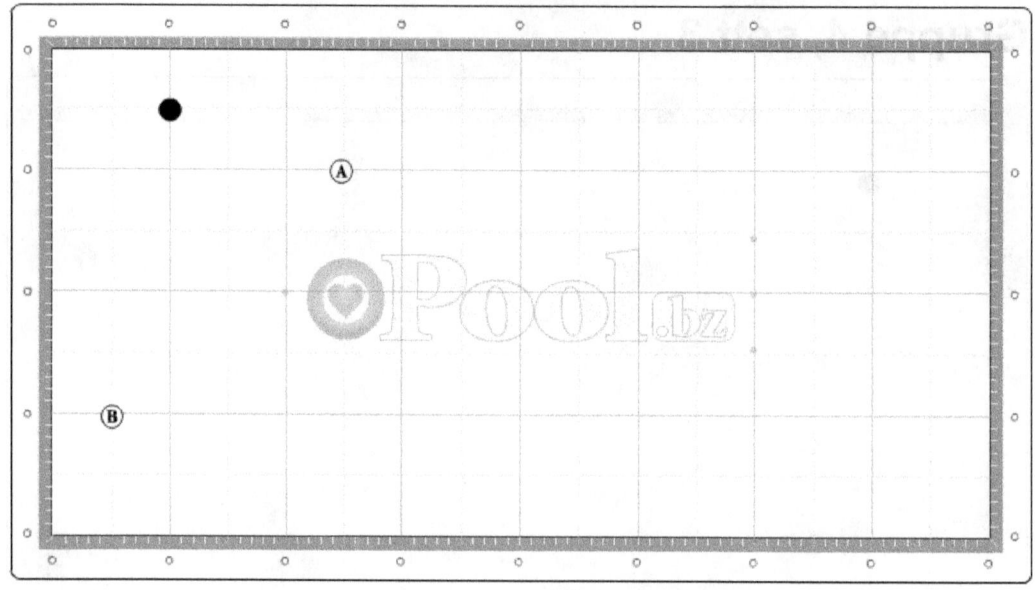

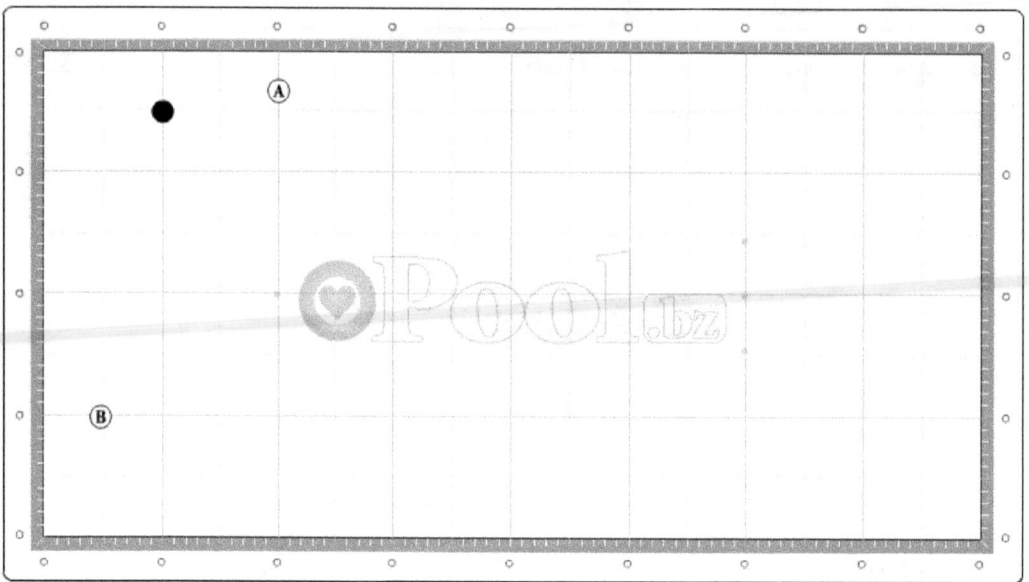

NOTATER OG IDEER:

Gruppe 4, sett 4

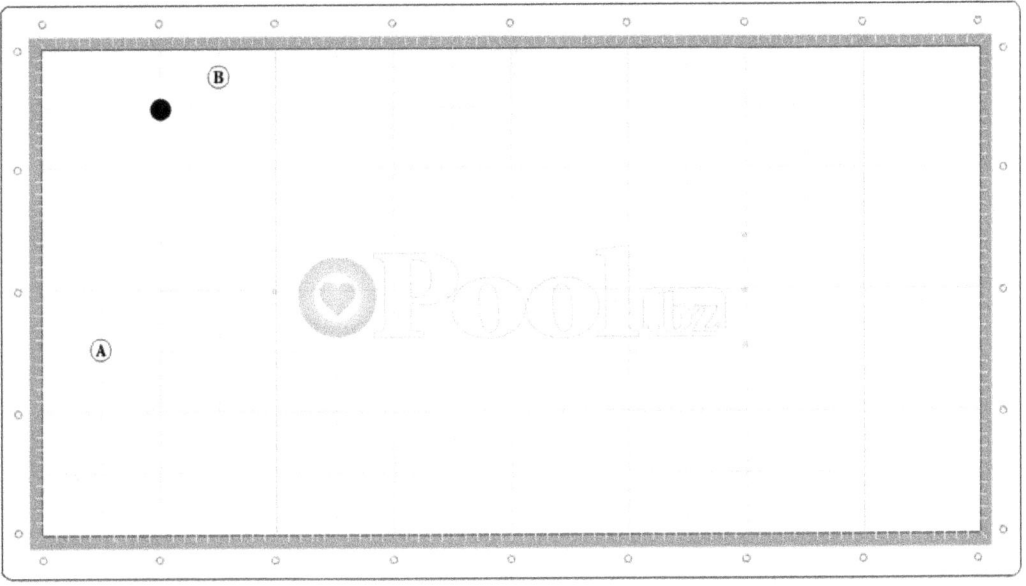

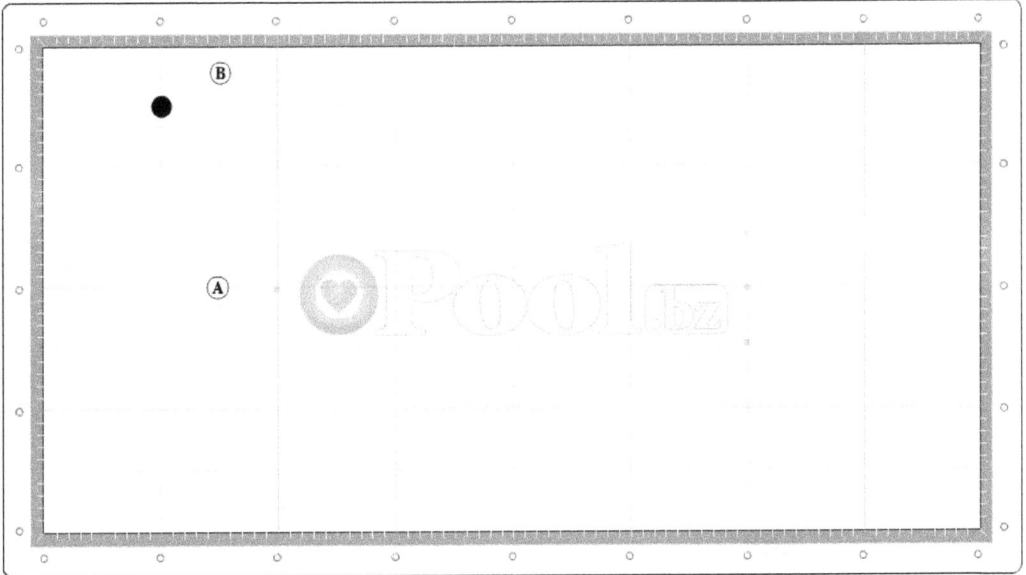

NOTATER OG IDEER:

Carambole biljart: Noen gåter og puslespill

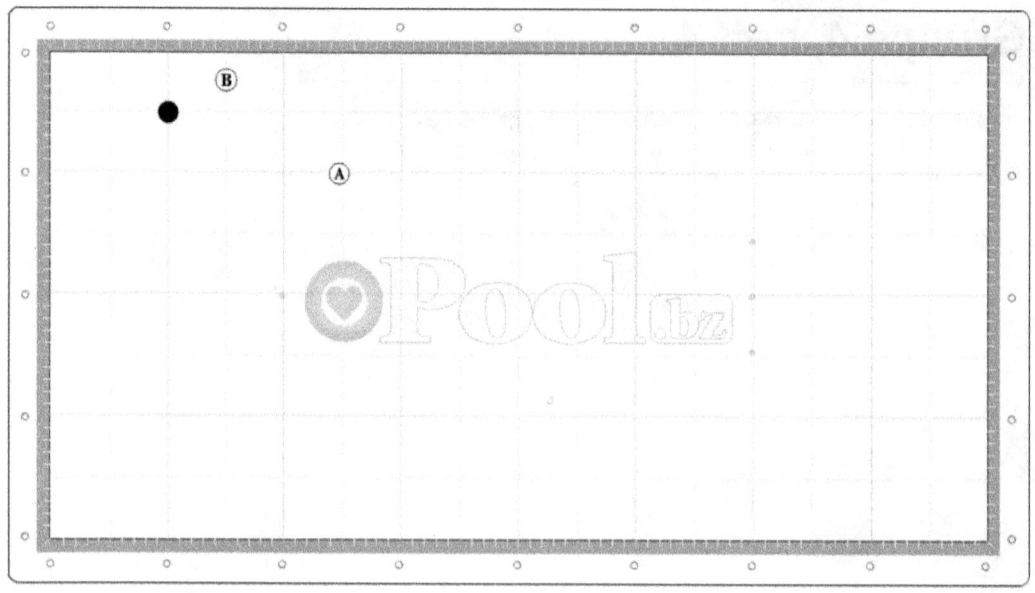

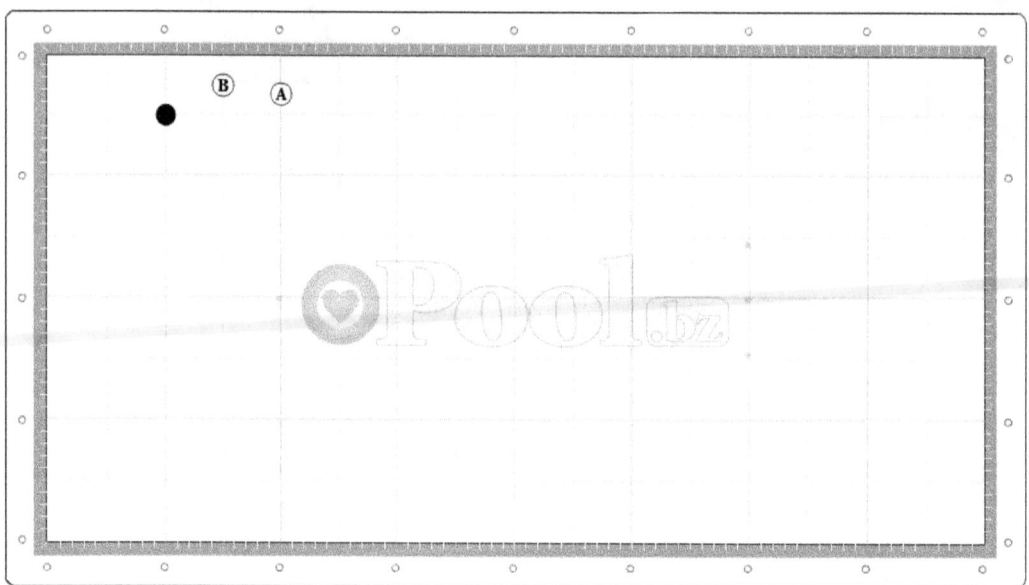

NOTATER OG IDEER:

Gruppe 4, sett 5

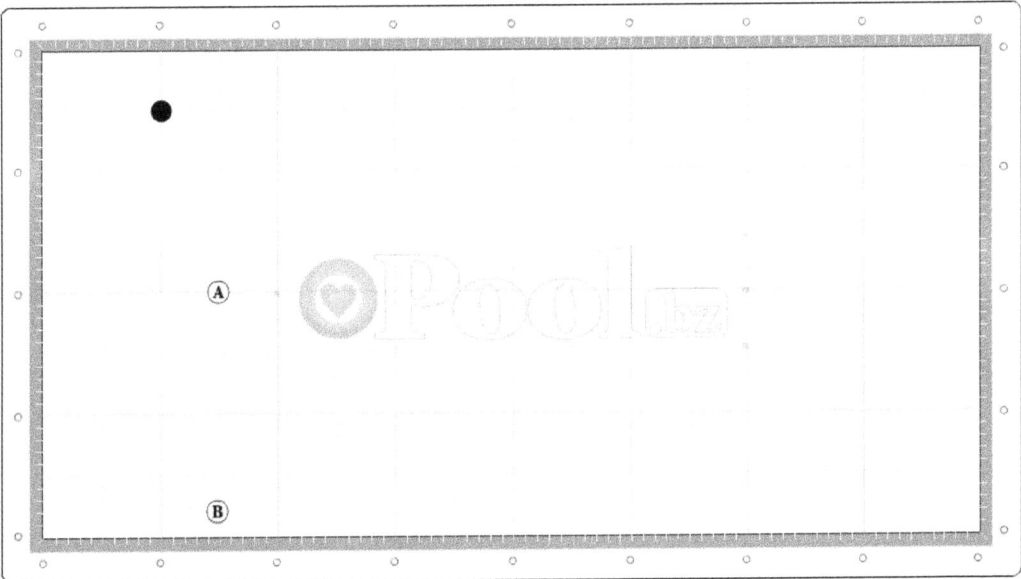

NOTATER OG IDEER:

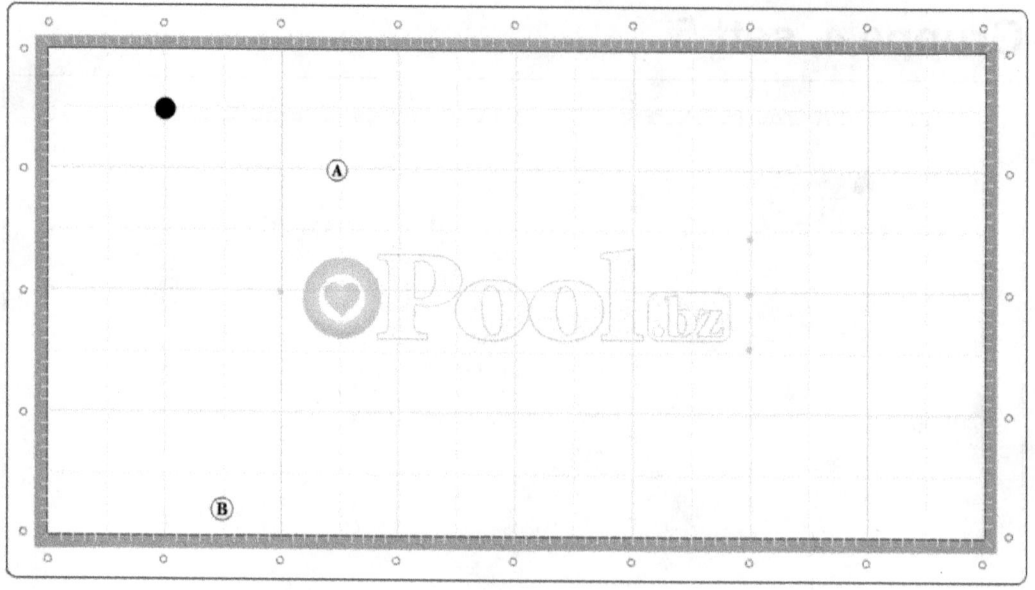

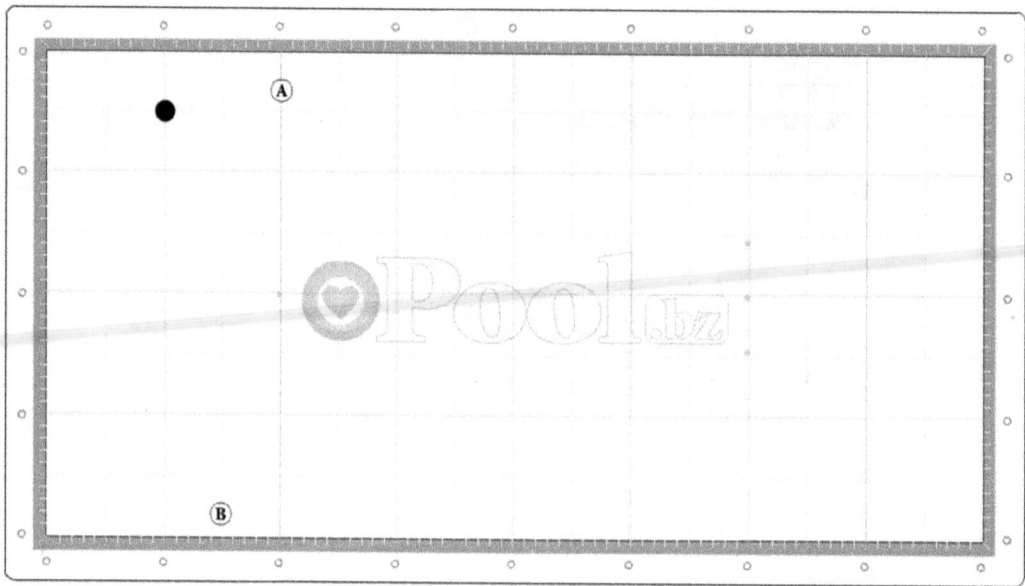

NOTATER OG IDEER:

Gruppe 4, sett 6

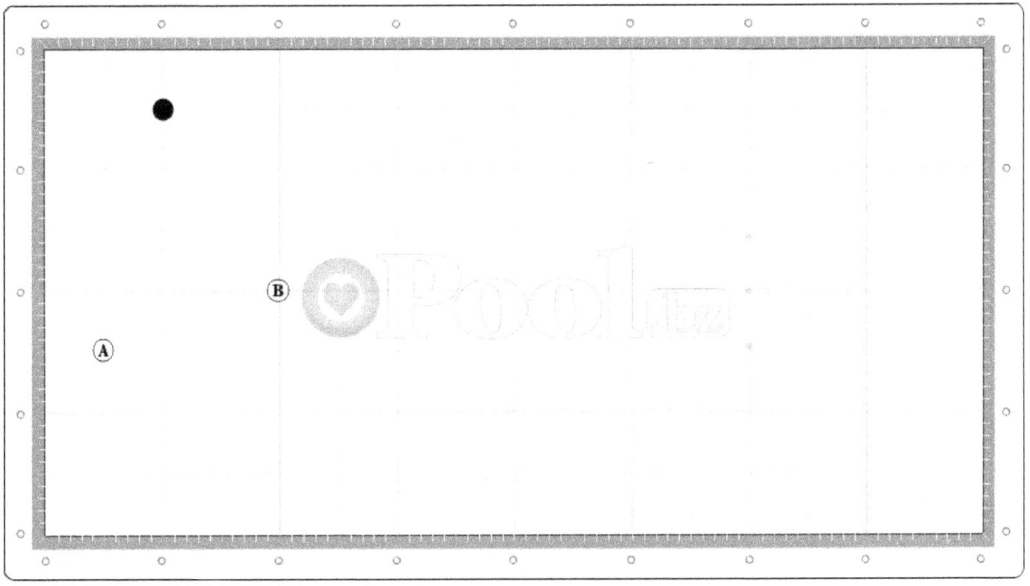

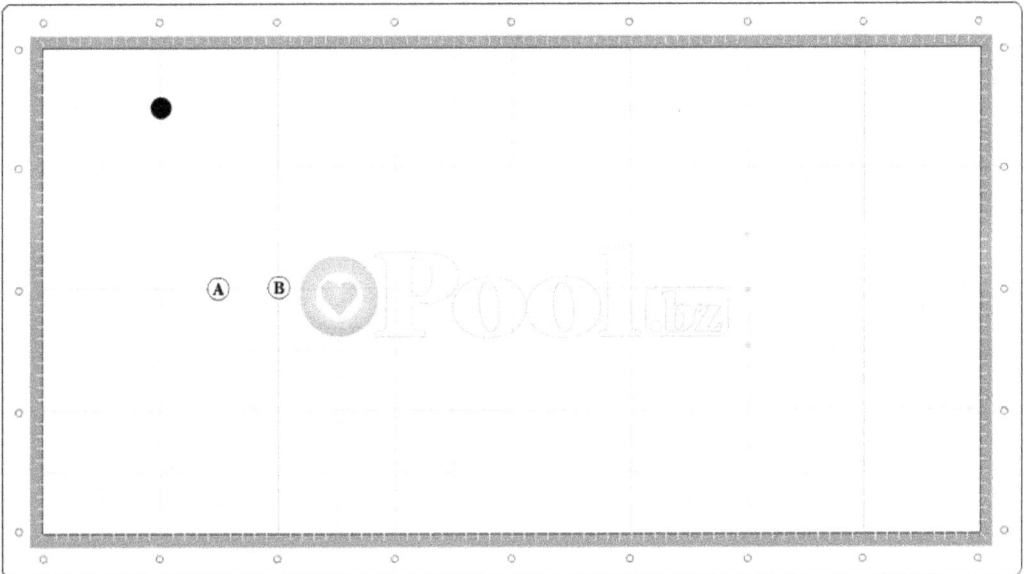

NOTATER OG IDEER:

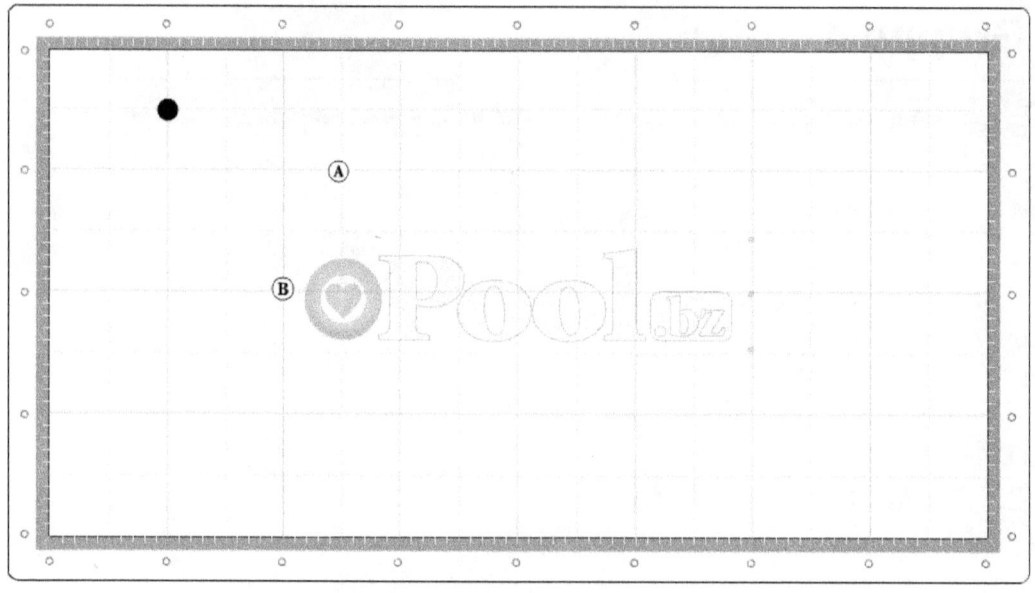

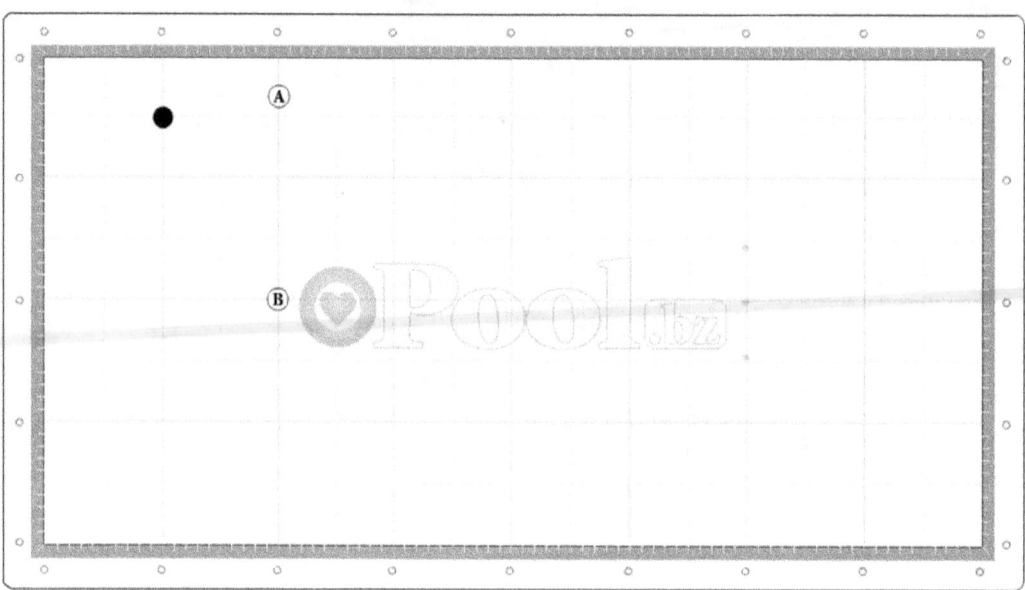

NOTATER OG IDEER:

Gruppe 4, sett 7

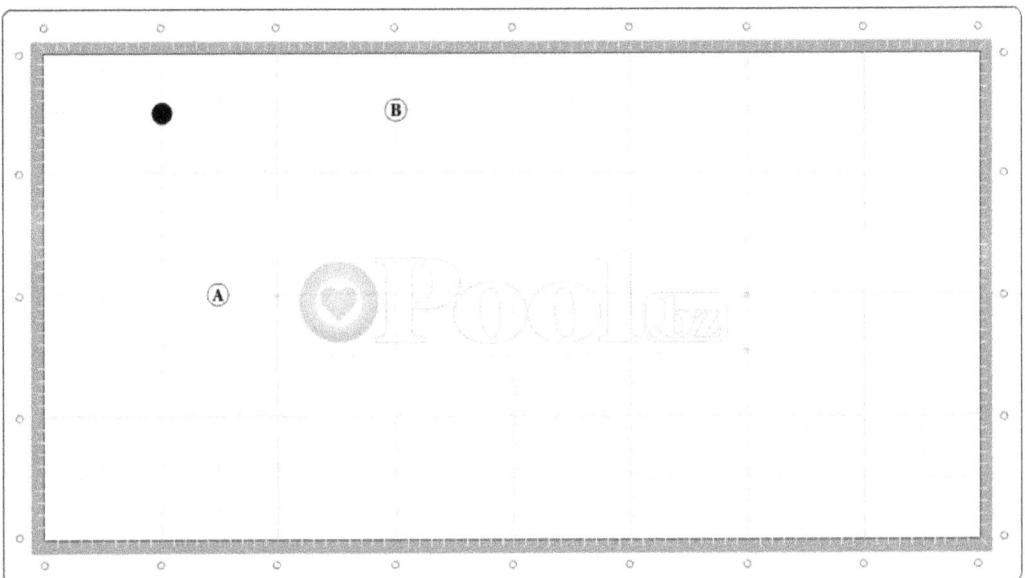

NOTATER OG IDEER:

Carambole biljart: Noen gåter og puslespill

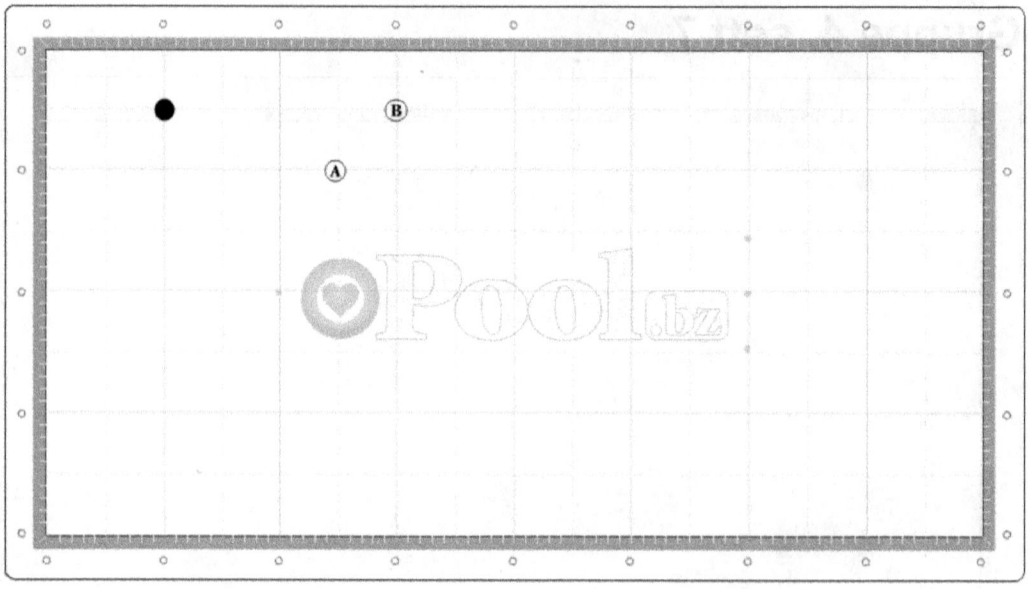

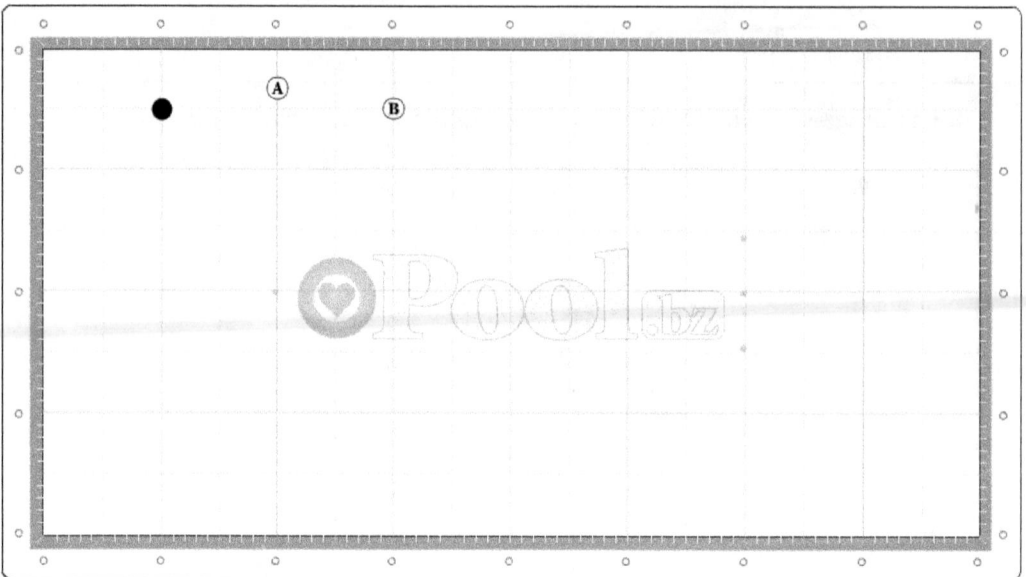

NOTATER OG IDEER:

Gruppe 4, sett 8

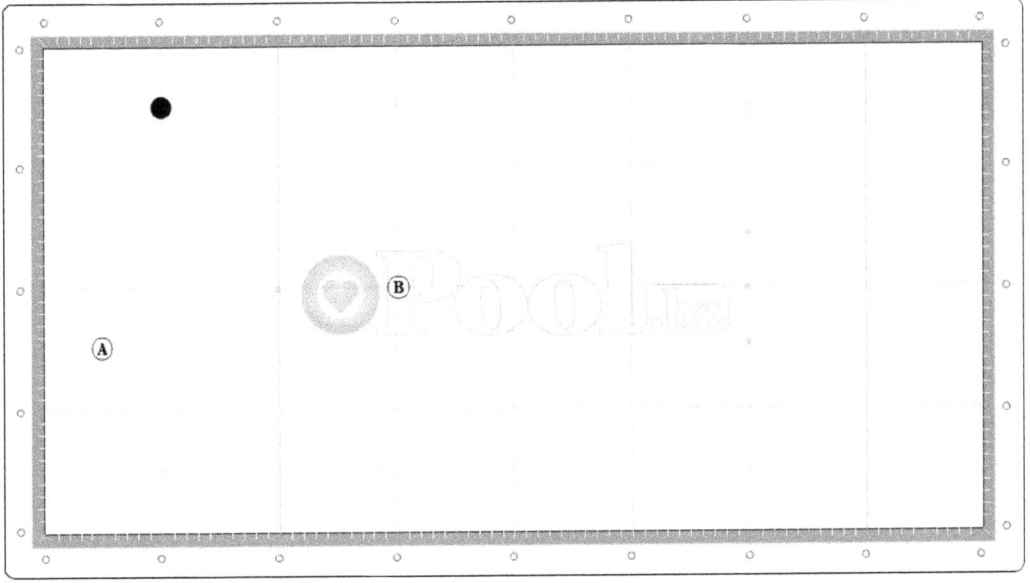

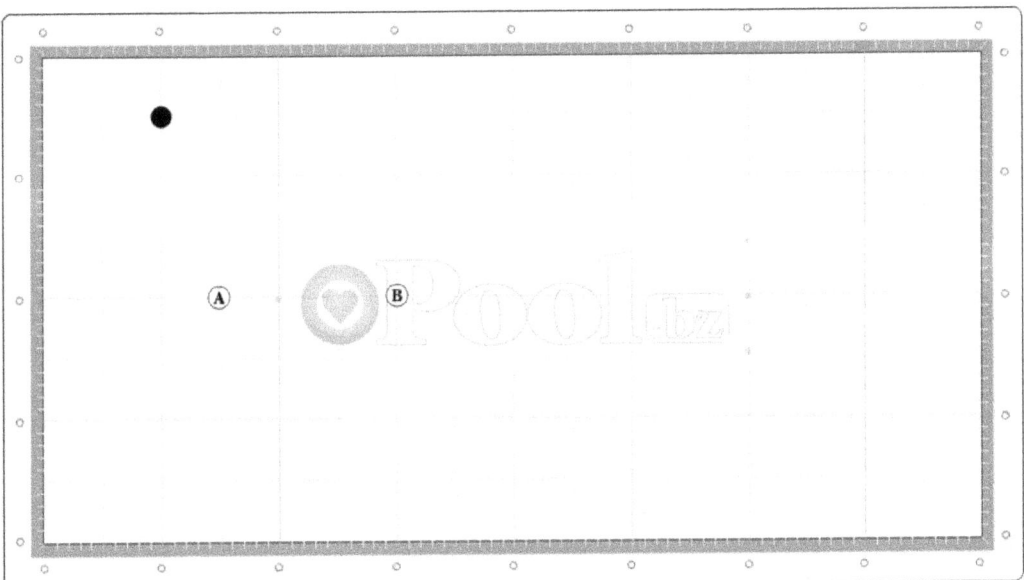

NOTATER OG IDEER:

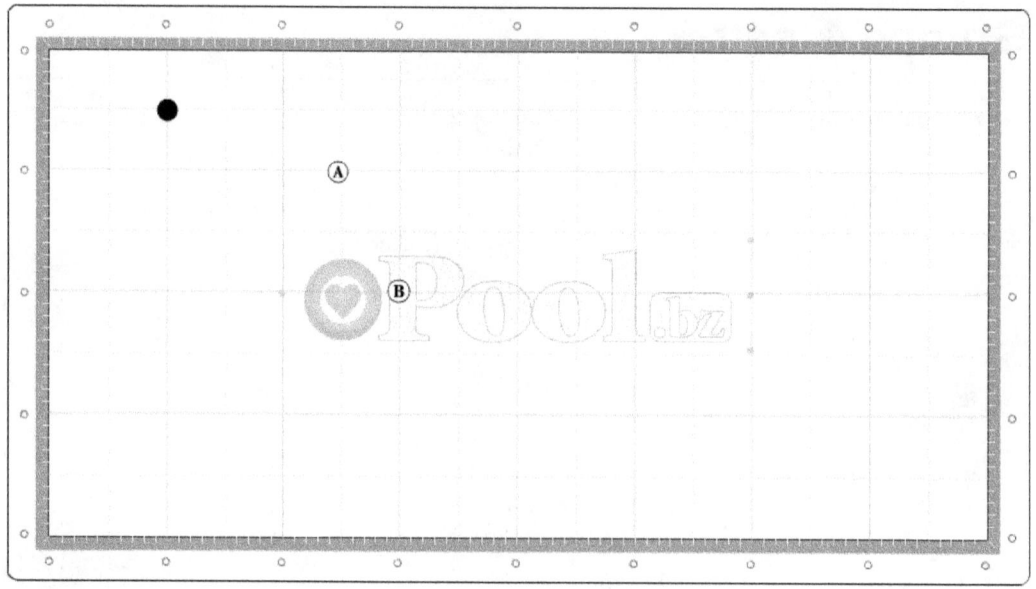

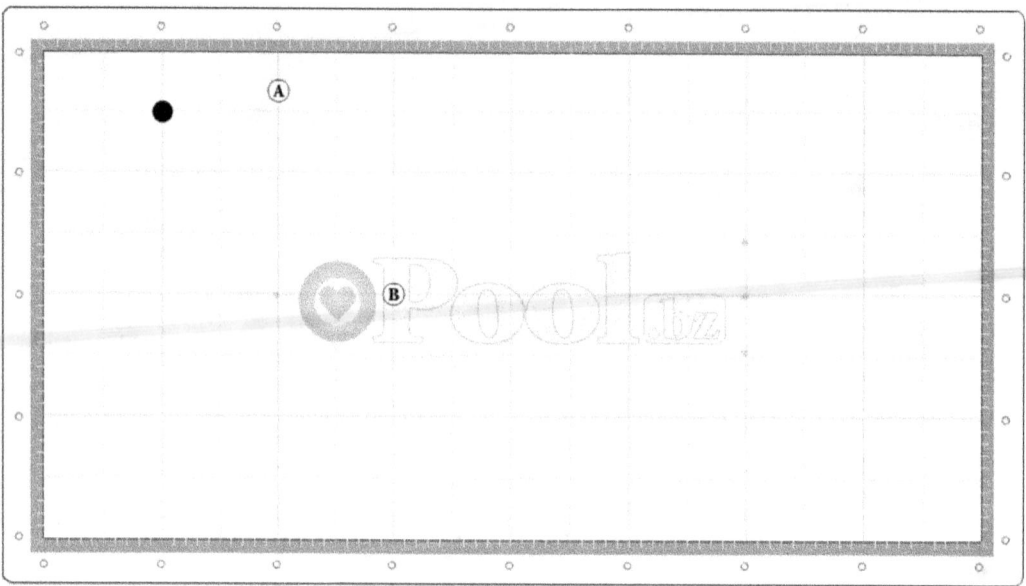

NOTATER OG IDEER:

Gruppe 4, sett 9

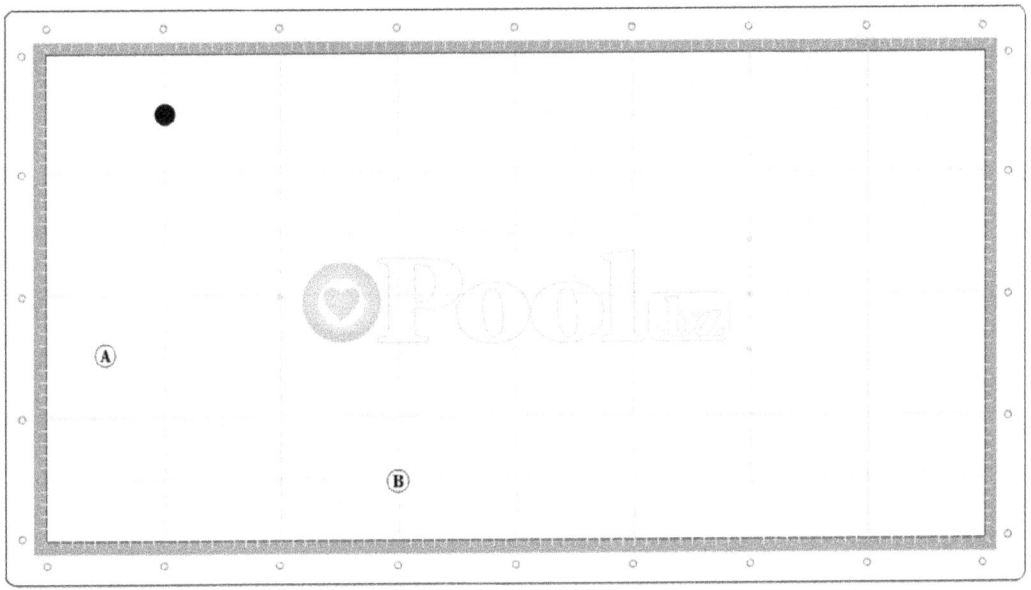

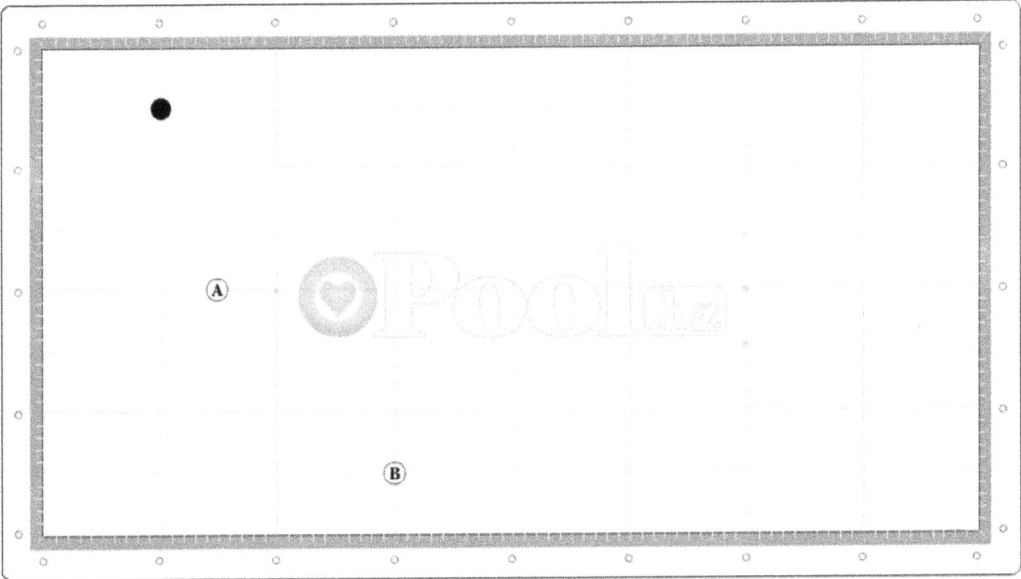

NOTATER OG IDEER:

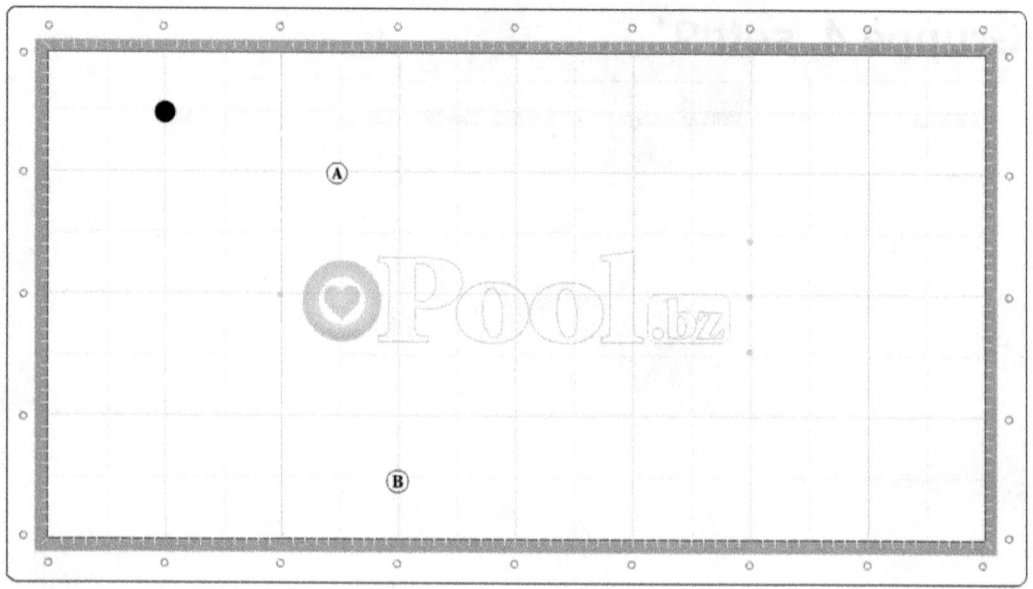

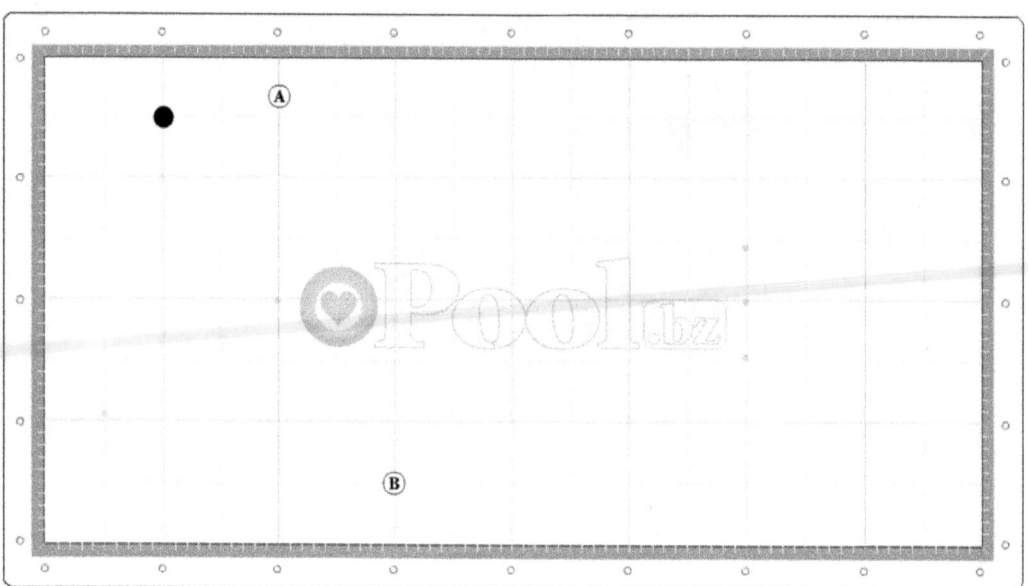

NOTATER OG IDEER:

Gruppe 4, sett 10

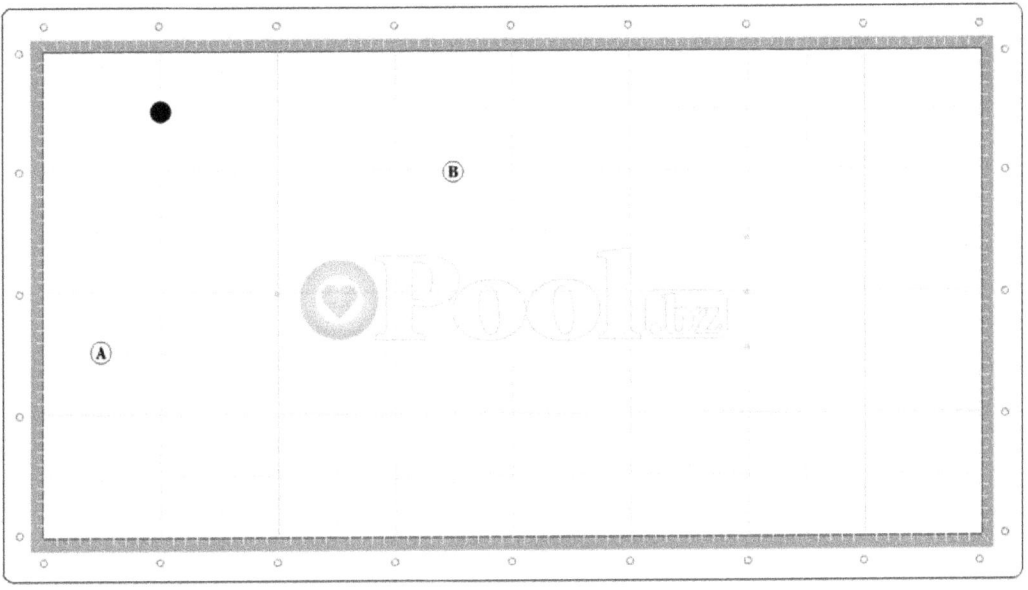

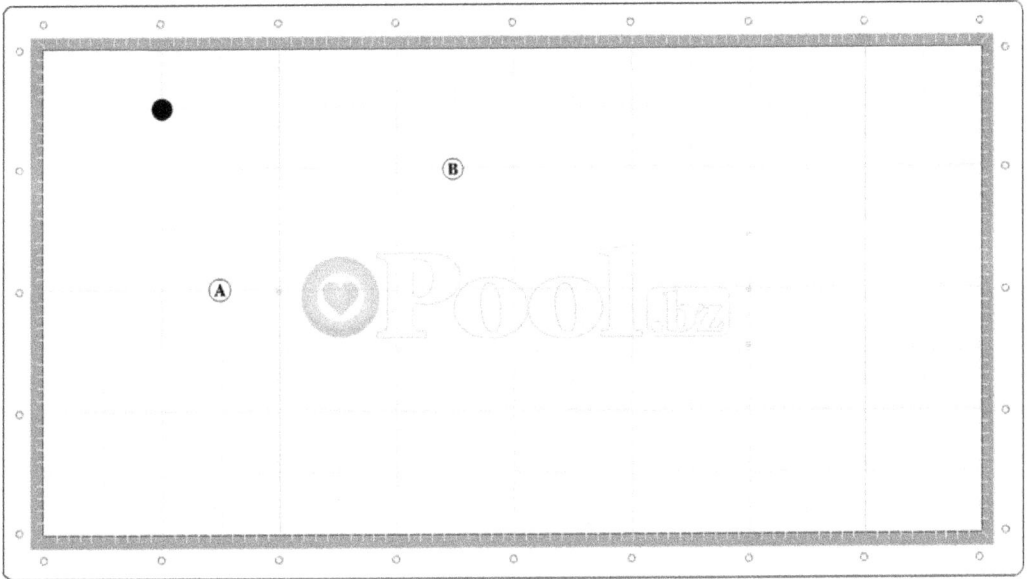

NOTATER OG IDEER:

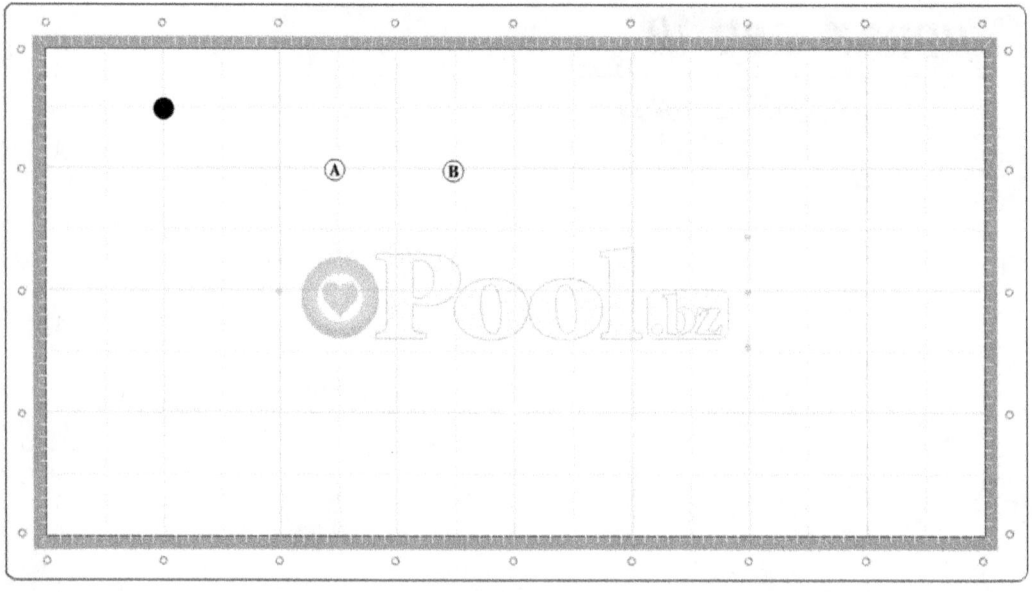

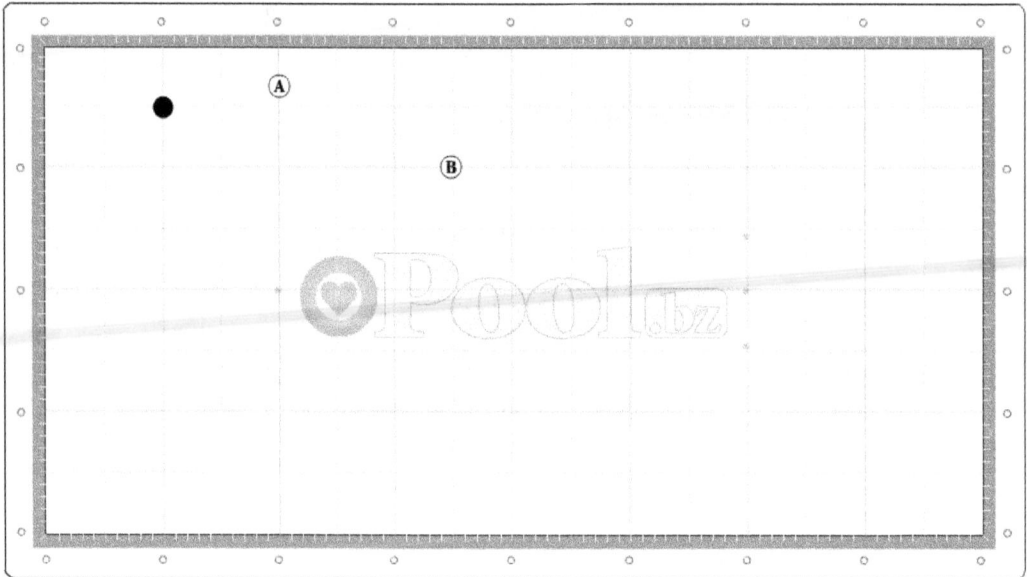

NOTATER OG IDEER:

Gruppe 4, sett 11

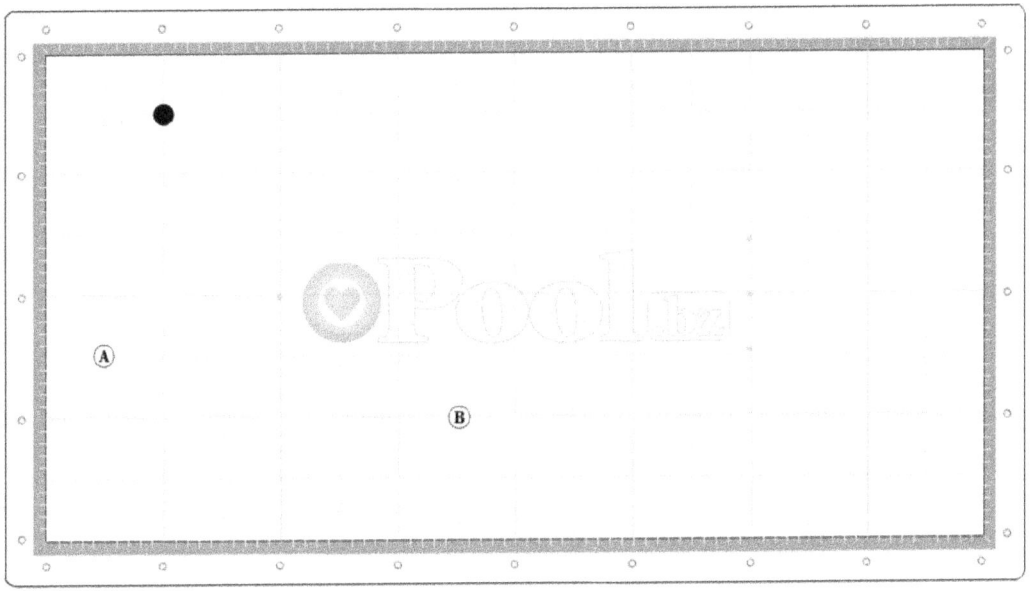

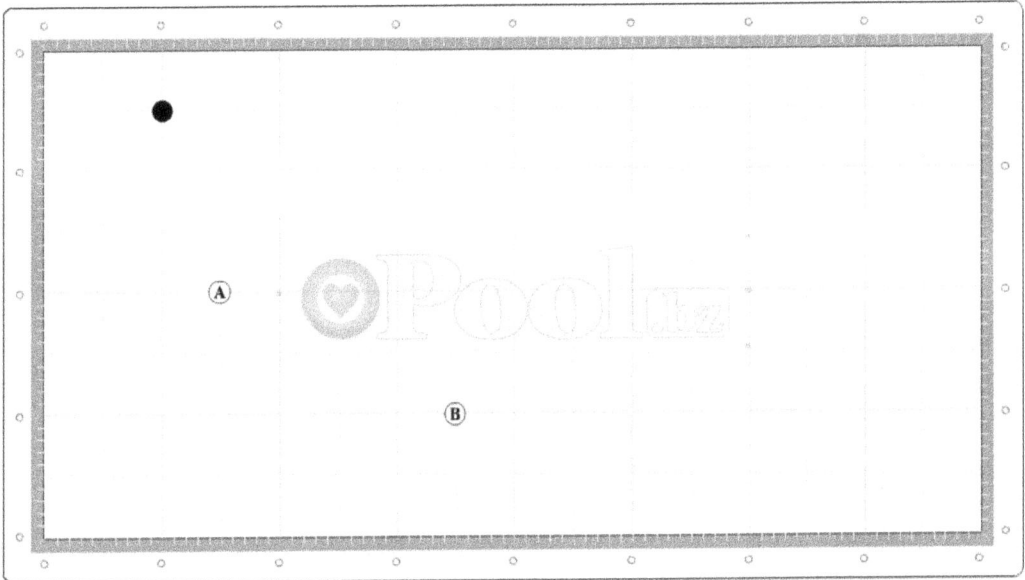

NOTATER OG IDEER:

Carambole biljart: Noen gåter og puslespill

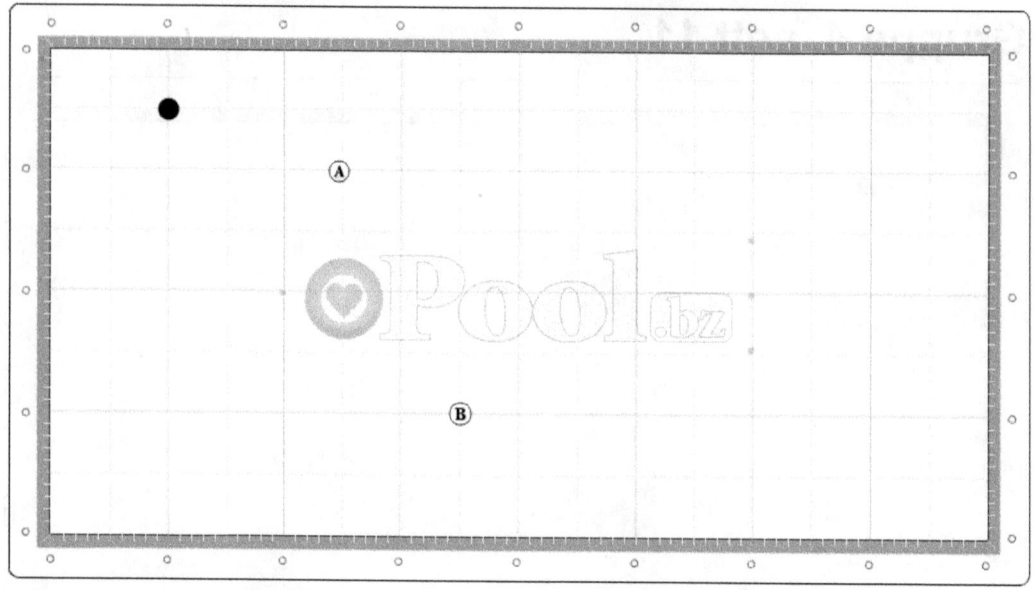

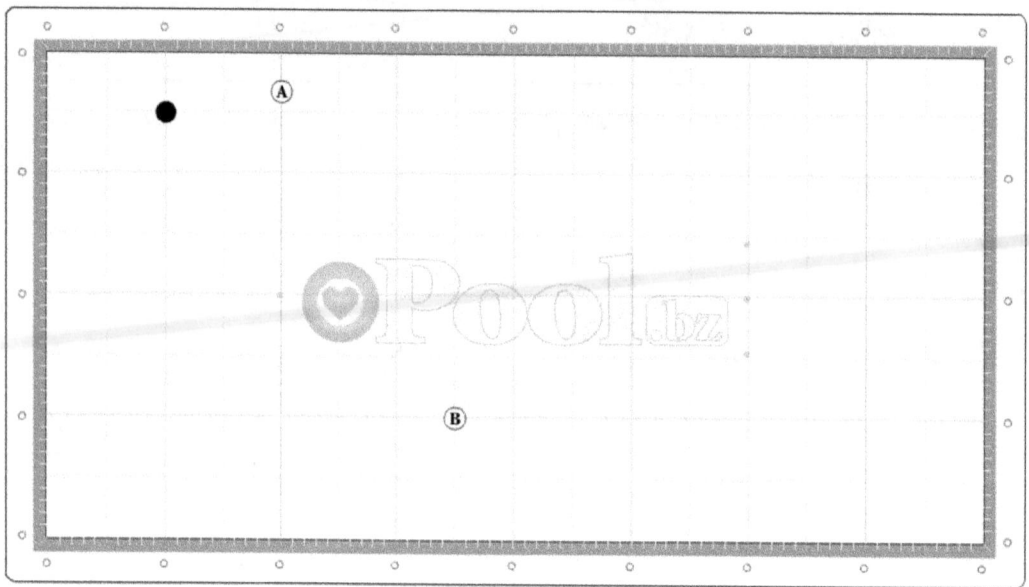

NOTATER OG IDEER:

GRUPPE 5
Gruppe 5, sett 1

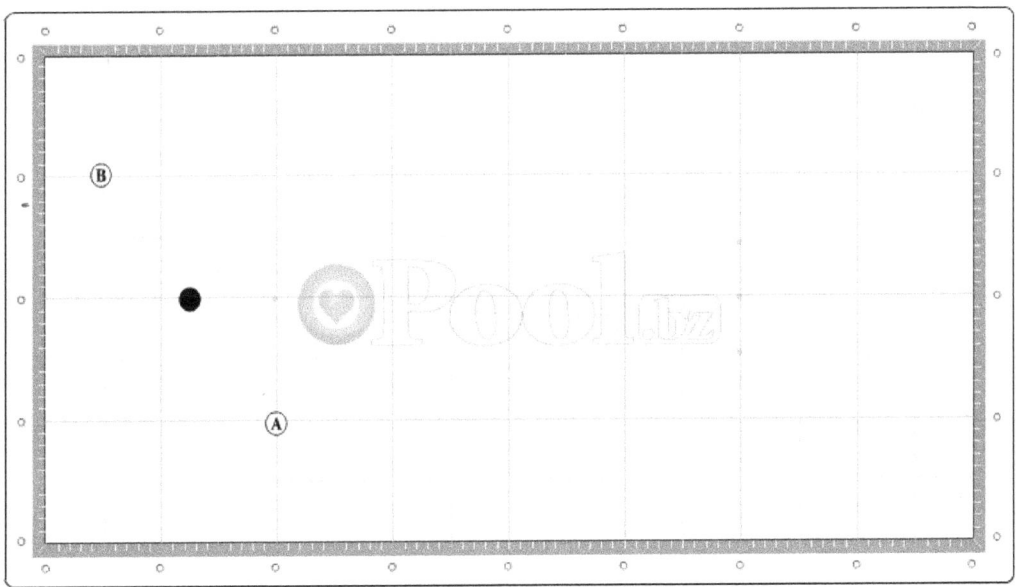

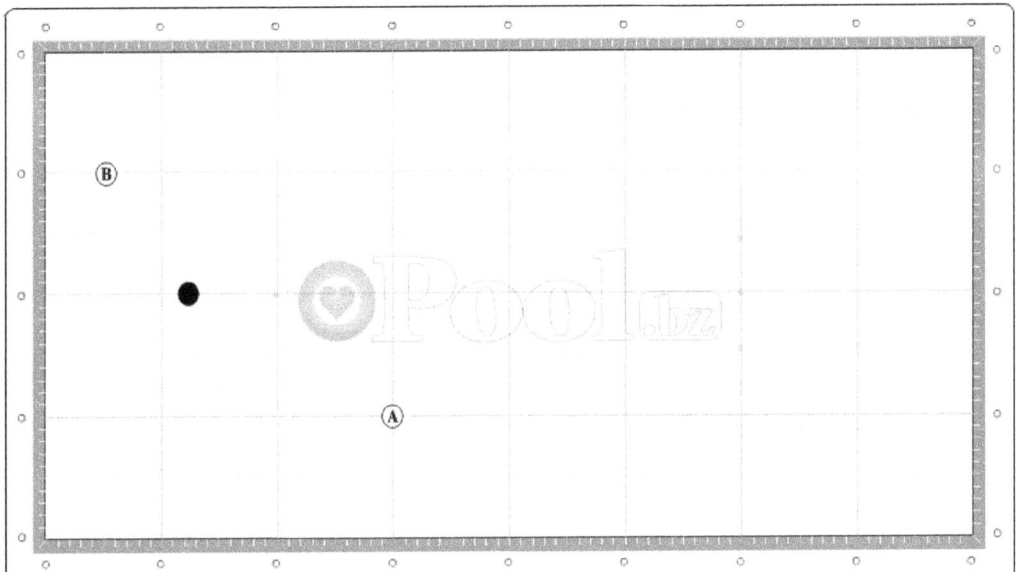

NOTATER OG IDEER:

Carambole biljart: Noen gåter og puslespill

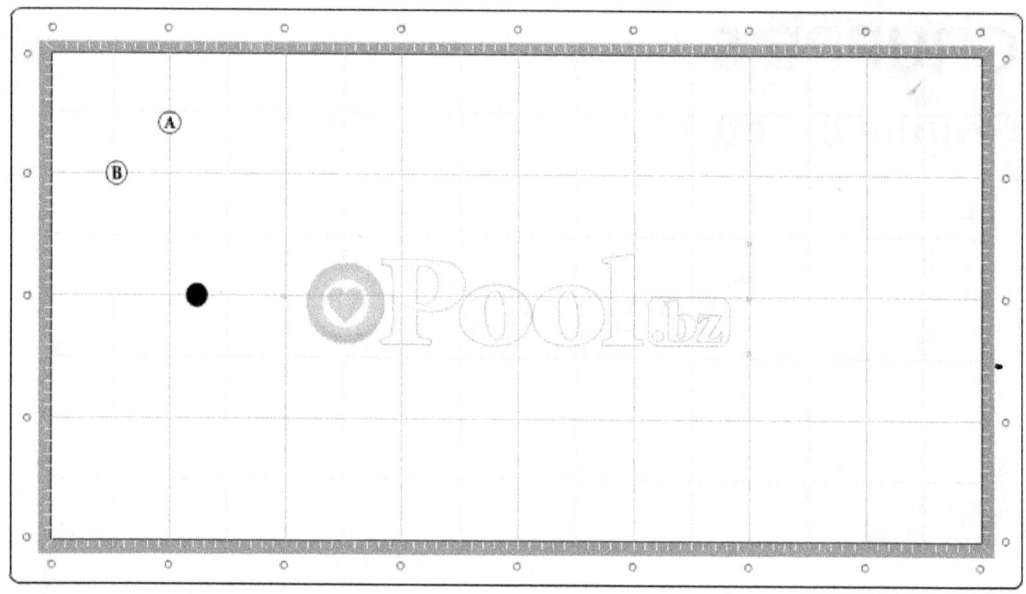

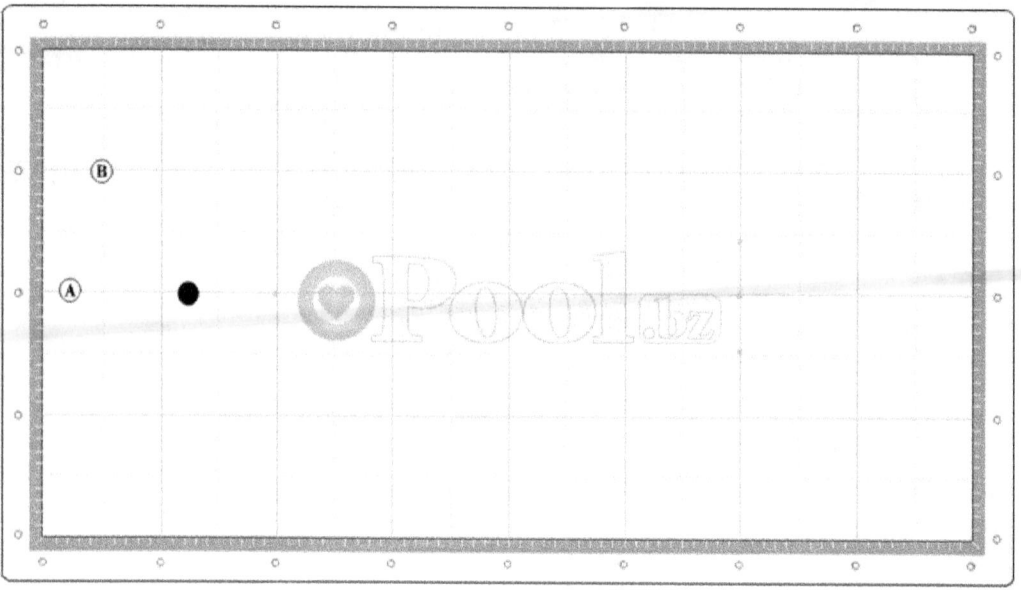

NOTATER OG IDEER:

Gruppe 5, sett 2

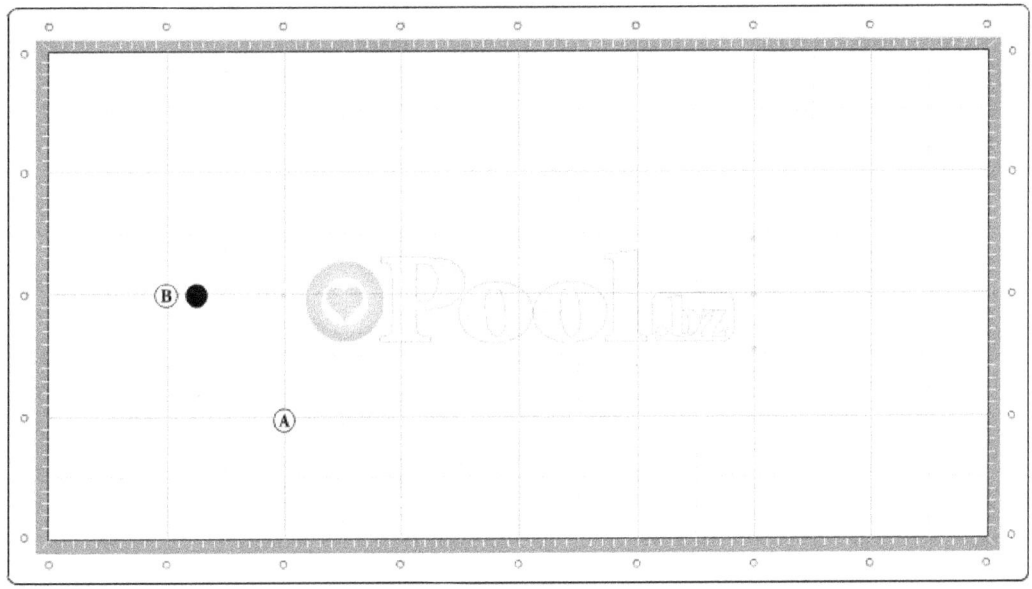

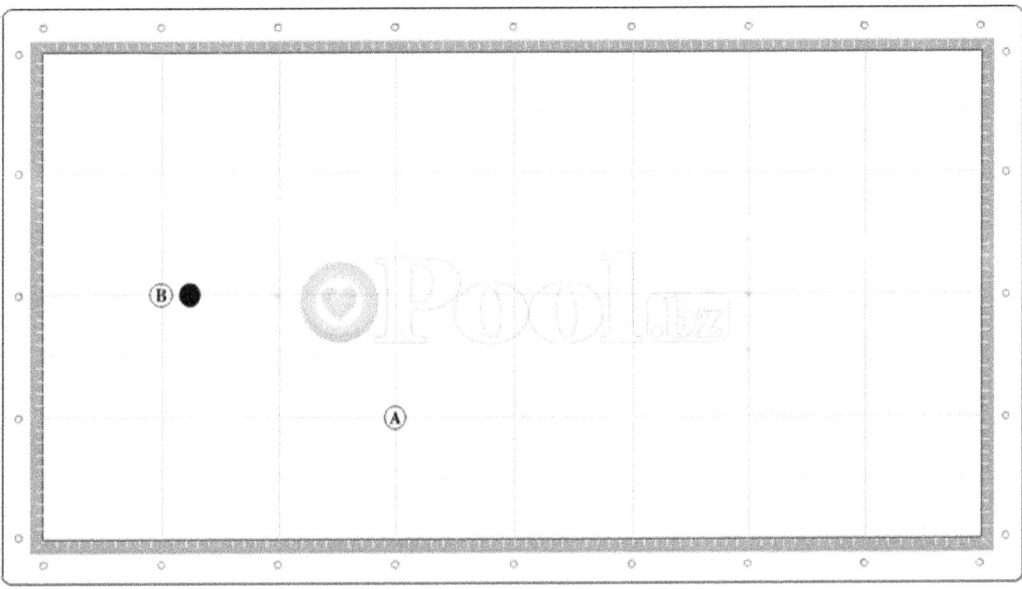

NOTATER OG IDEER:

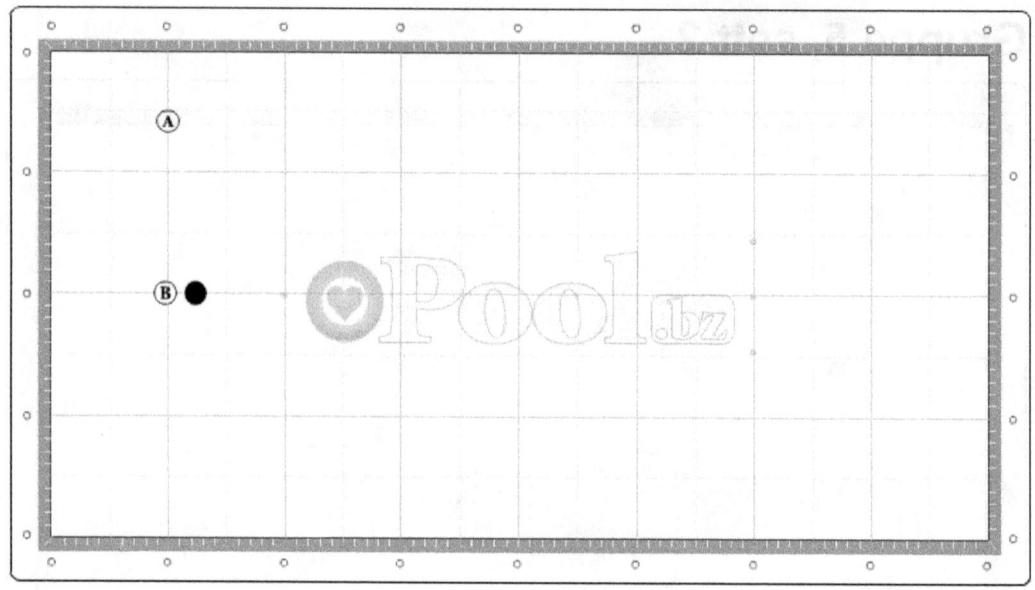

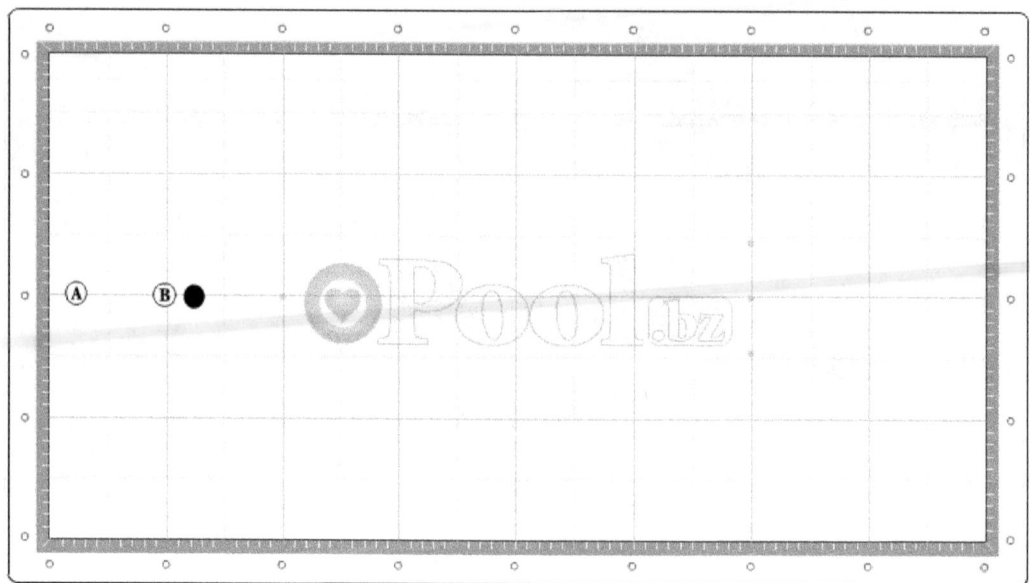

NOTATER OG IDEER:

Gruppe 5, sett 3

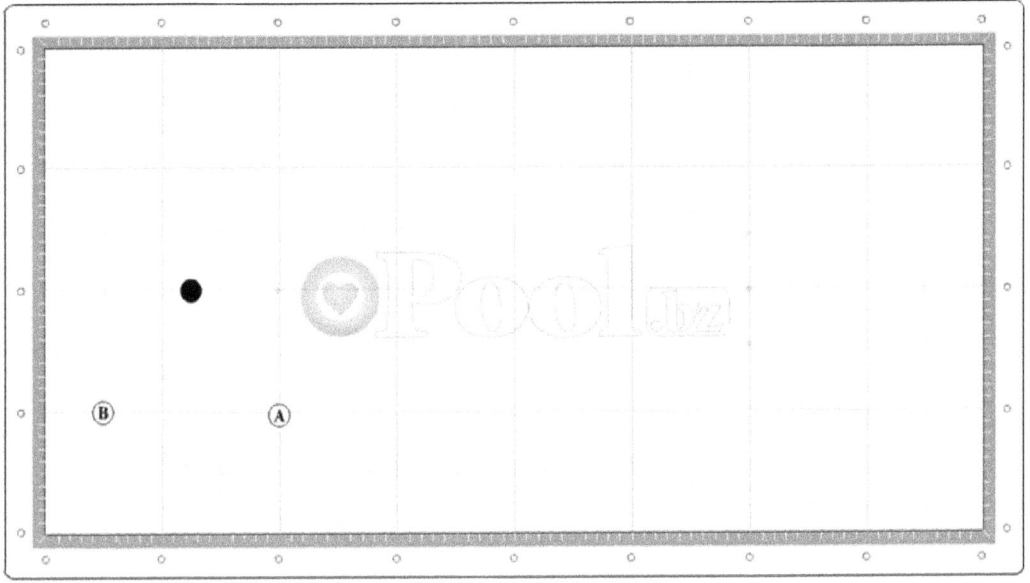

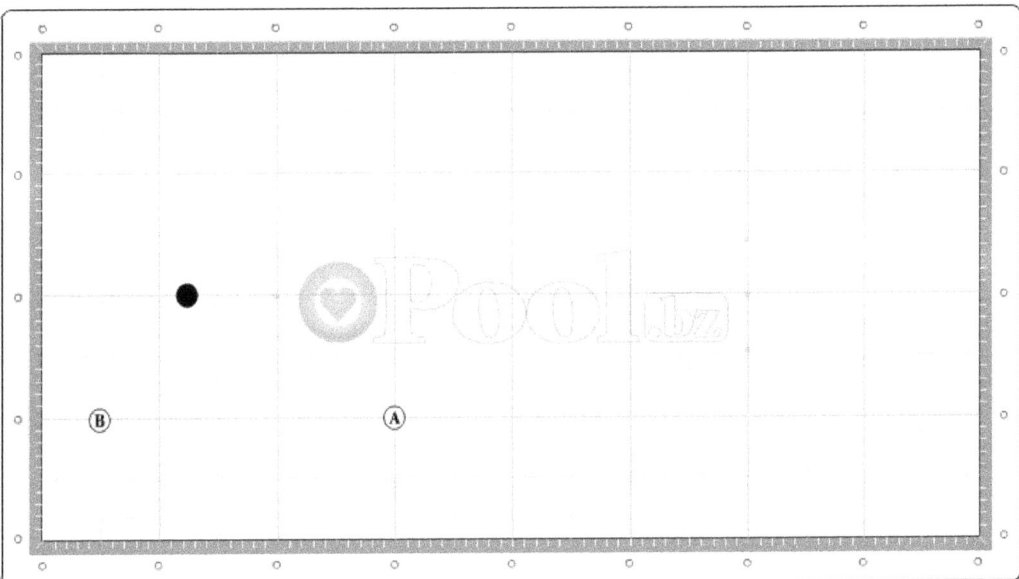

NOTATER OG IDEER:

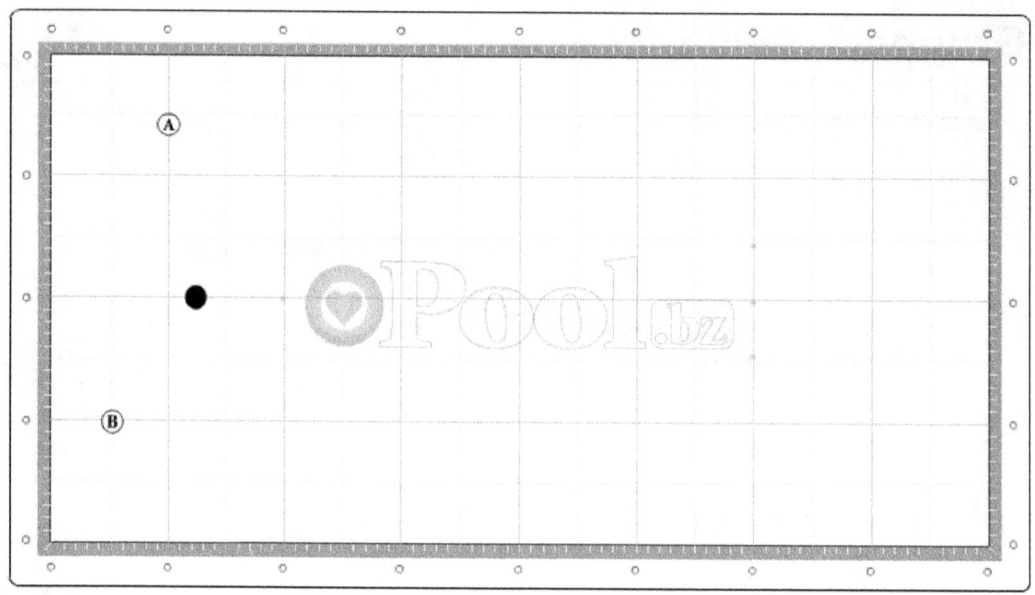

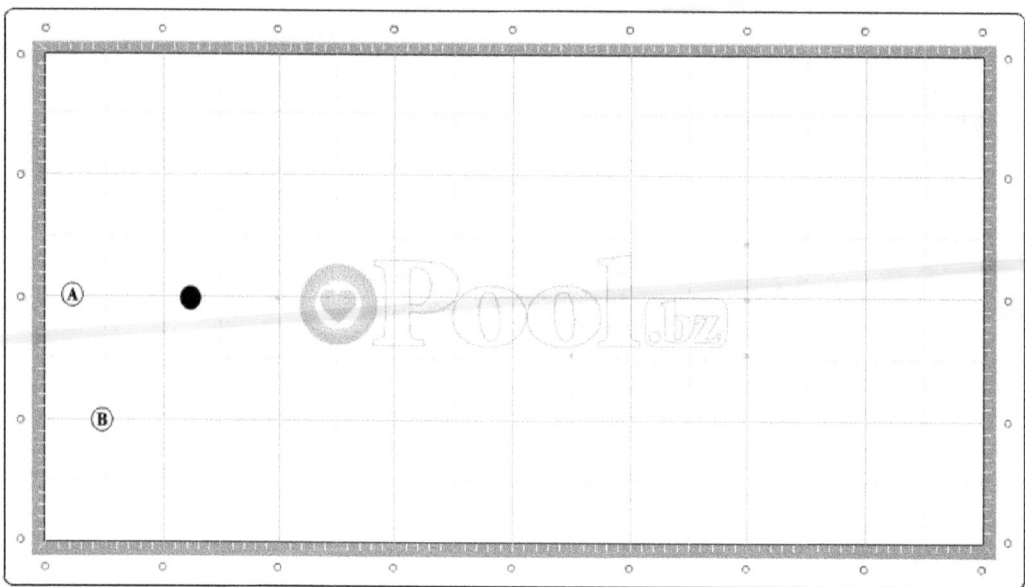

NOTATER OG IDEER:

Gruppe 5, sett 4

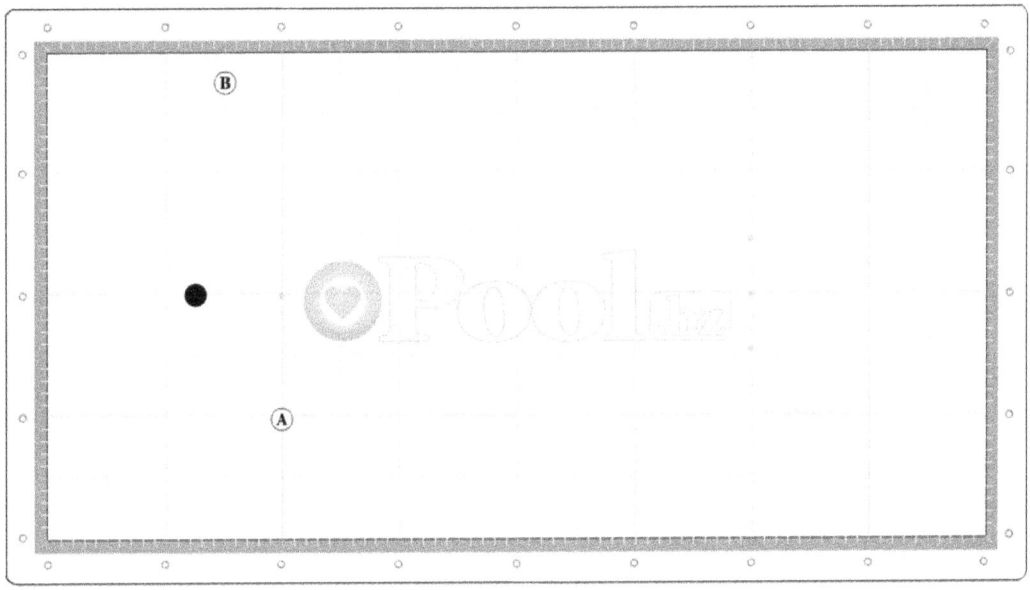

NOTATER OG IDEER:

Carambole biljart: Noen gåter og puslespill

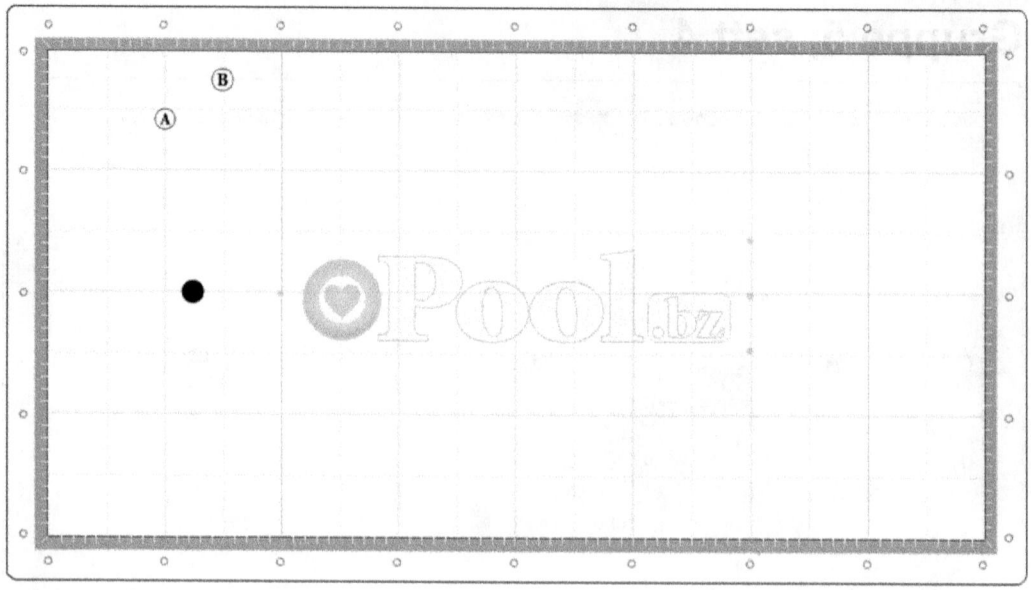

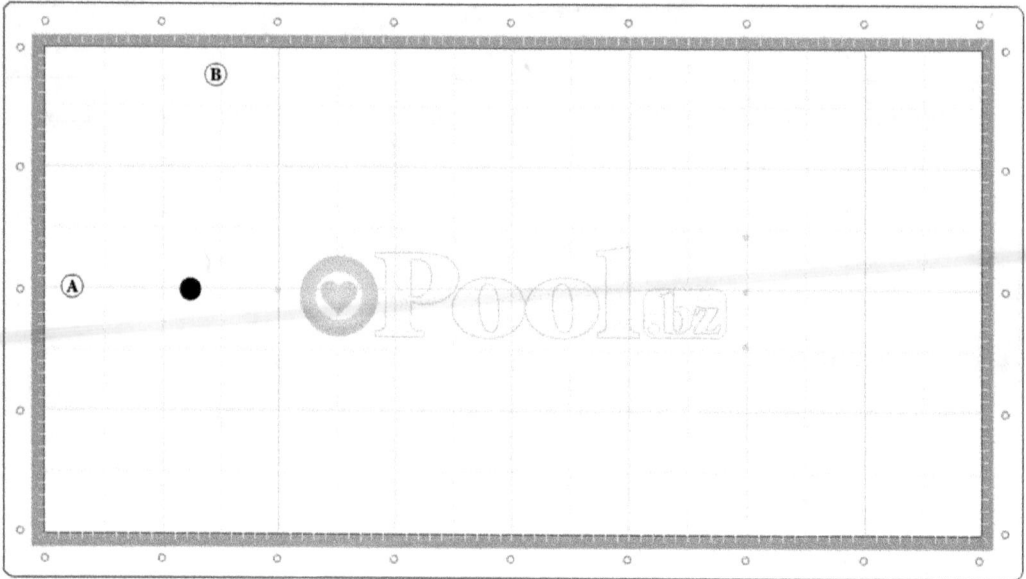

NOTATER OG IDEER:

Gruppe 5, sett 5

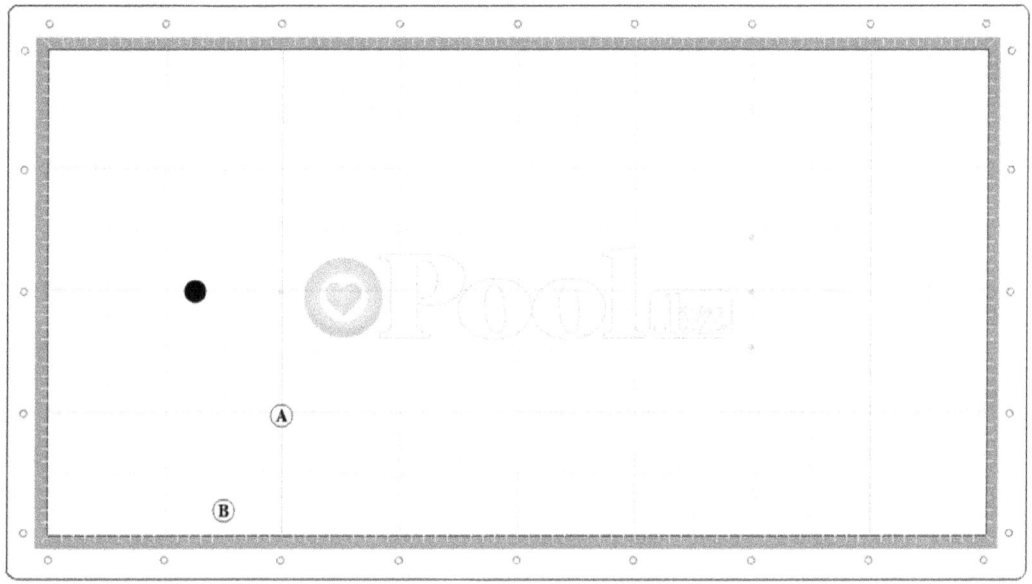

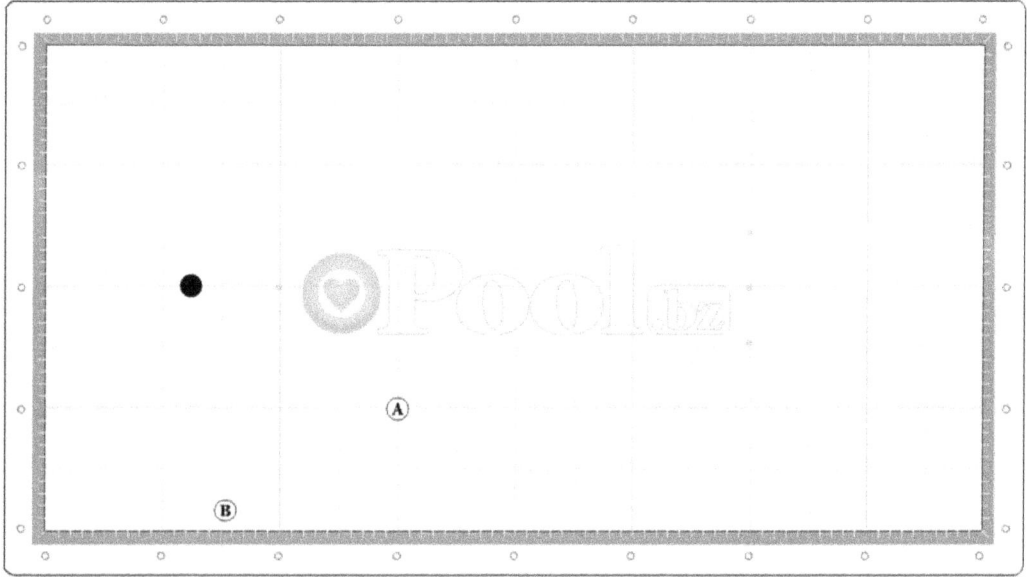

NOTATER OG IDEER:

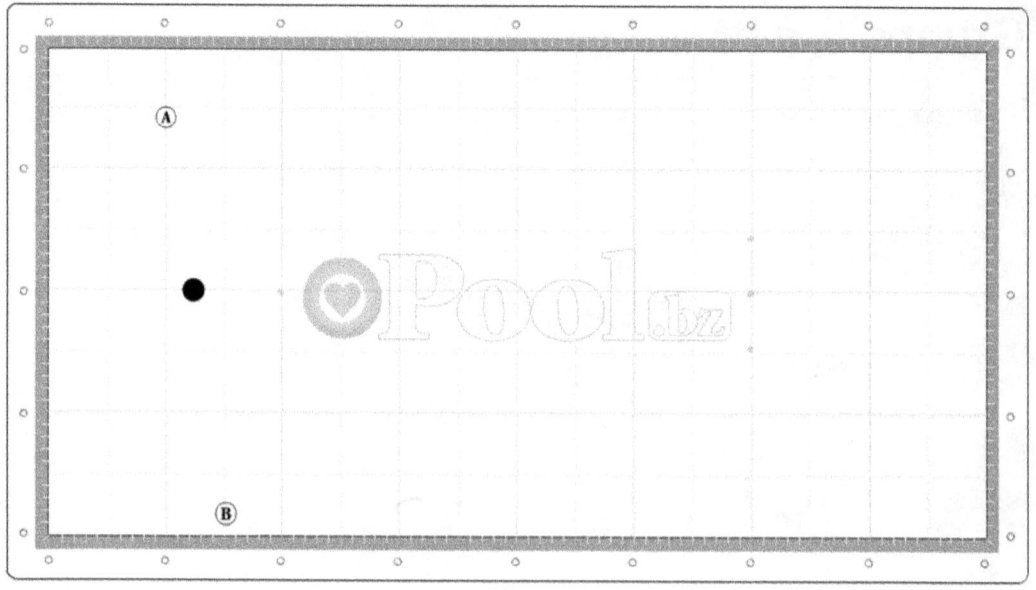

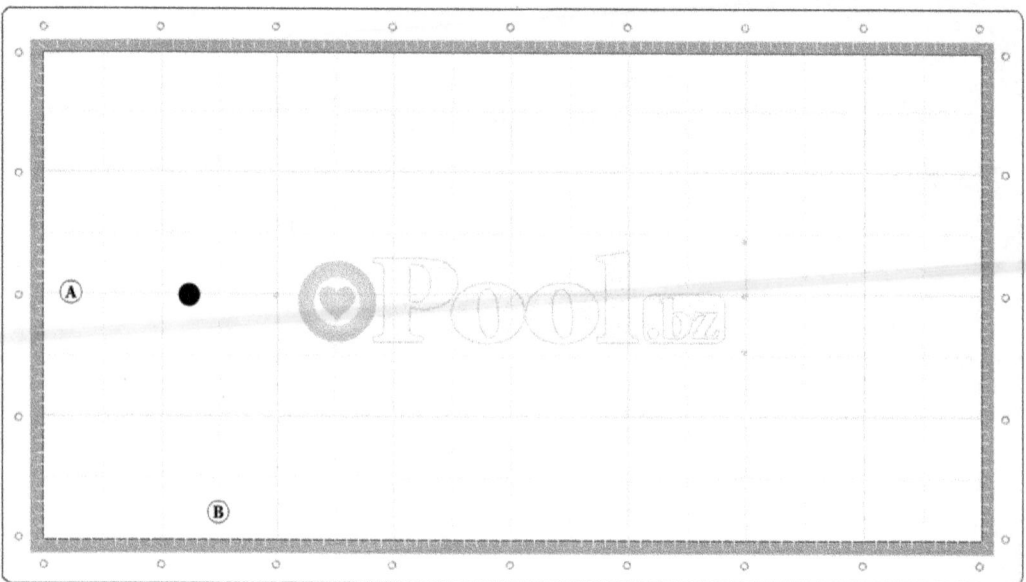

NOTATER OG IDEER:

Gruppe 5, sett 6

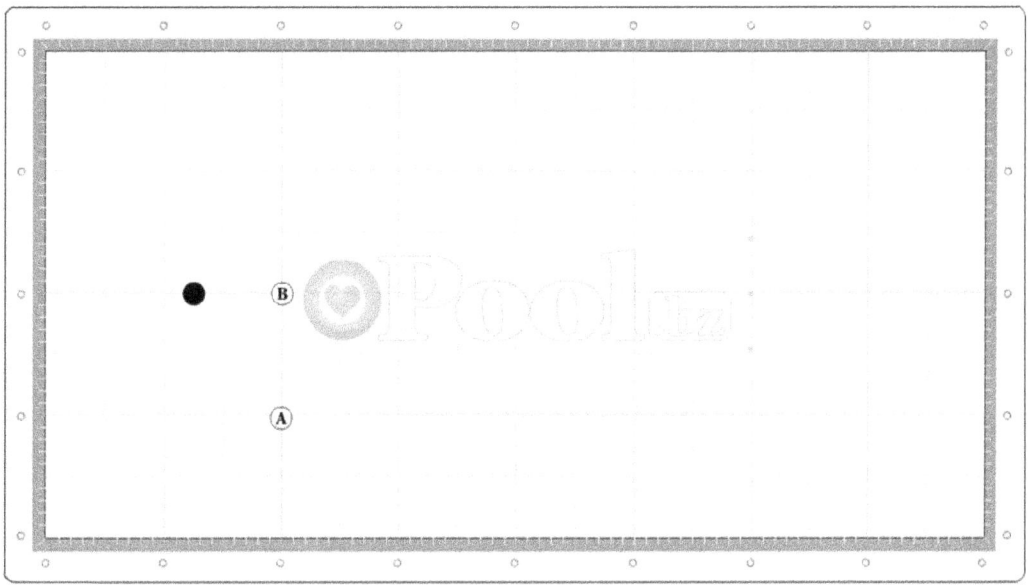

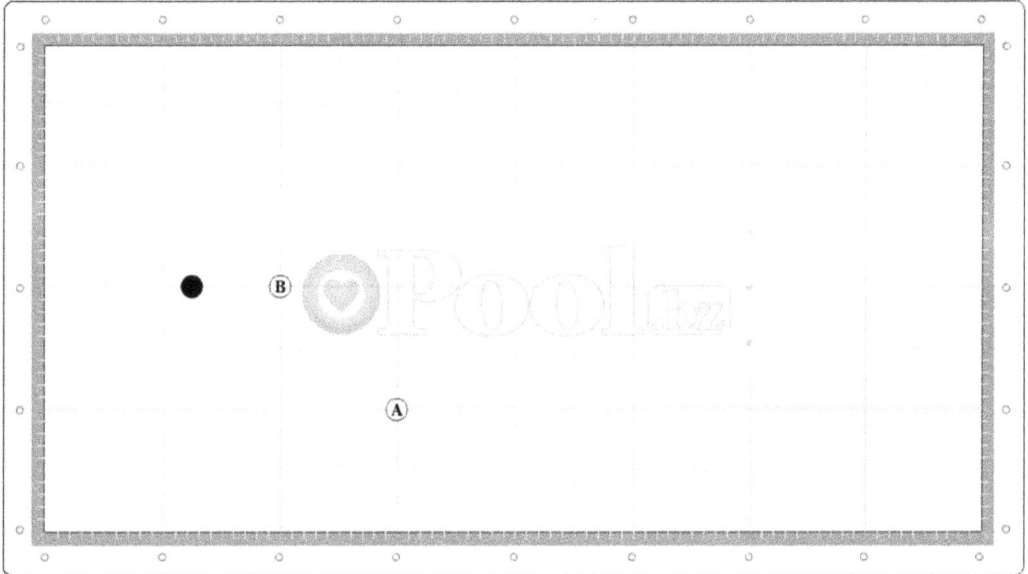

NOTATER OG IDEER:

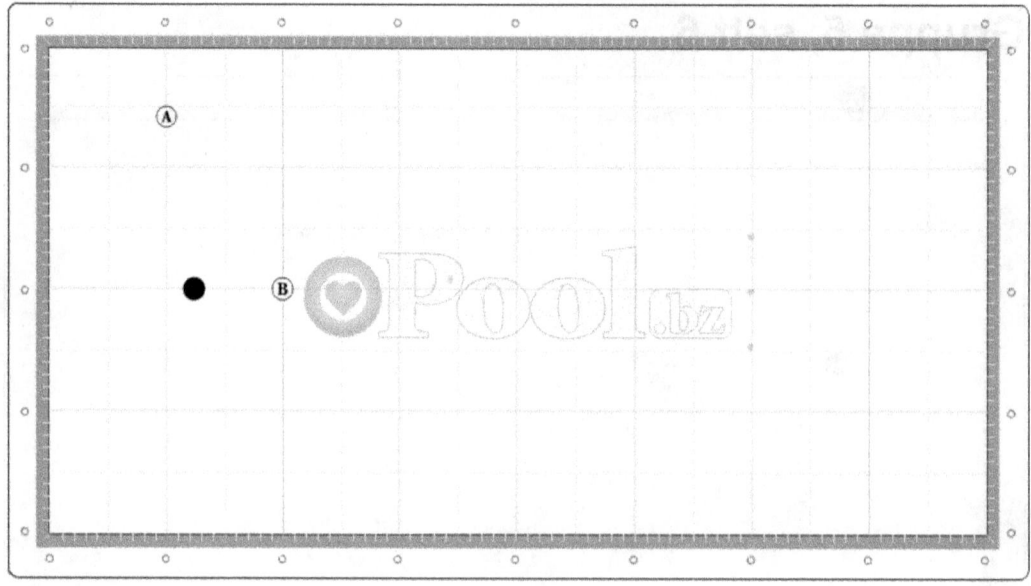

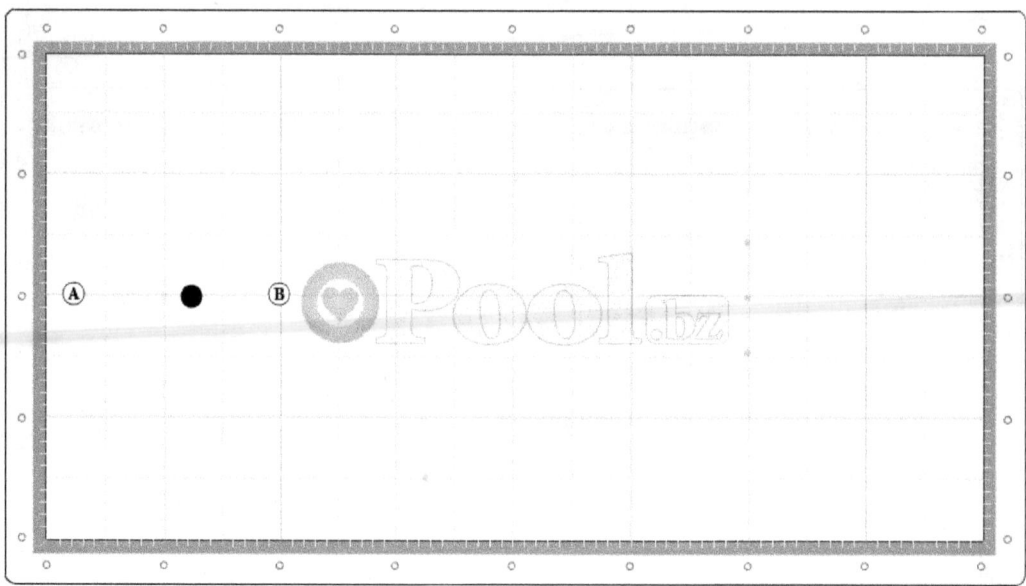

NOTATER OG IDEER:

Gruppe 5, sett 7

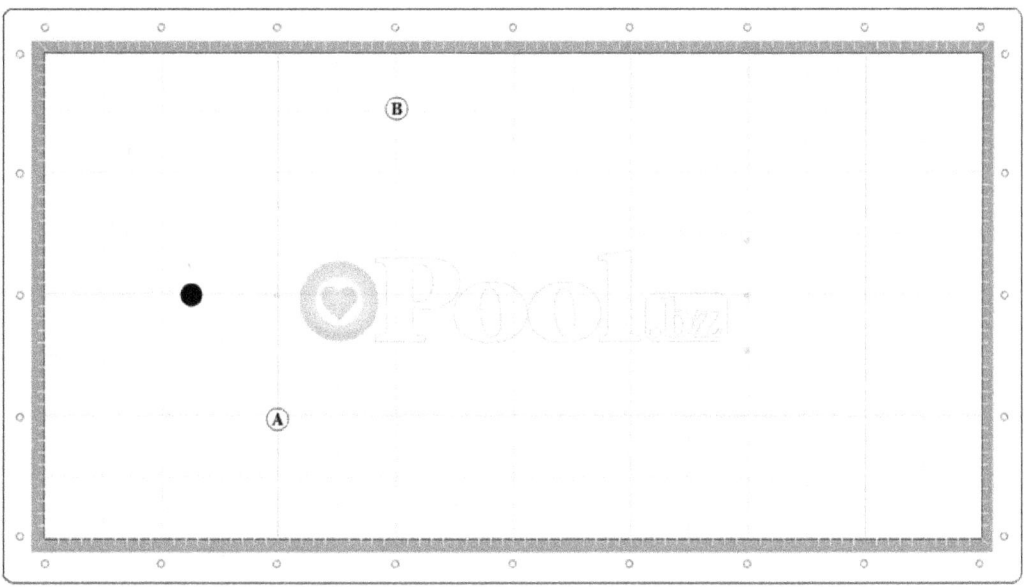

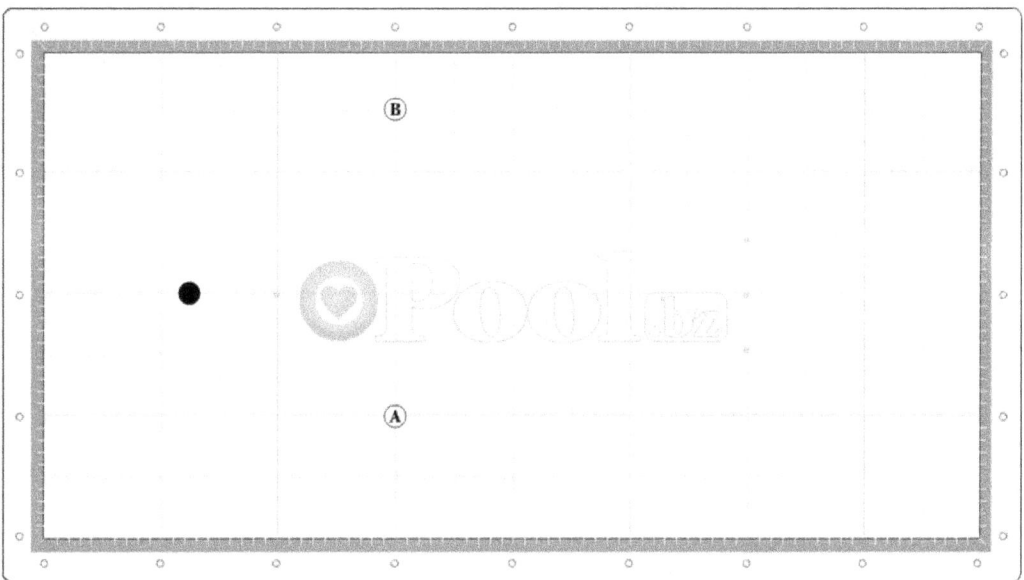

NOTATER OG IDEER:

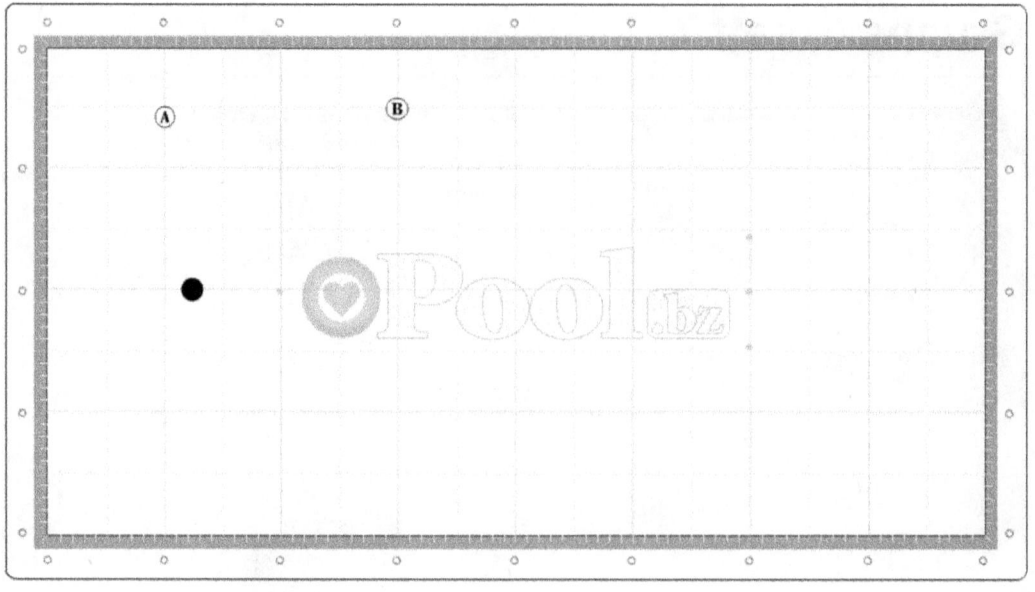

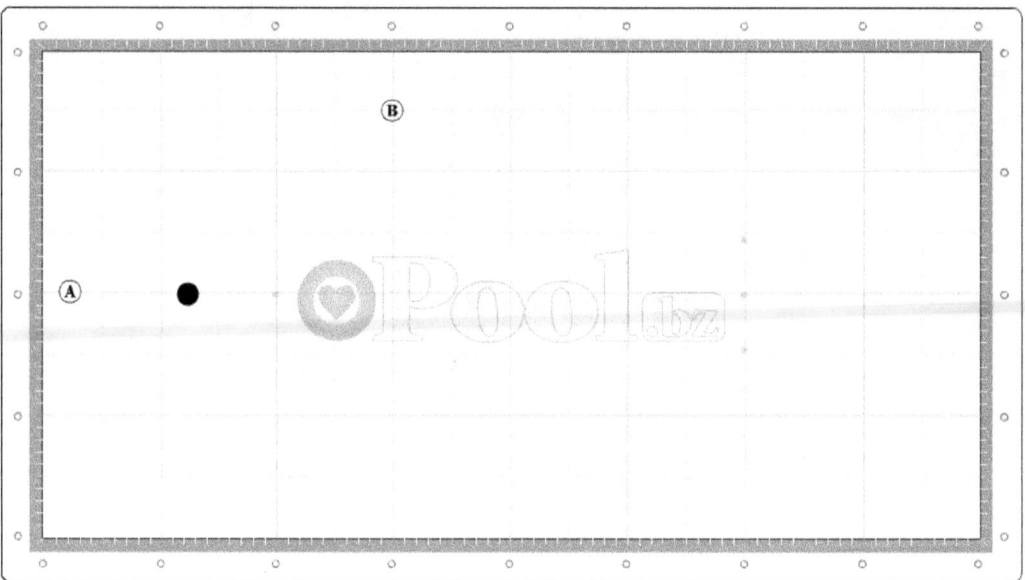

NOTATER OG IDEER:

Gruppe 5, sett 8

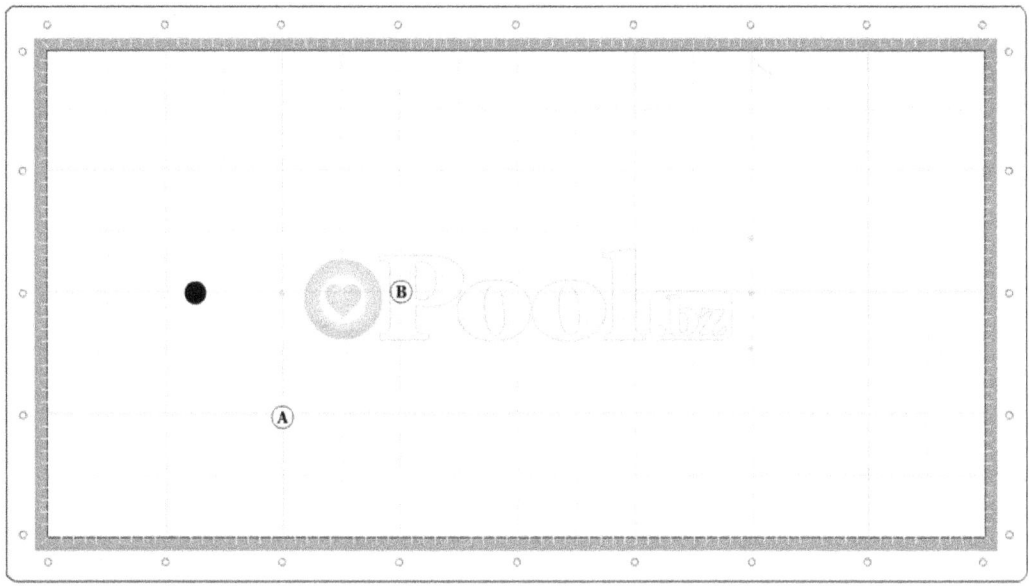

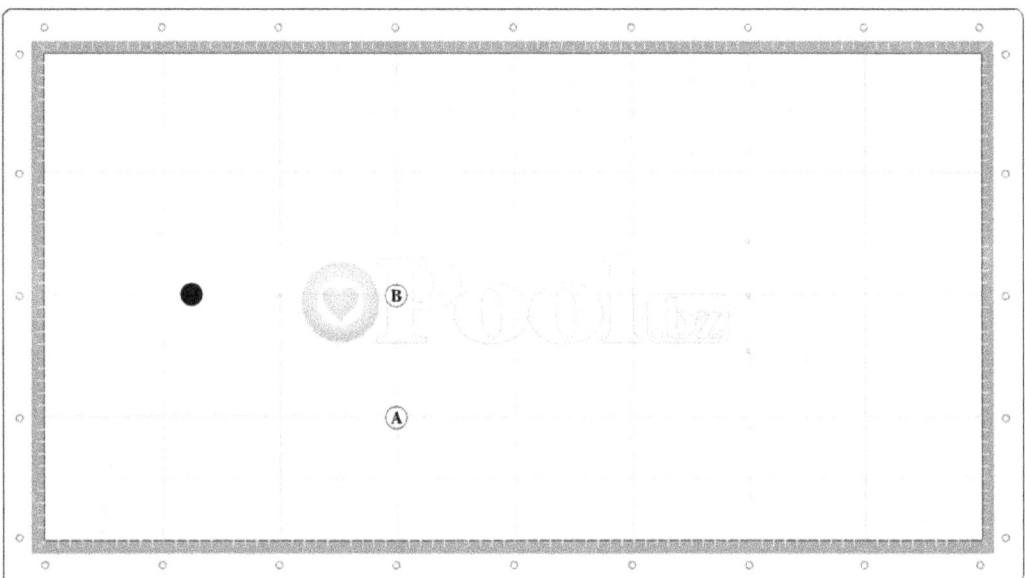

NOTATER OG IDEER:

Carambole biljart: Noen gåter og puslespill

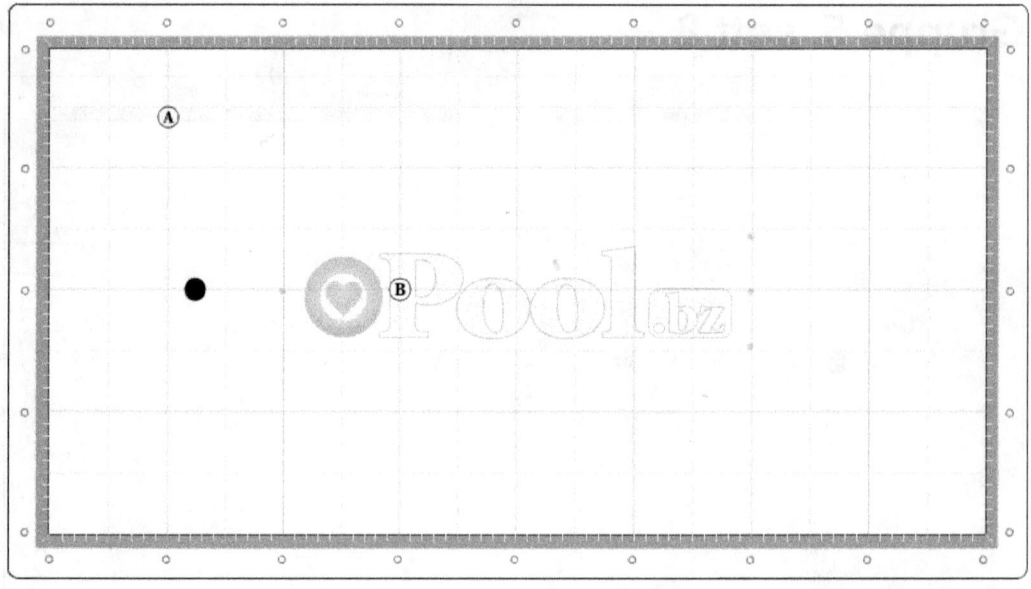

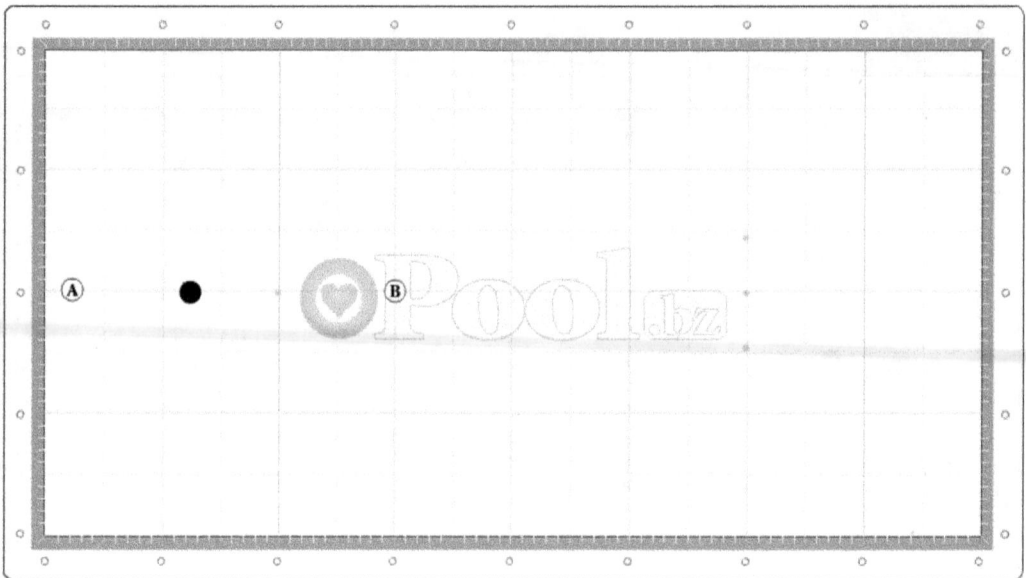

NOTATER OG IDEER:

Gruppe 5, sett 9

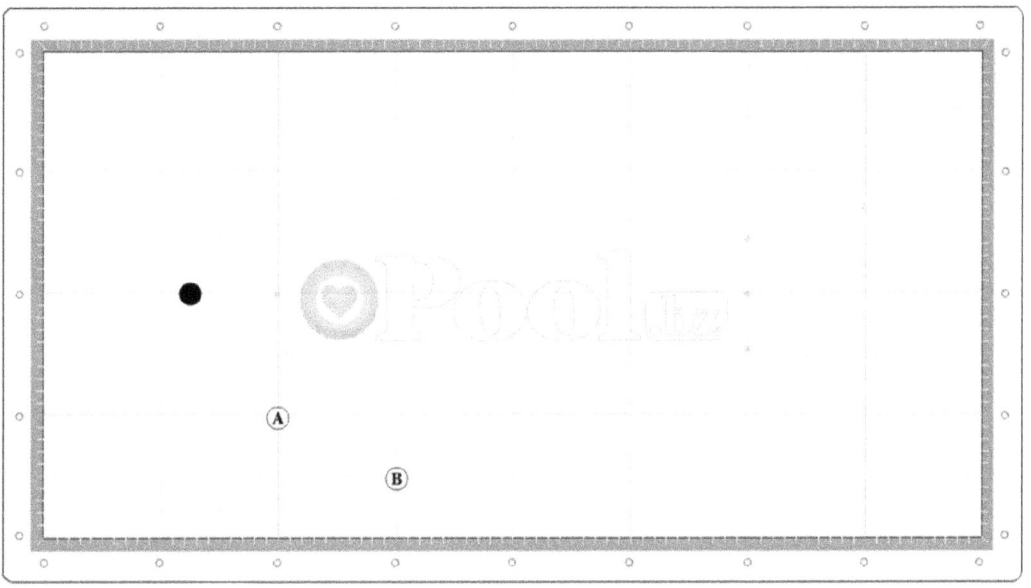

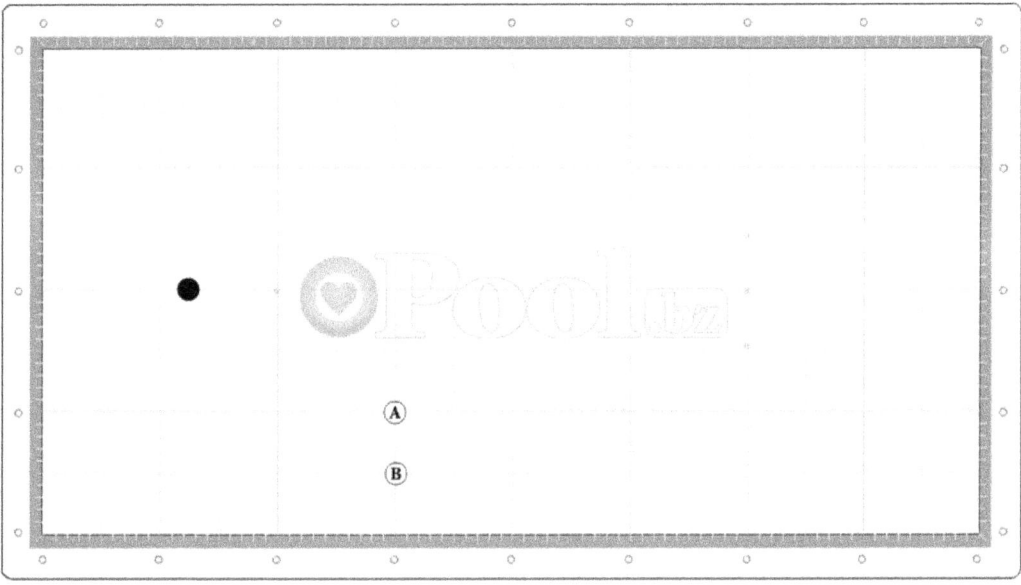

NOTATER OG IDEER:

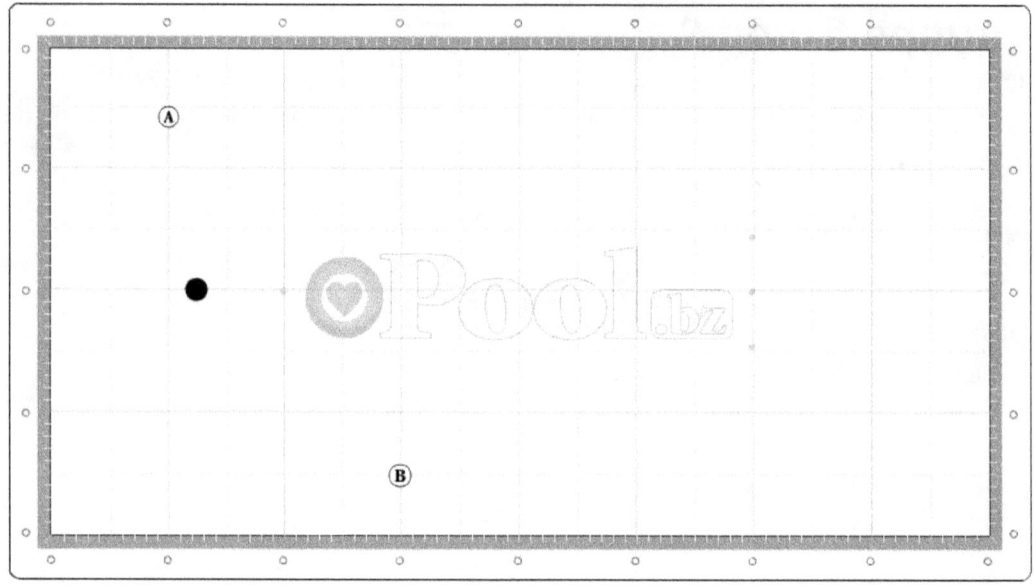

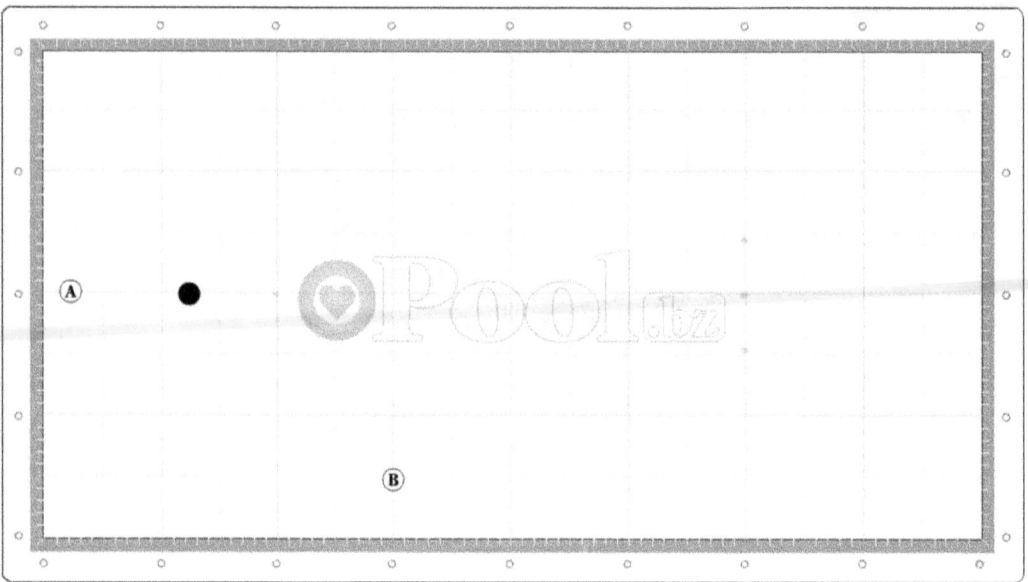

NOTATER OG IDEER:

Gruppe 5, sett 10

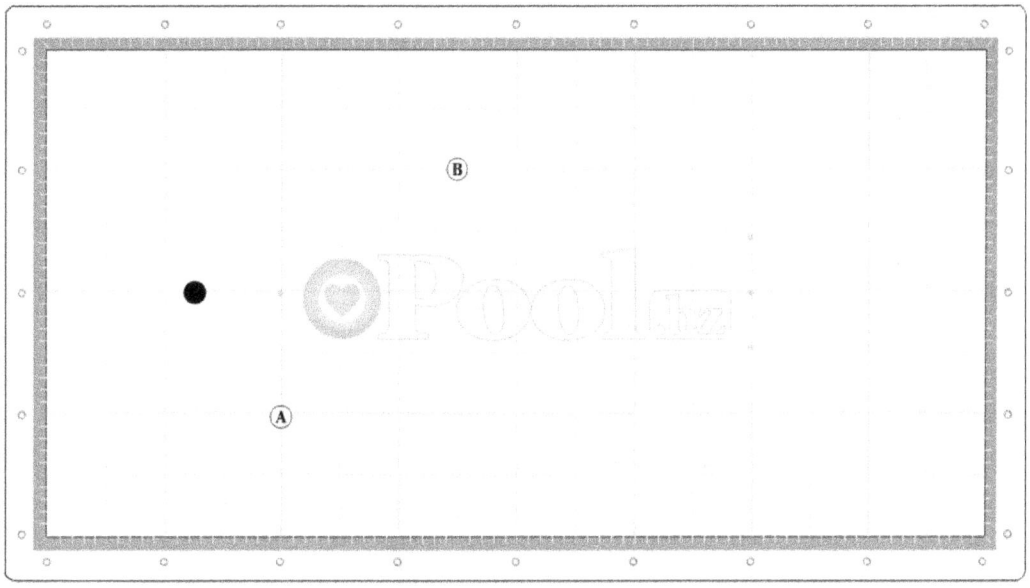

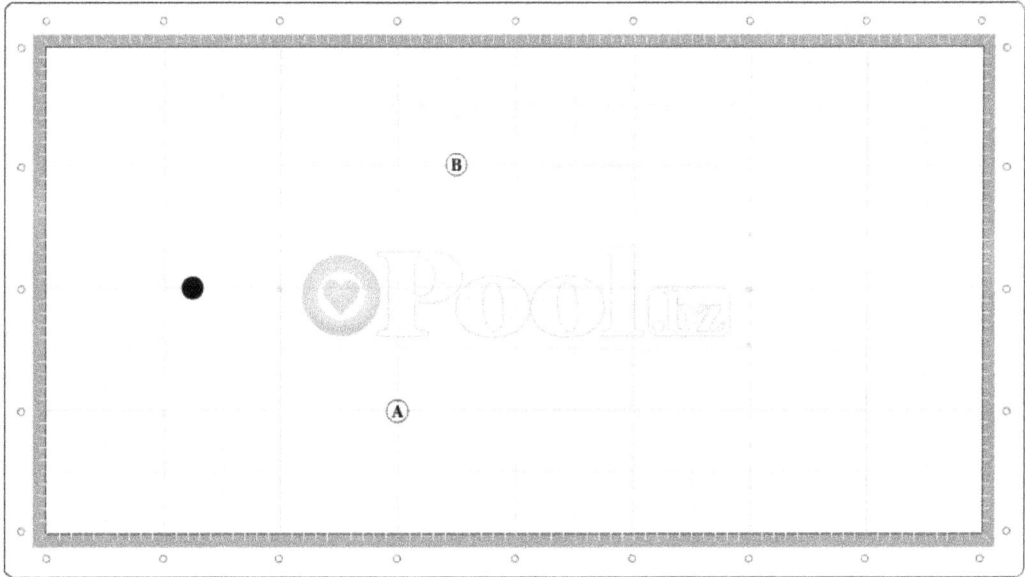

NOTATER OG IDEER:

Carambole biljart: Noen gåter og puslespill

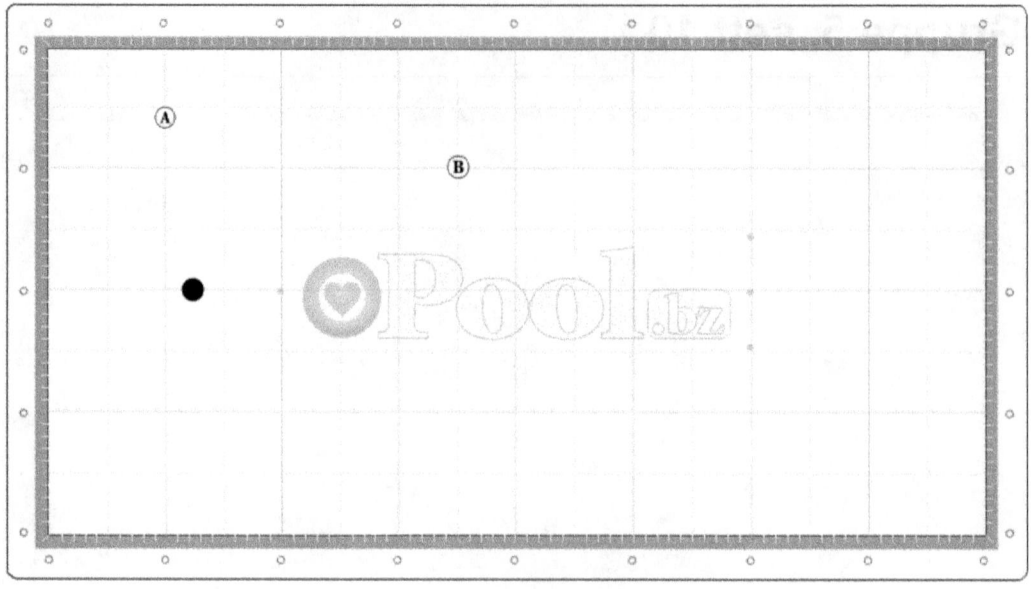

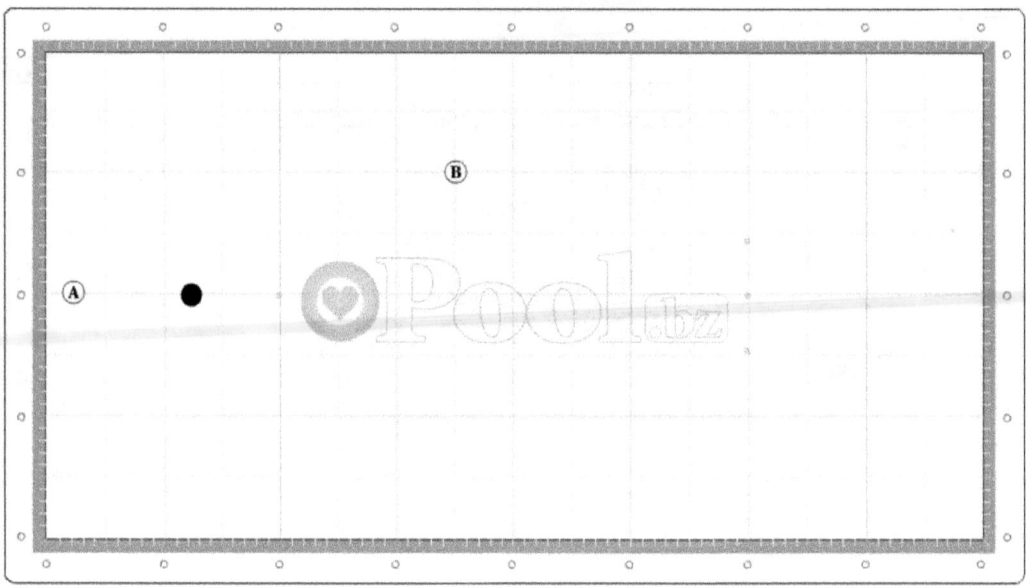

NOTATER OG IDEER:

Gruppe 5, sett 11

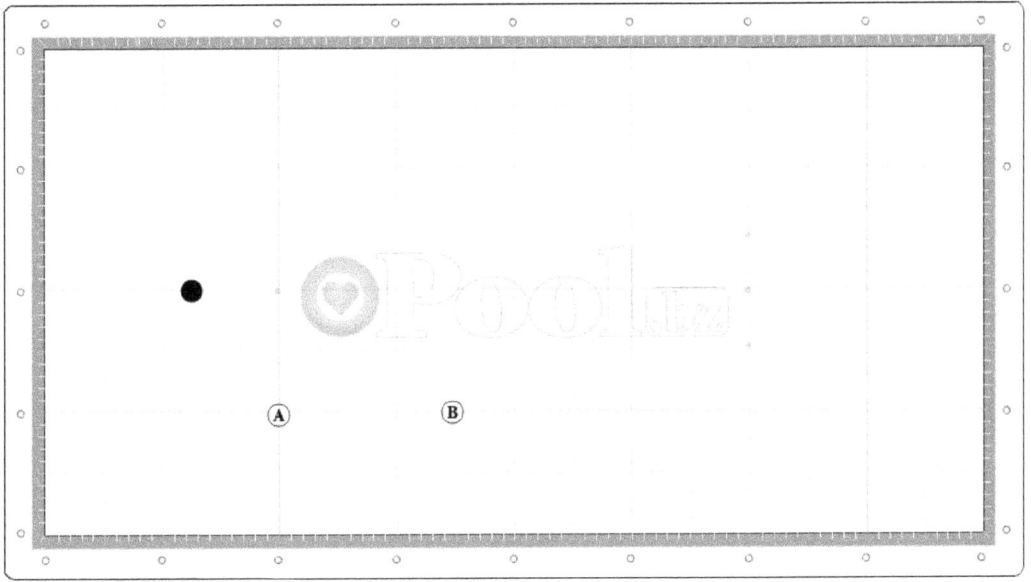

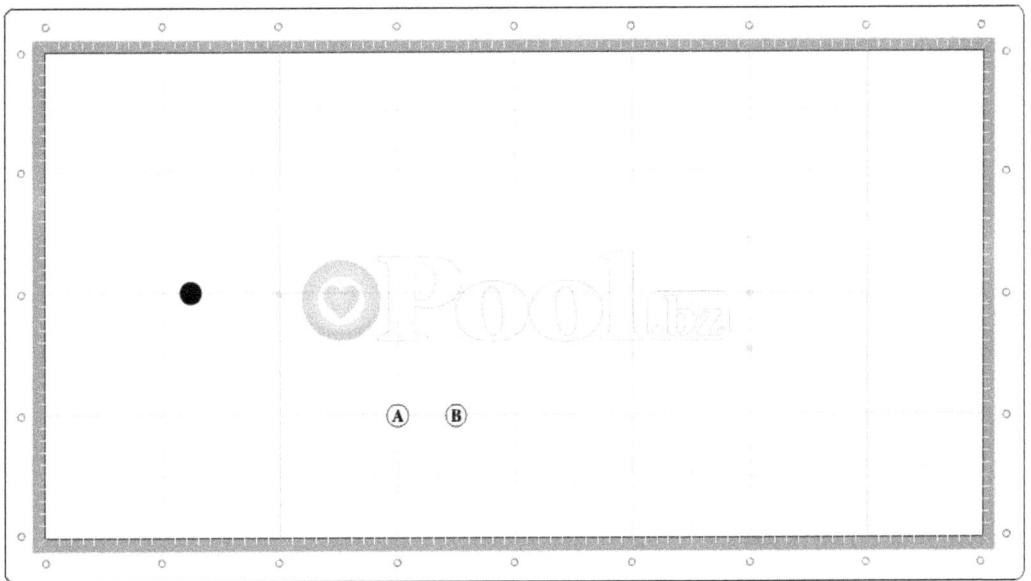

NOTATER OG IDEER:

Carambole biljart: Noen gåter og puslespill

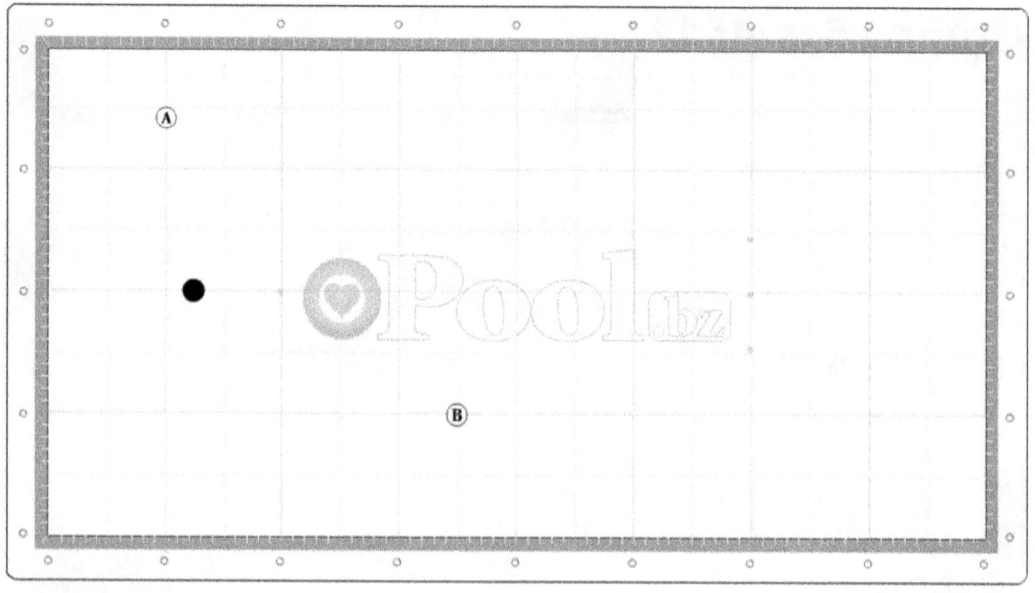

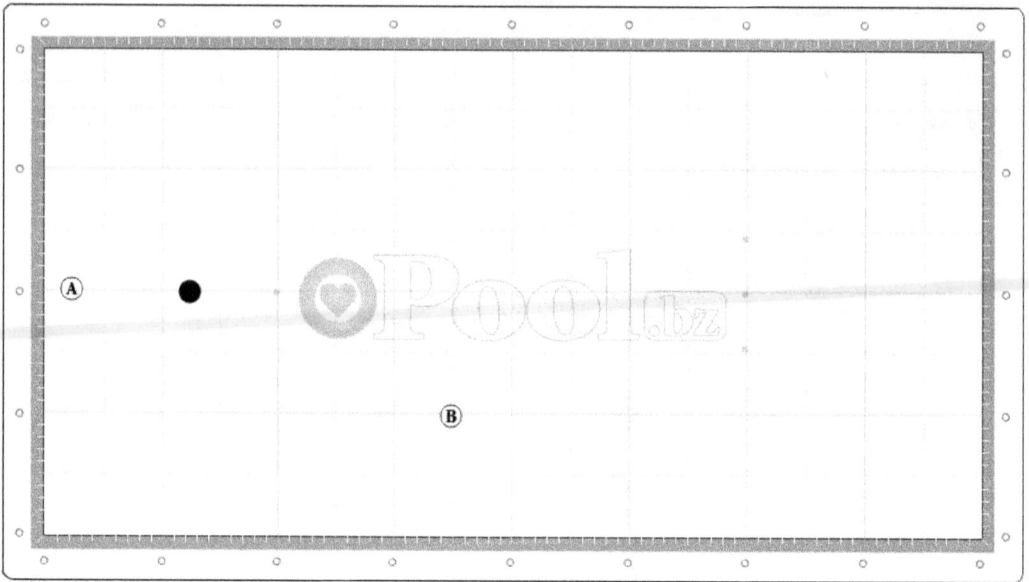

NOTATER OG IDEER:

GRUPPE 6

Gruppe 6, sett 1

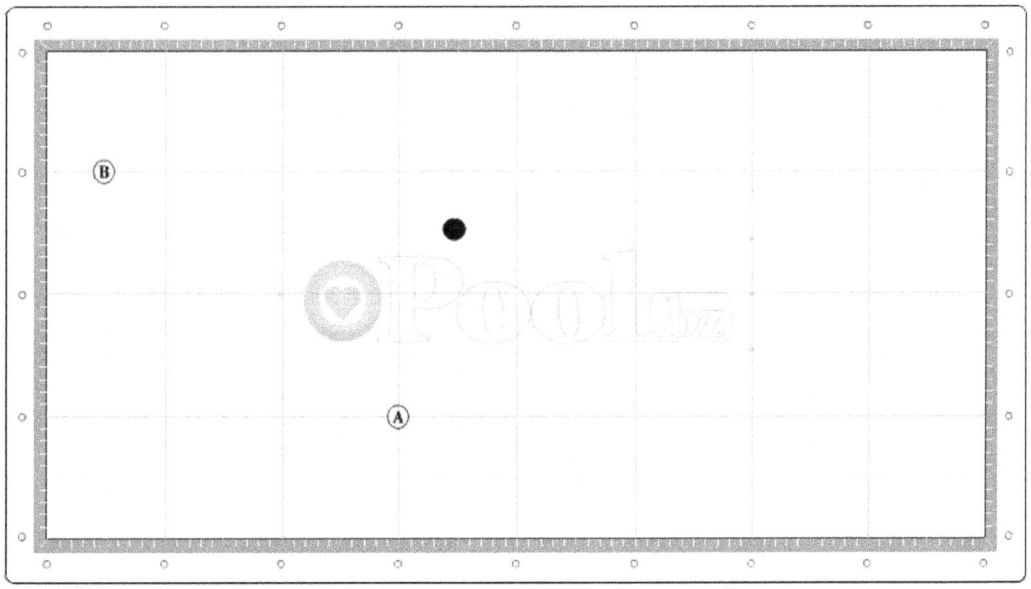

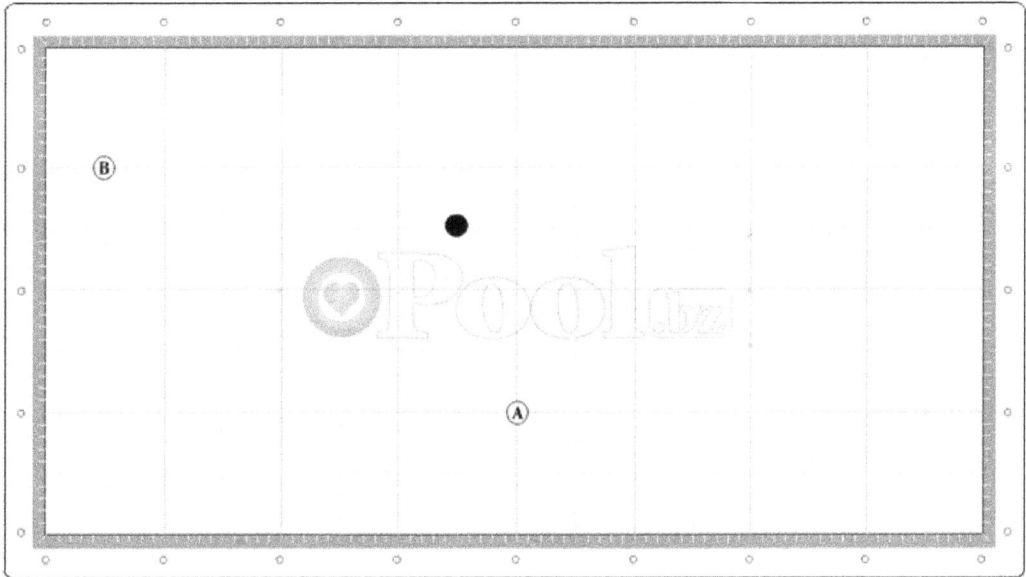

NOTATER OG IDEER:

Carambole biljart: Noen gåter og puslespill

(På forsiden av denne boken er det 4 eksempler på hvordan du spiller denne oppsettet.)

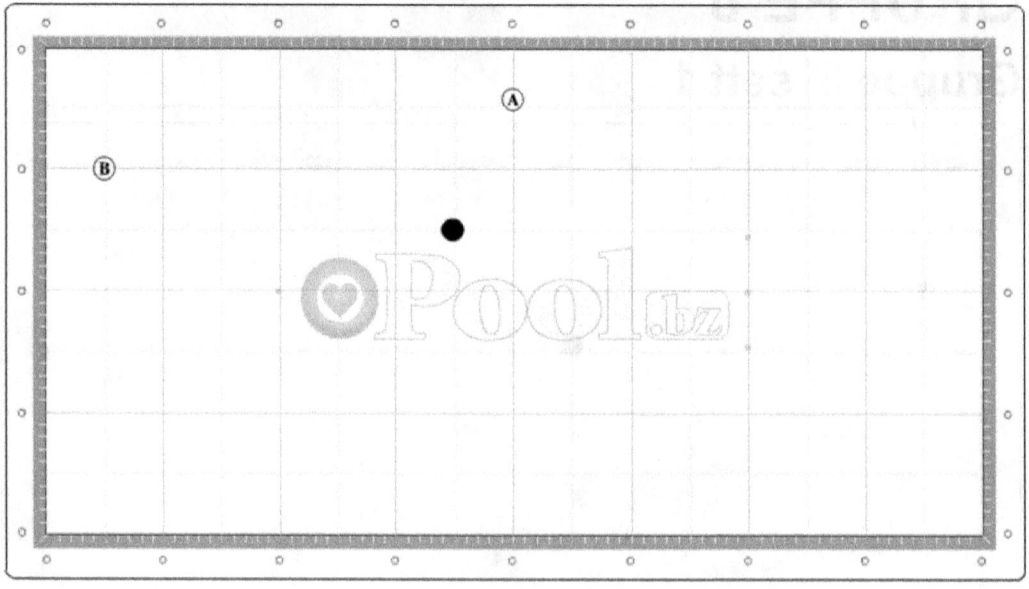

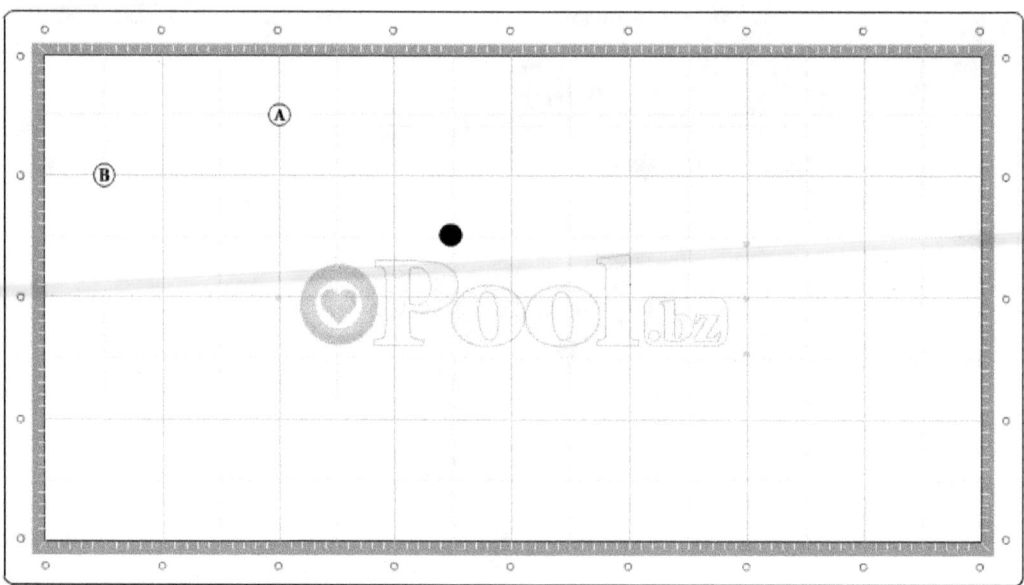

NOTATER OG IDEER:

Gruppe 6, sett 2

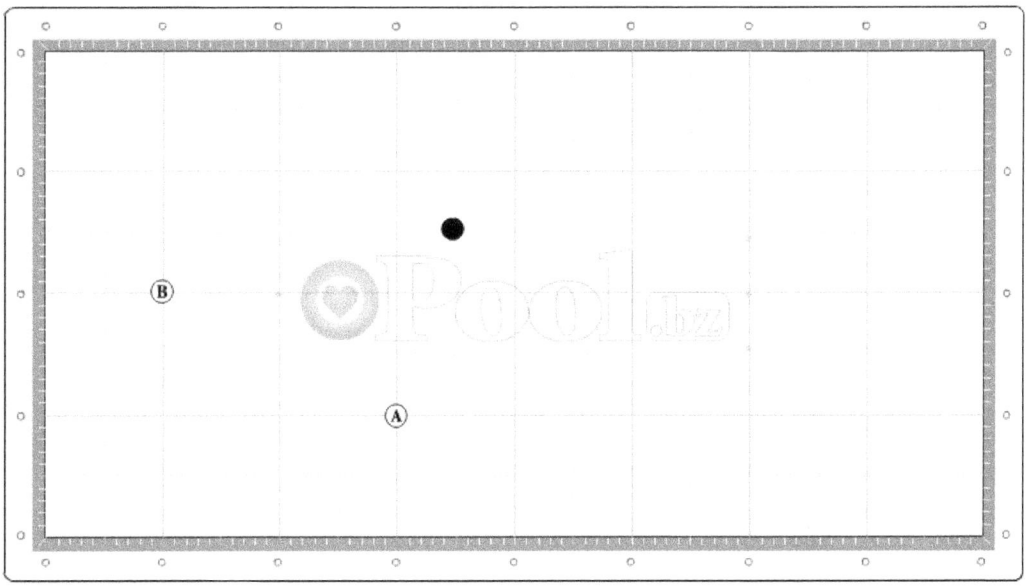

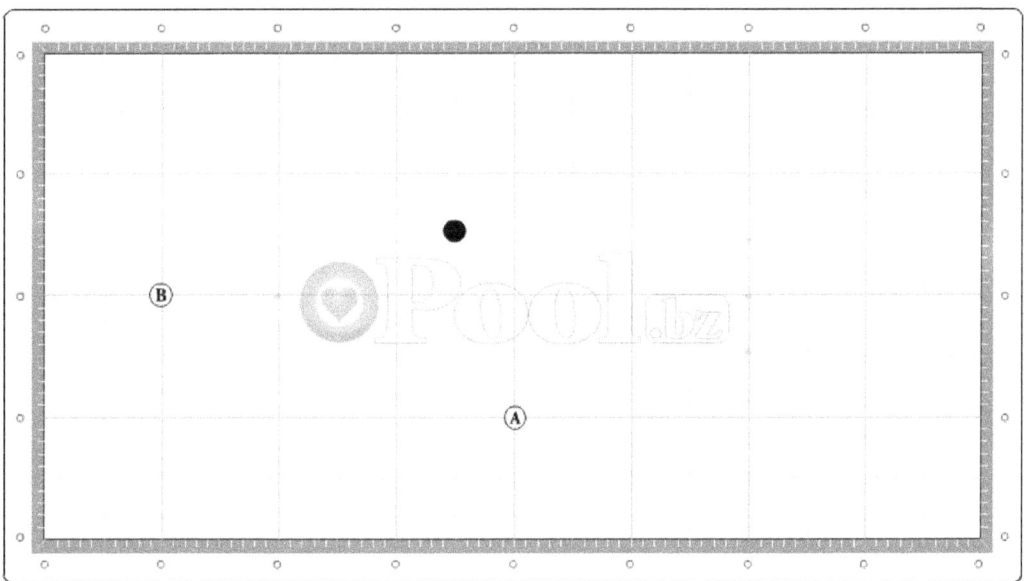

NOTATER OG IDEER:

Carambole biljart: Noen gåter og puslespill

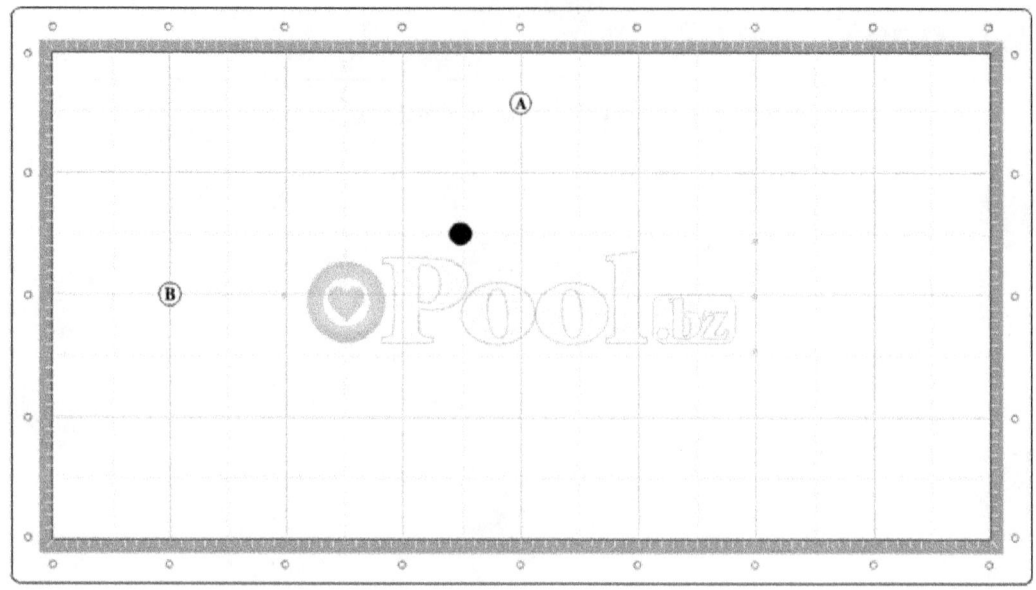

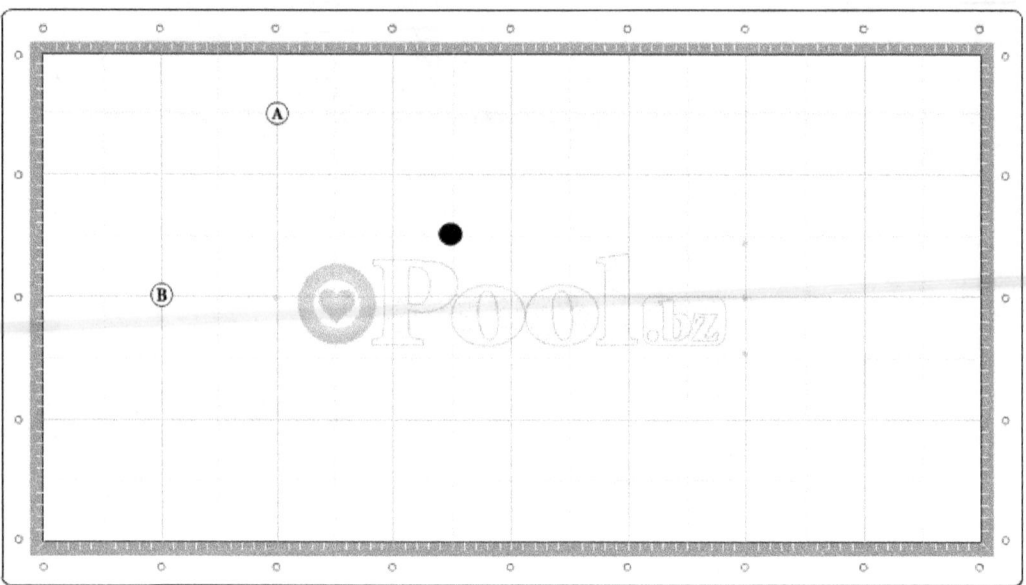

NOTATER OG IDEER:

Gruppe 6, sett 3

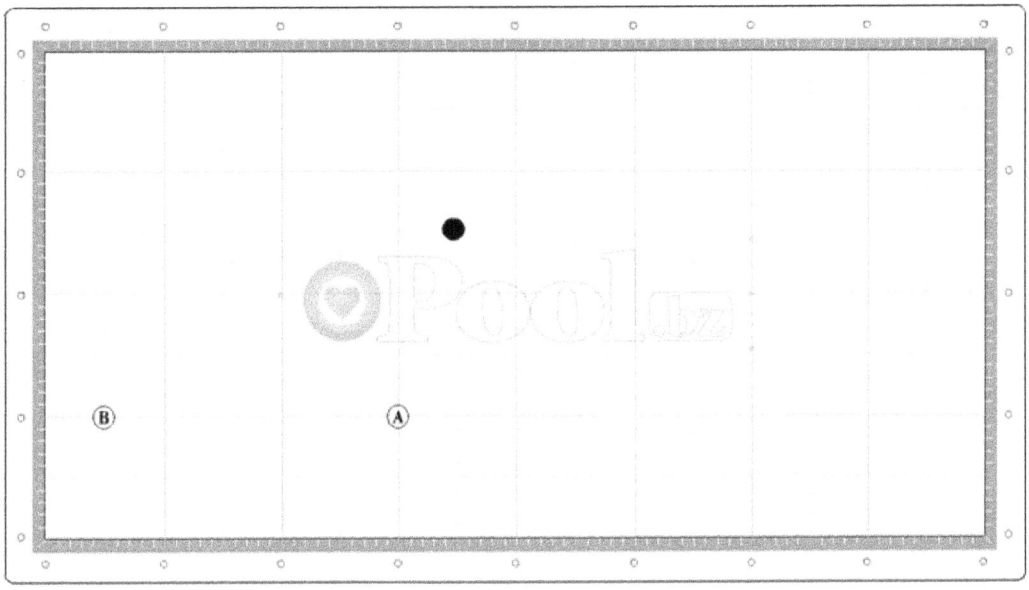

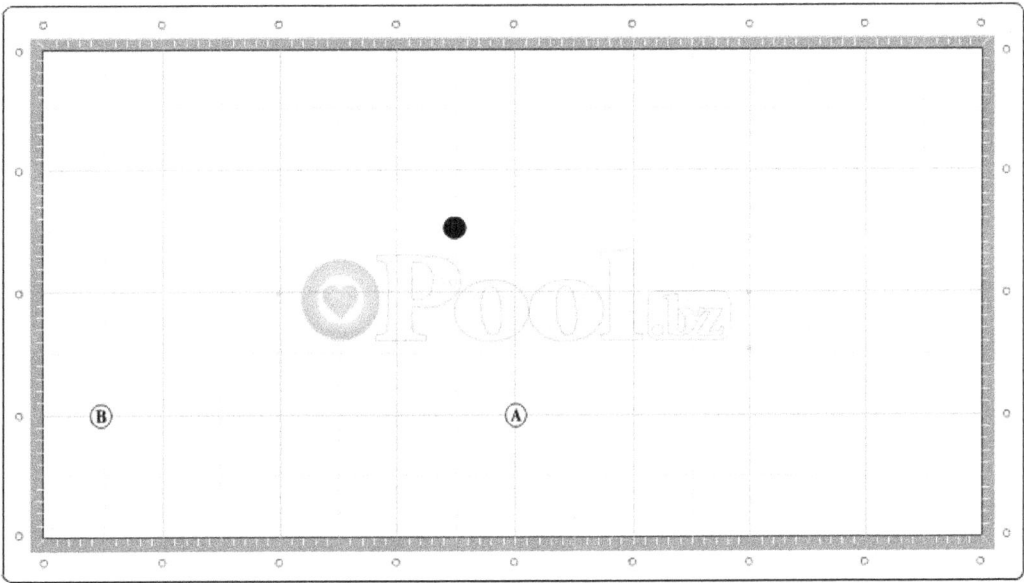

NOTATER OG IDEER:

Carambole biljart: Noen gåter og puslespill

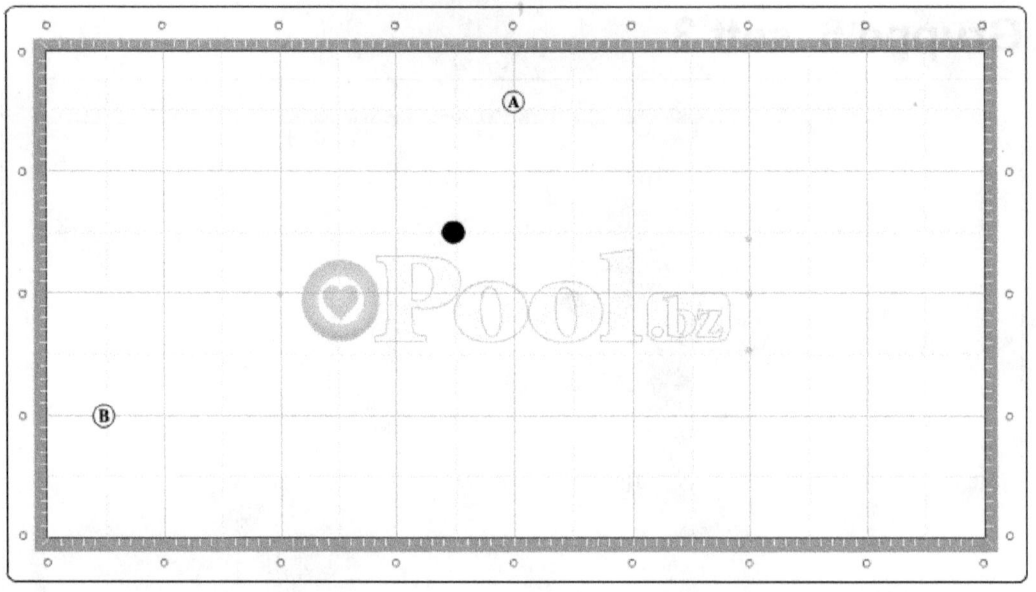

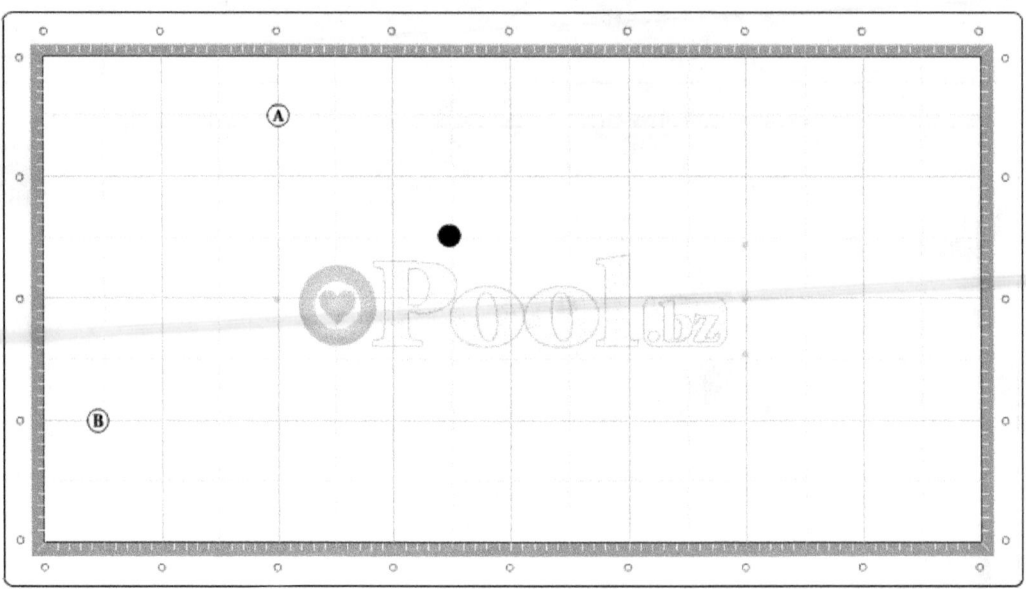

NOTATER OG IDEER:

Gruppe 6, sett 4

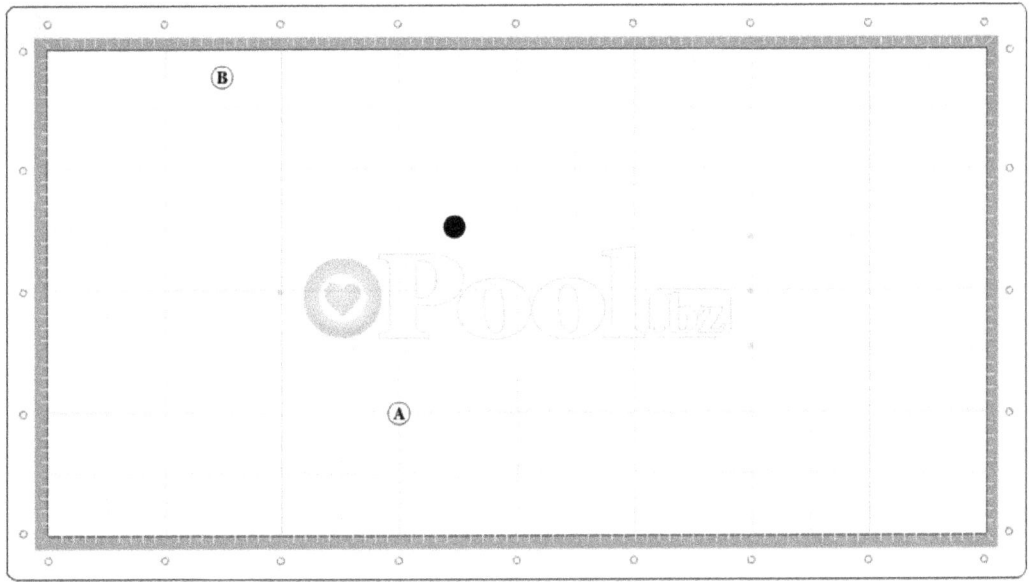

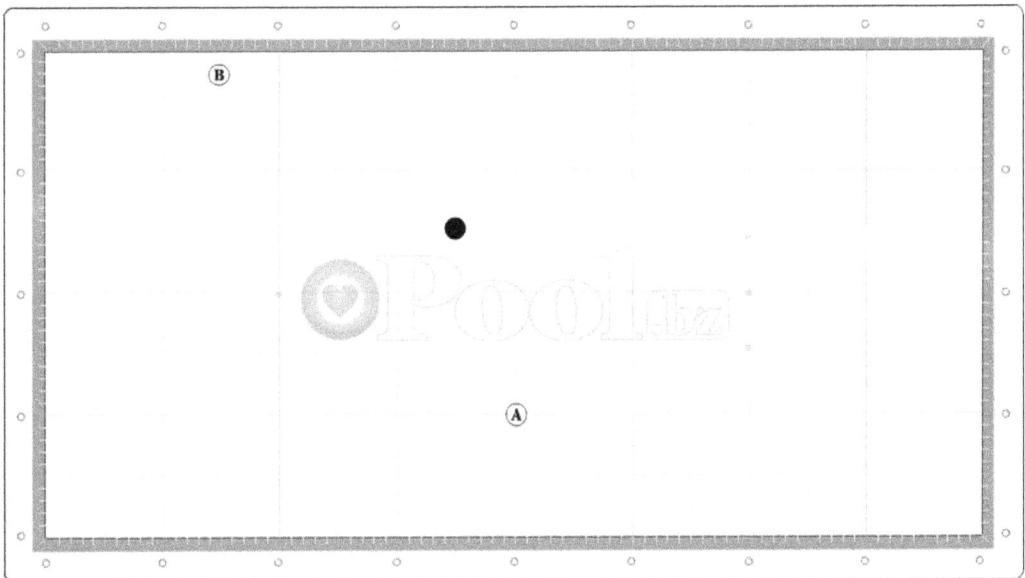

NOTATER OG IDEER:

Carambole biljart: Noen gåter og puslespill

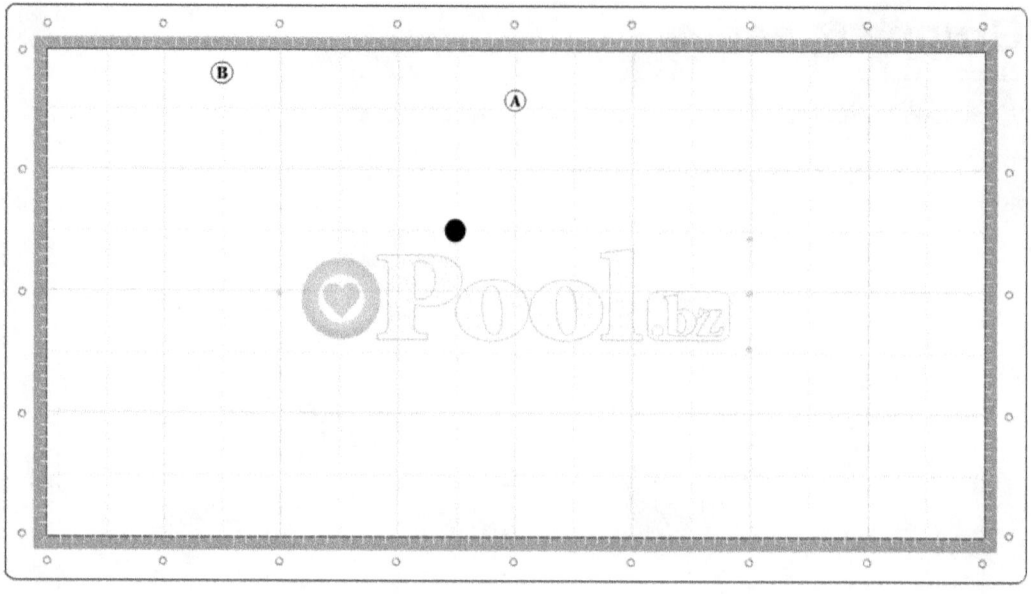

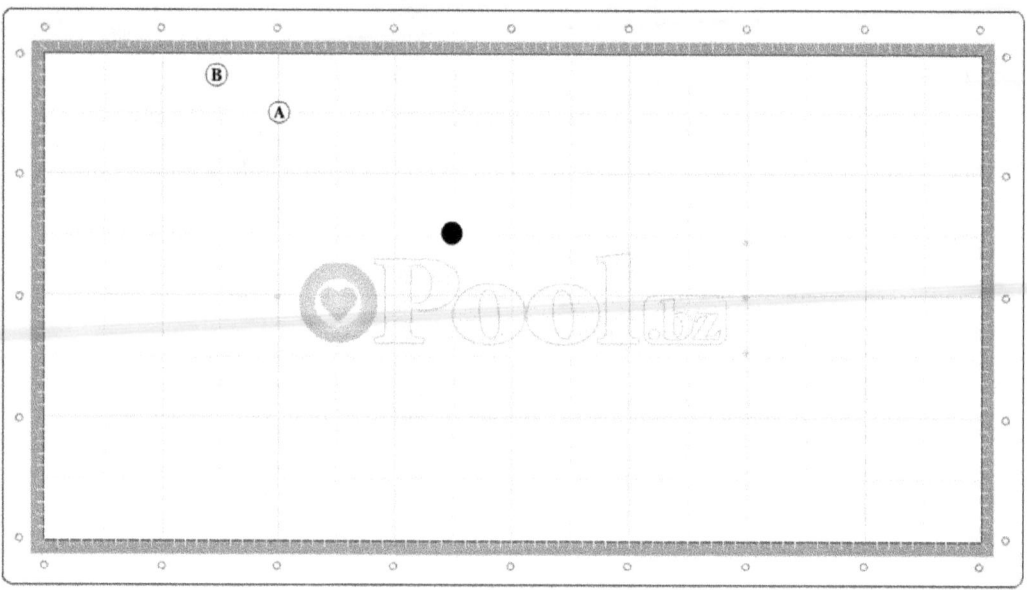

NOTATER OG IDEER:

Gruppe 6, sett 5

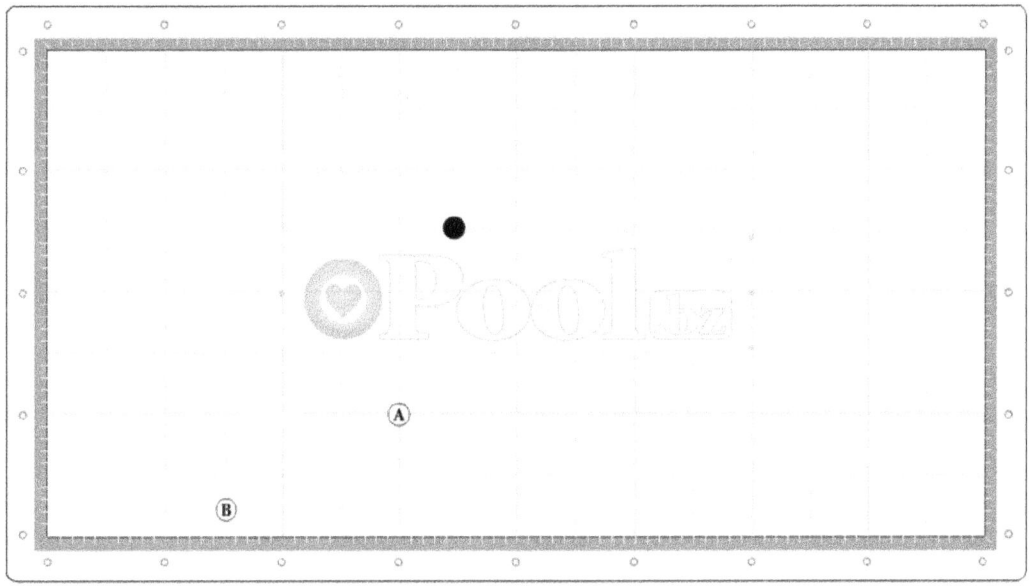

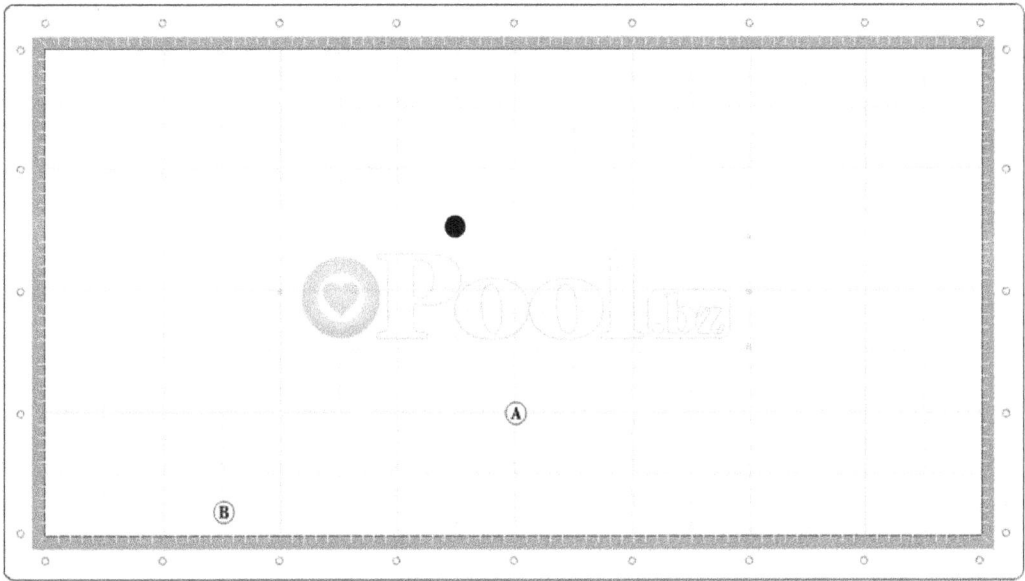

NOTATER OG IDEER:

Carambole biljart: Noen gåter og puslespill

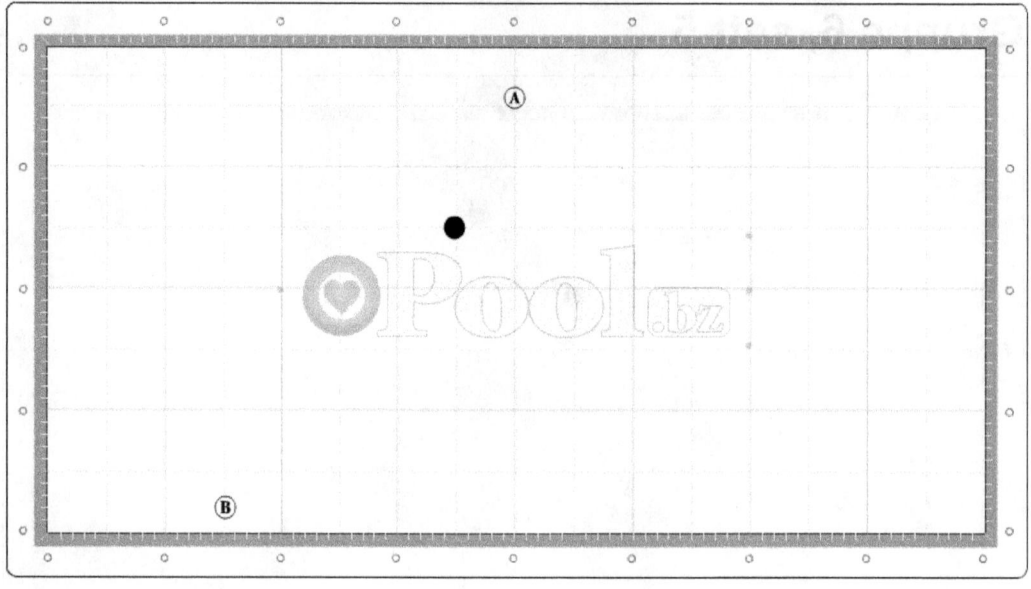

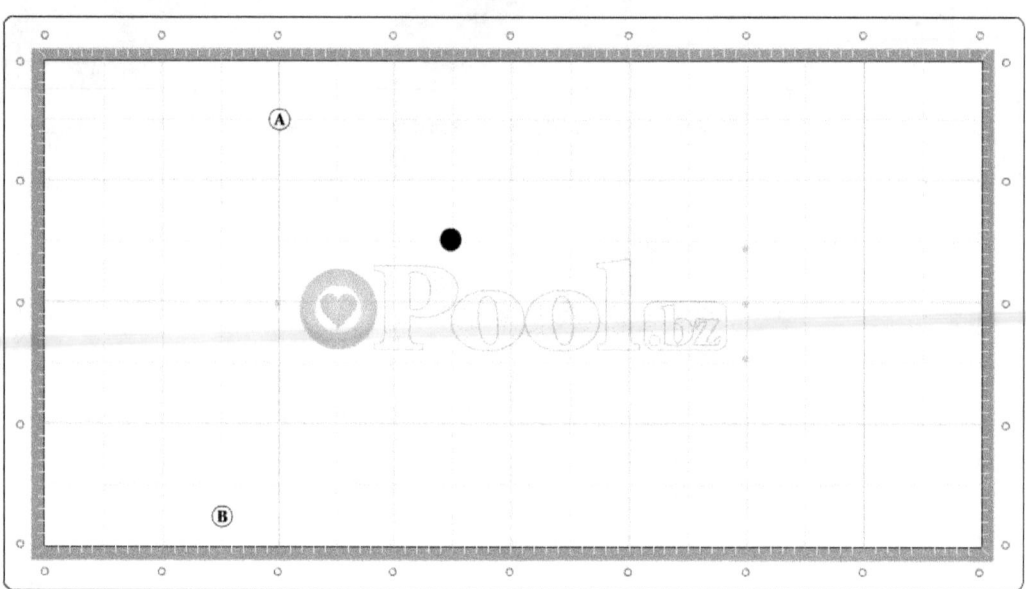

NOTATER OG IDEER:

Gruppe 6, sett 6

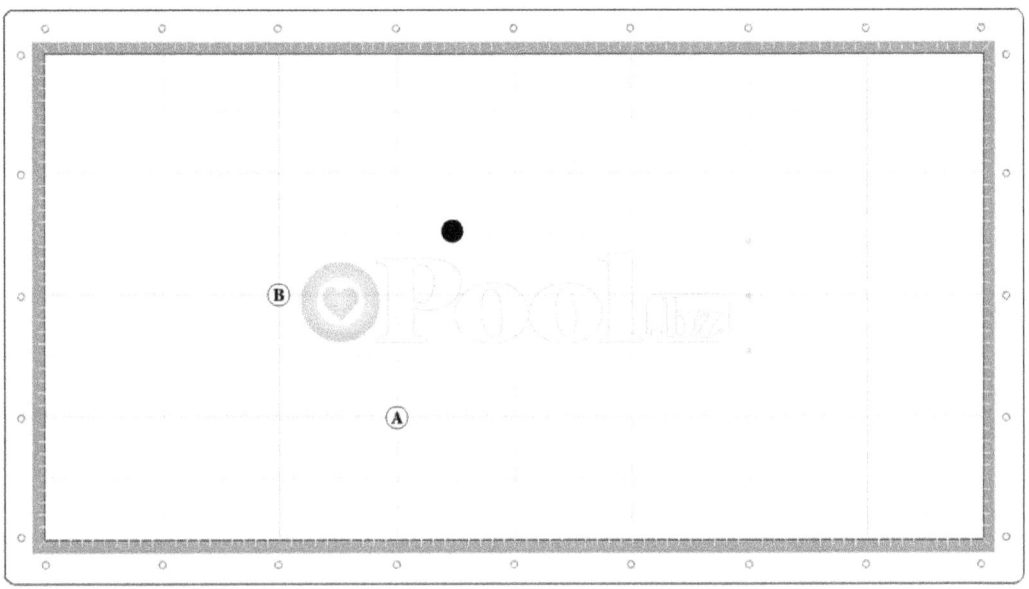

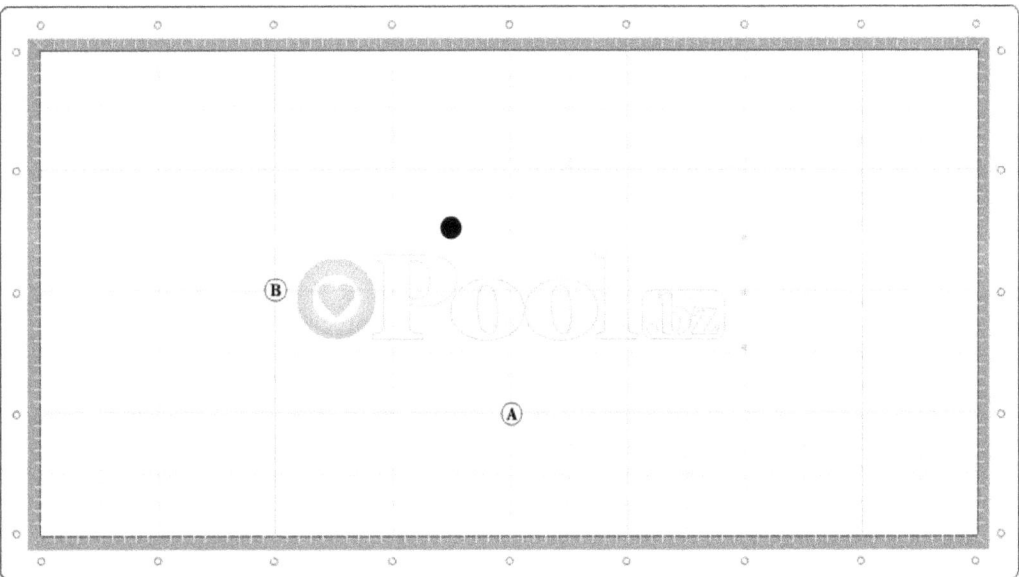

NOTATER OG IDEER:

Carambole biljart: Noen gåter og puslespill

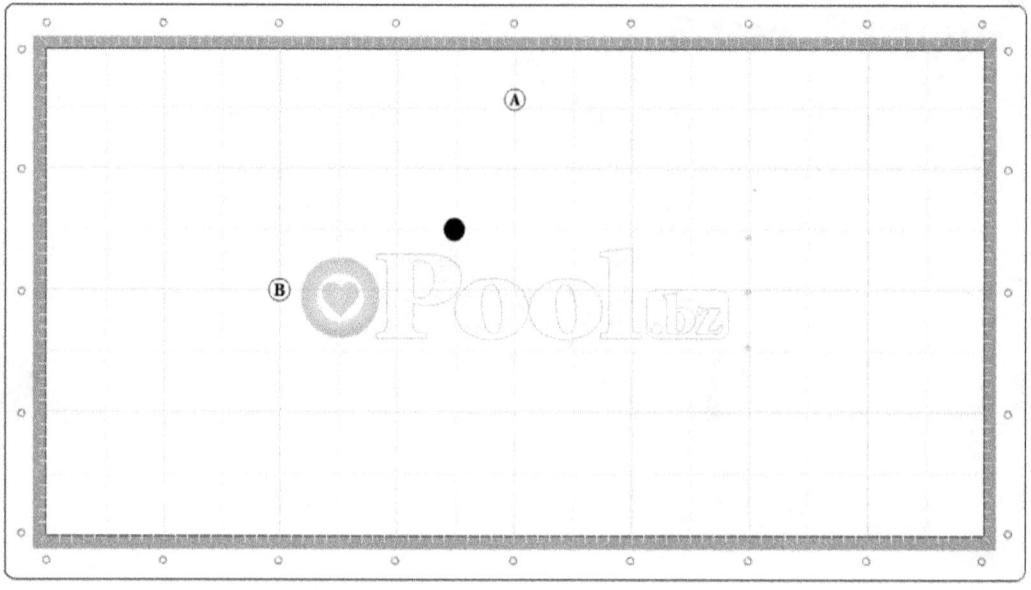

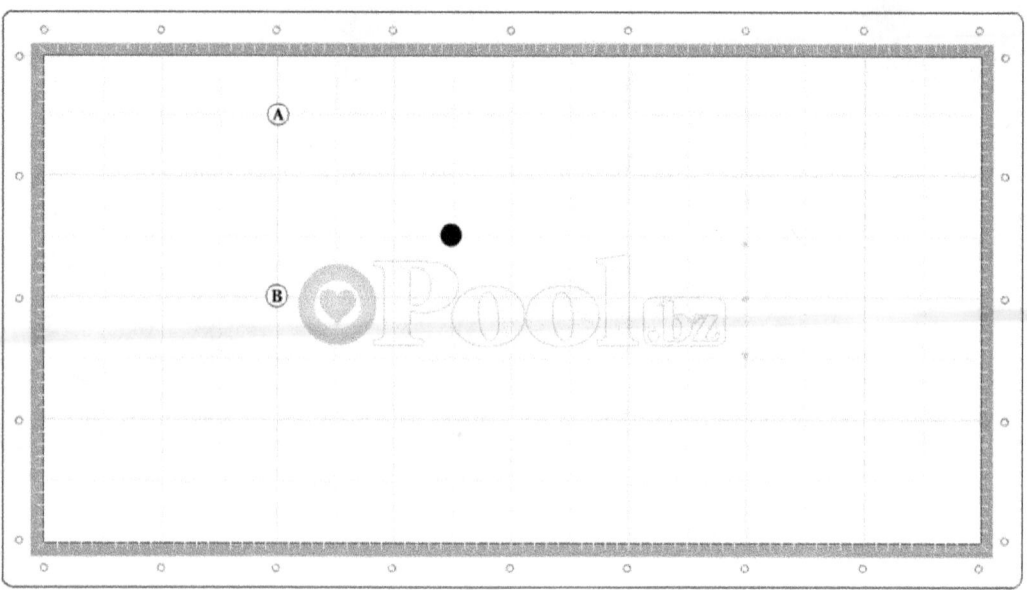

NOTATER OG IDEER:

Gruppe 6, sett 7

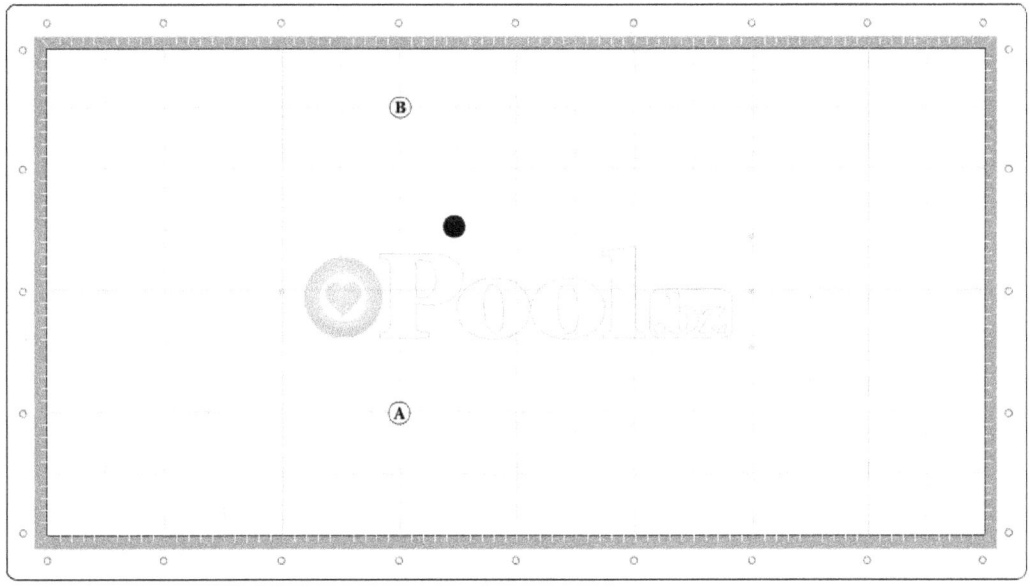

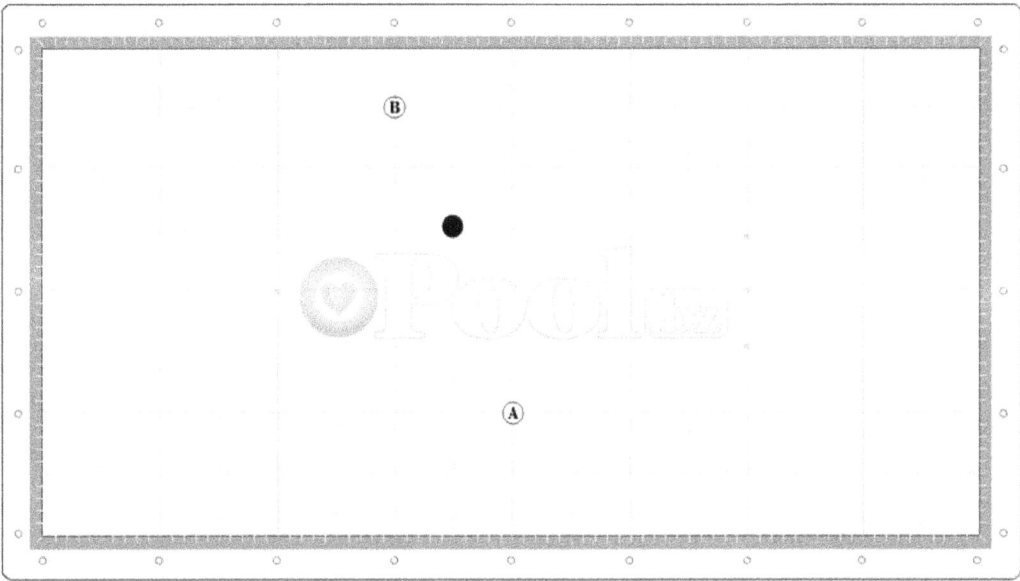

NOTATER OG IDEER:

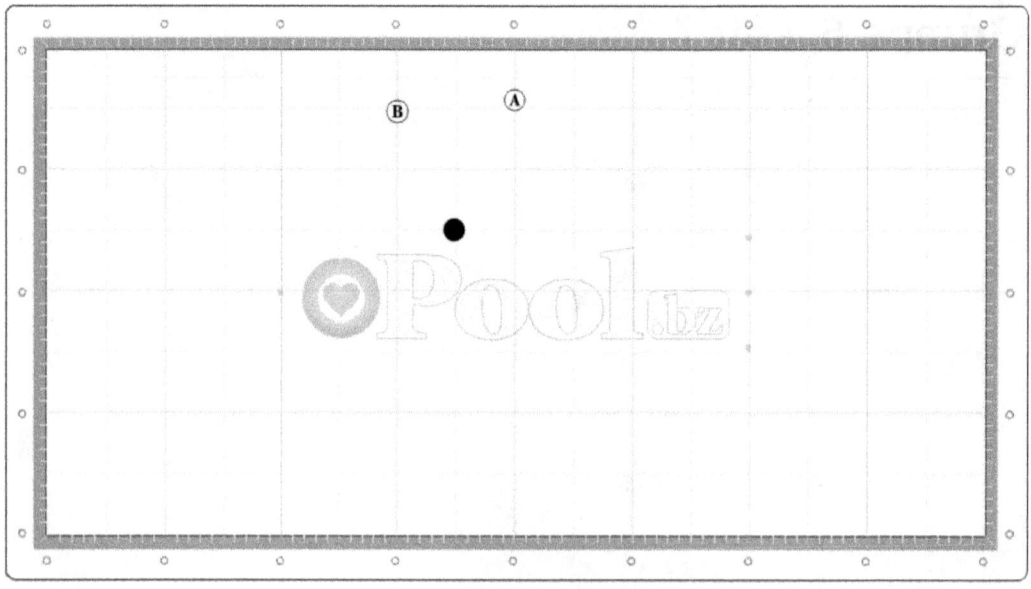

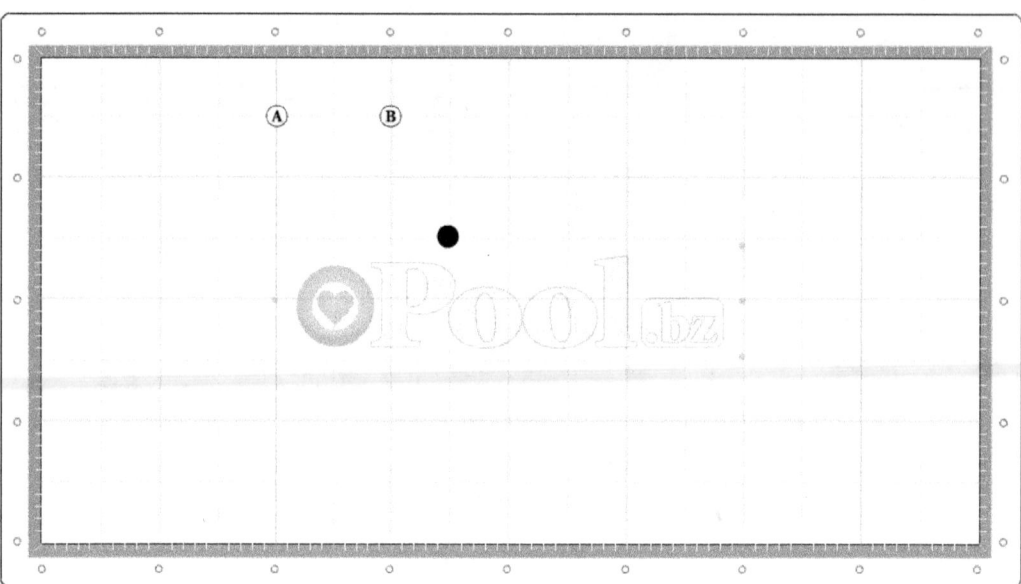

NOTATER OG IDEER:

Gruppe 6, sett 8

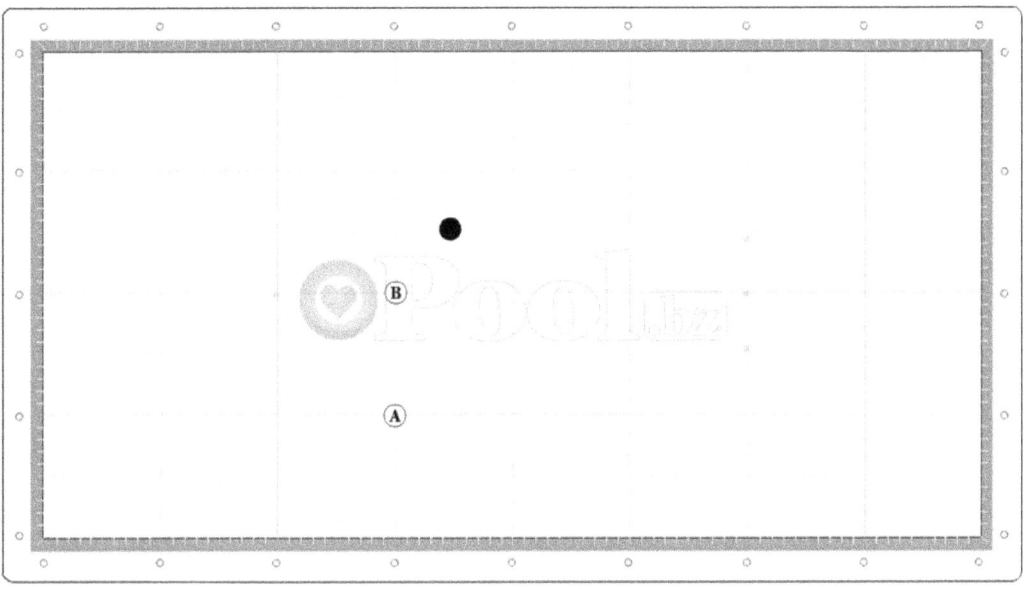

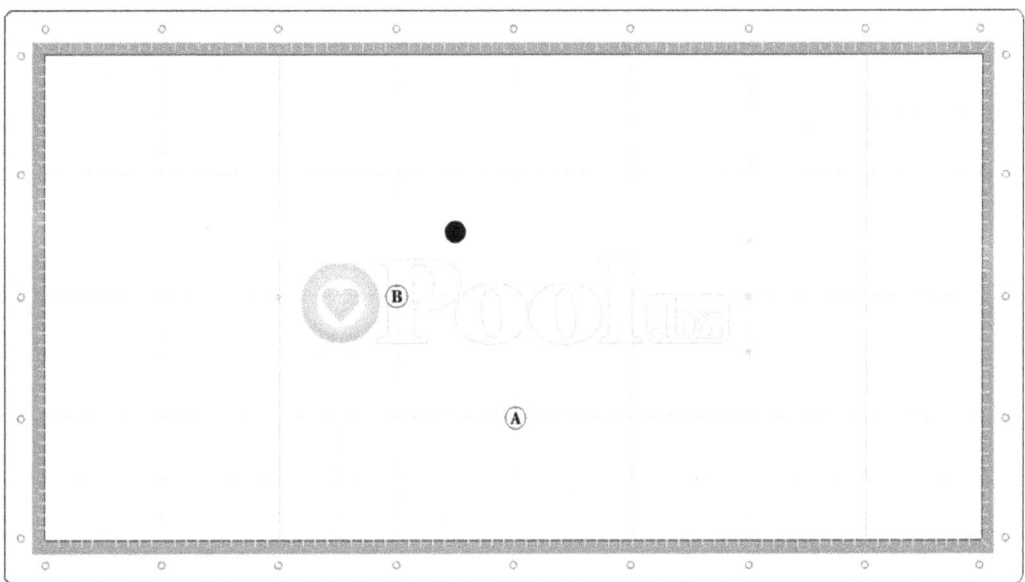

NOTATER OG IDEER:

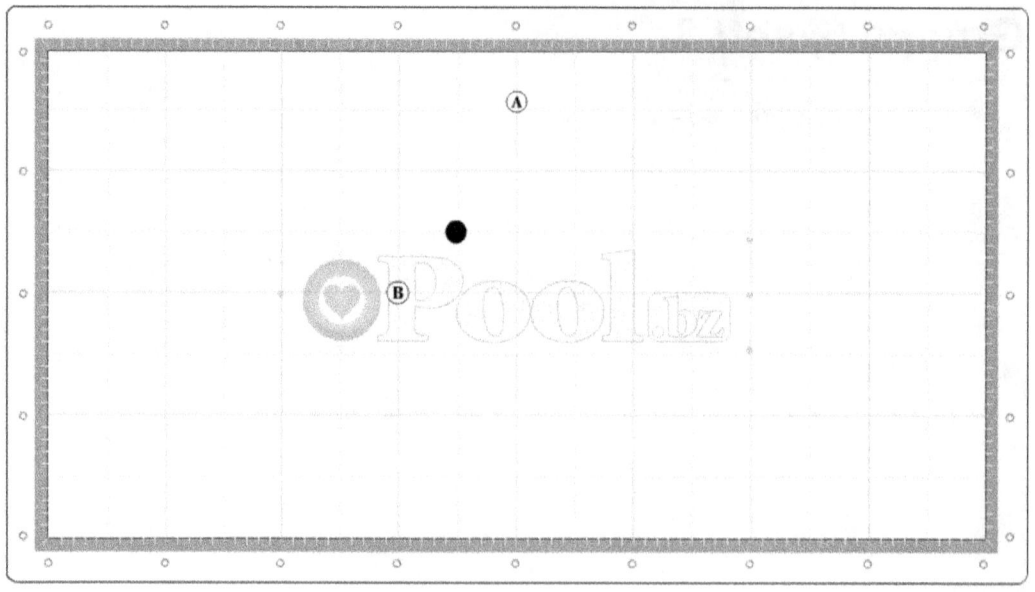

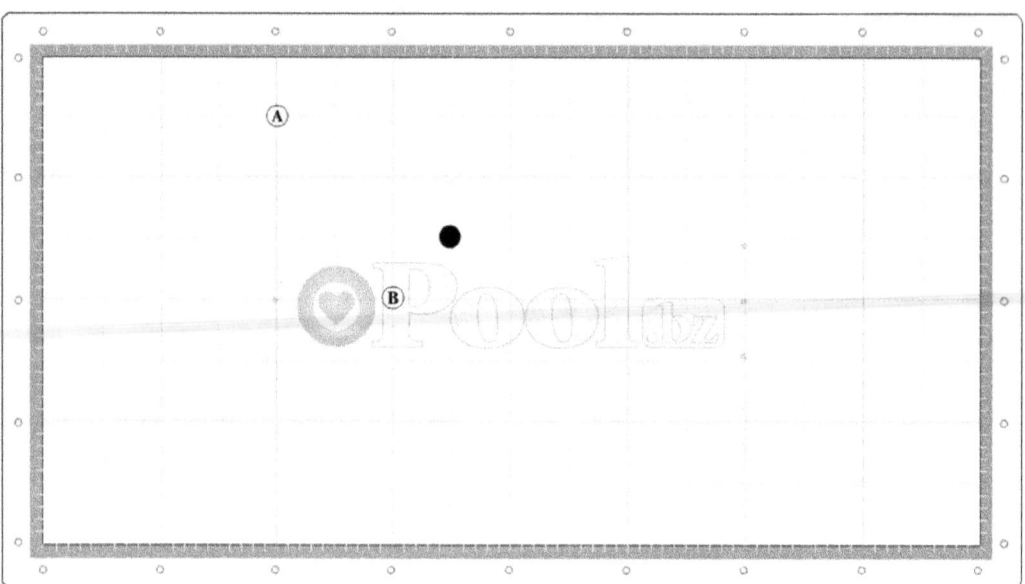

NOTATER OG IDEER:

Gruppe 6, sett 9

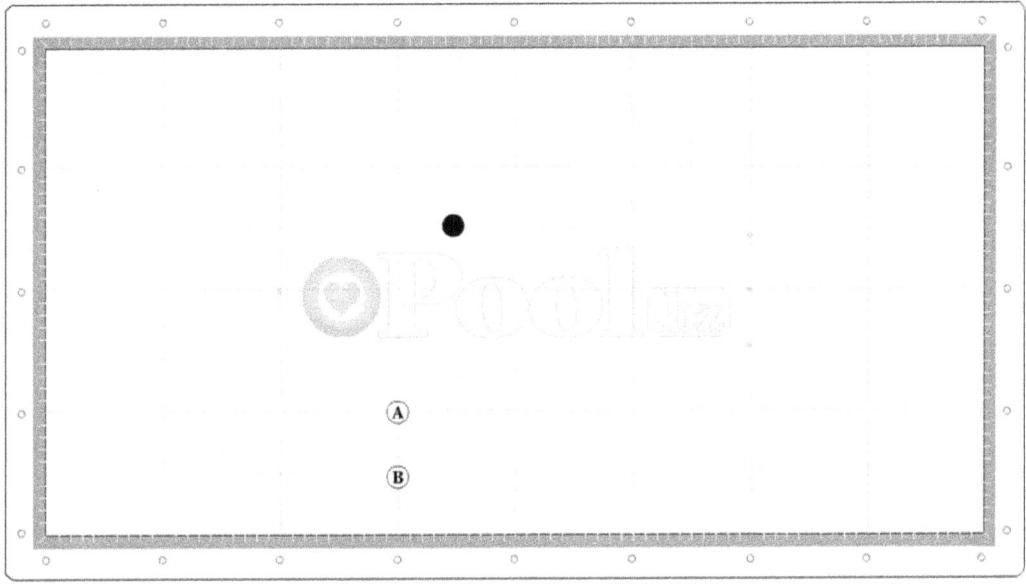

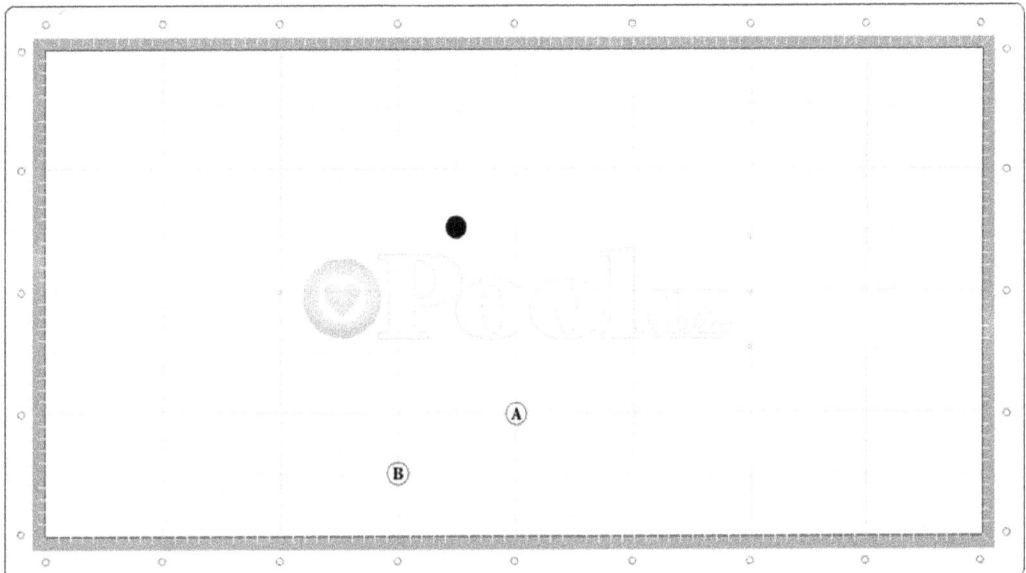

NOTATER OG IDEER:

Carambole biljart: Noen gåter og puslespill

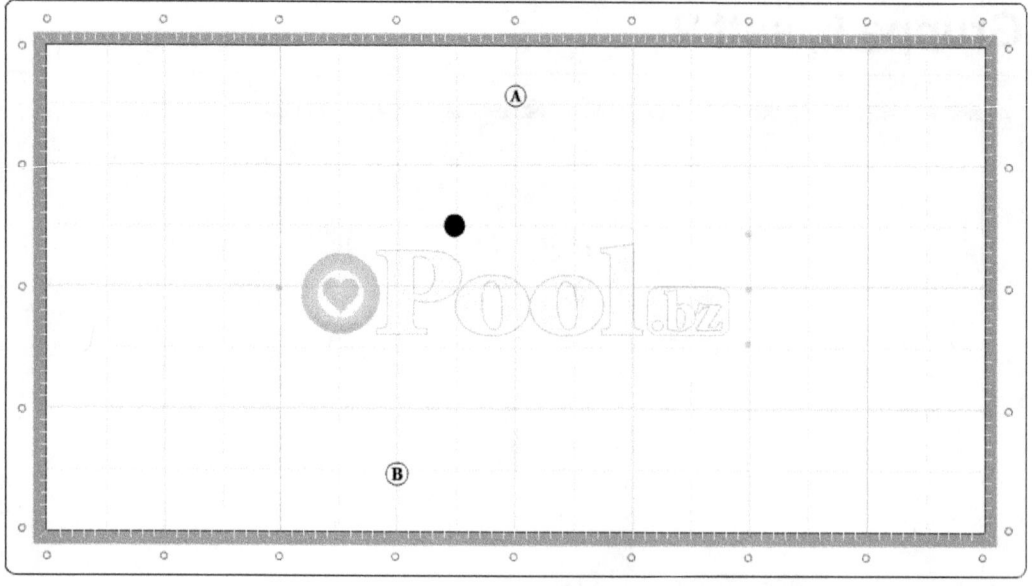

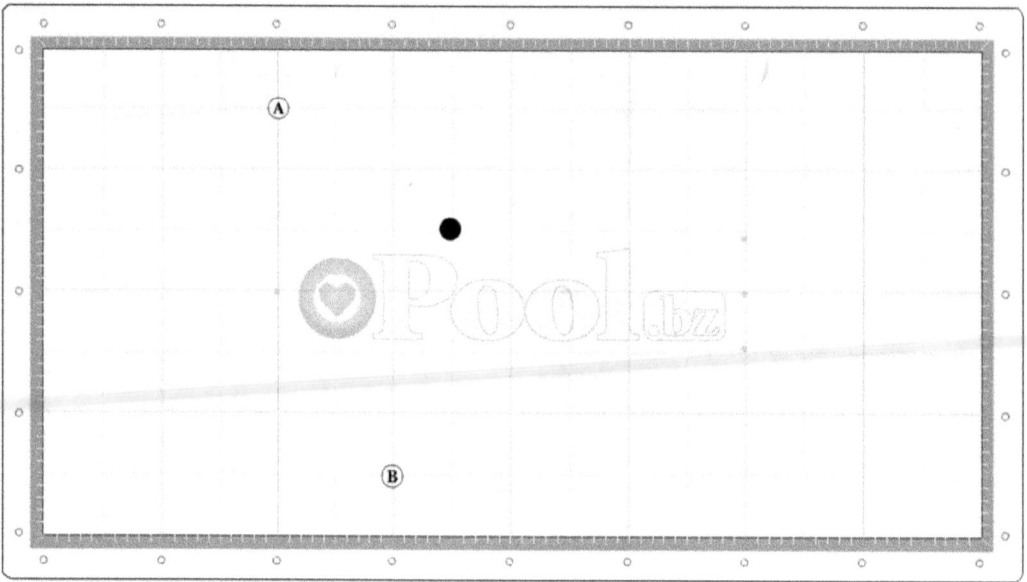

NOTATER OG IDEER:

Gruppe 6, sett 10

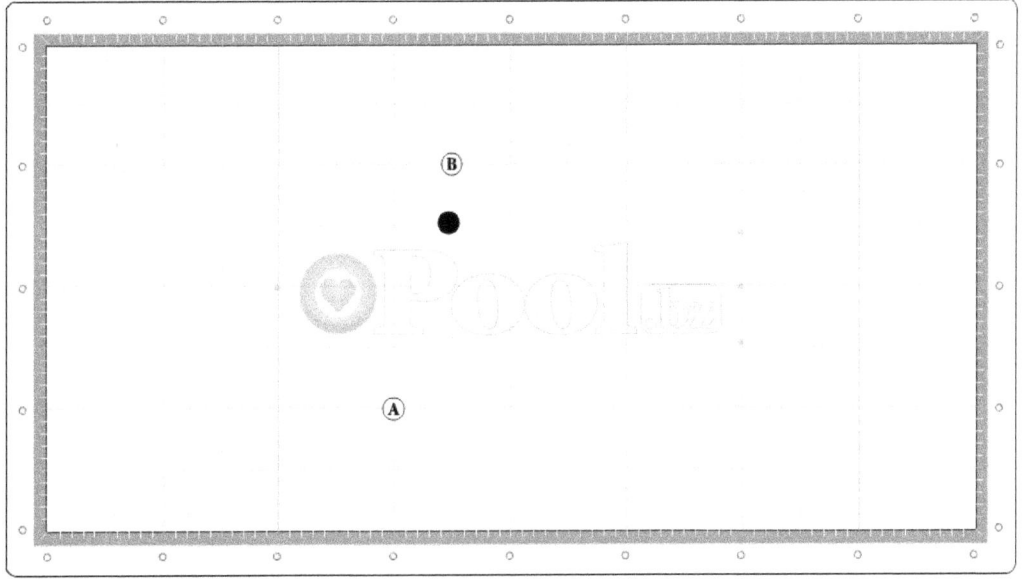

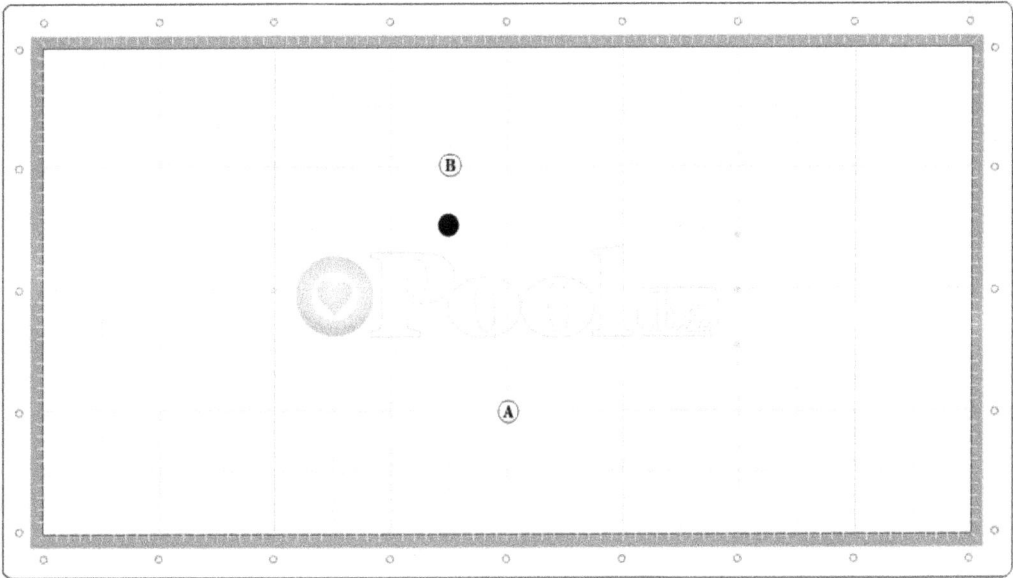

NOTATER OG IDEER:

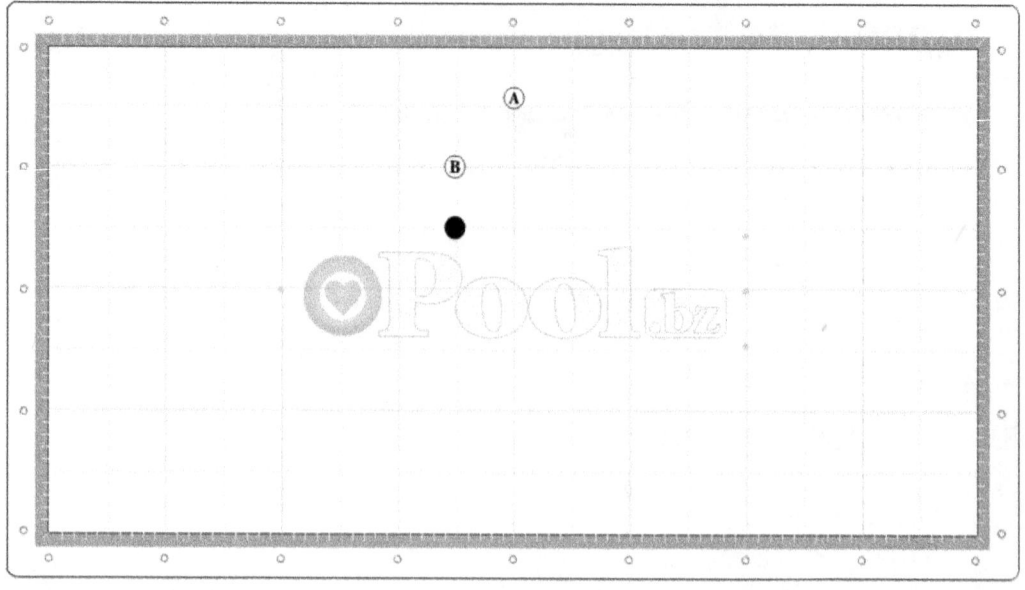

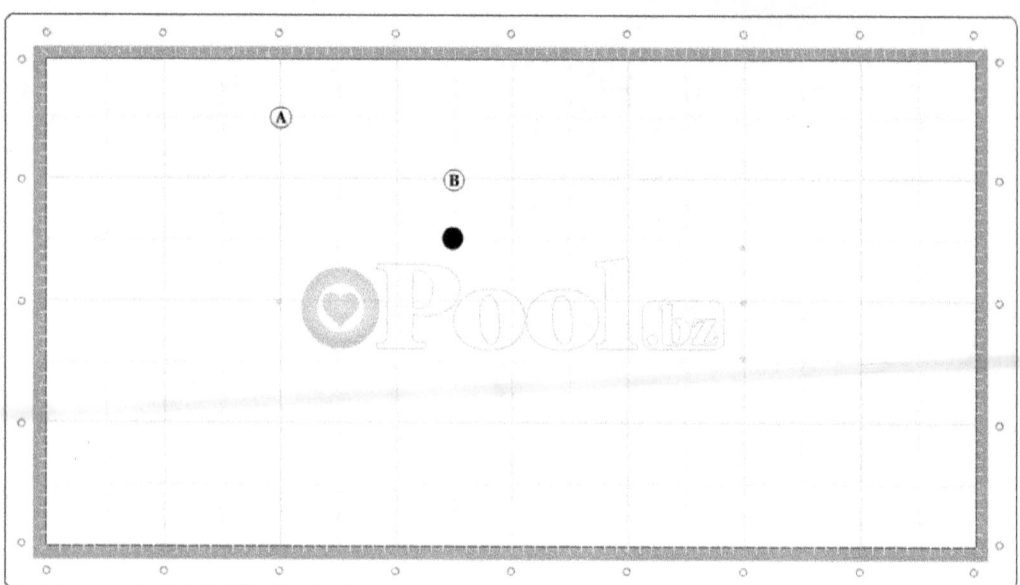

NOTATER OG IDEER:

Gruppe 6, sett 11

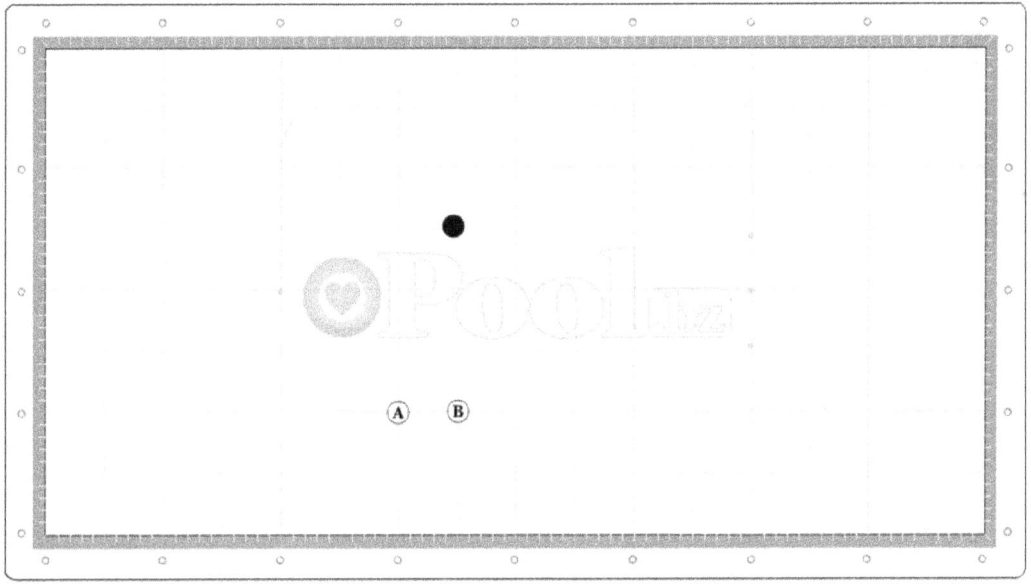

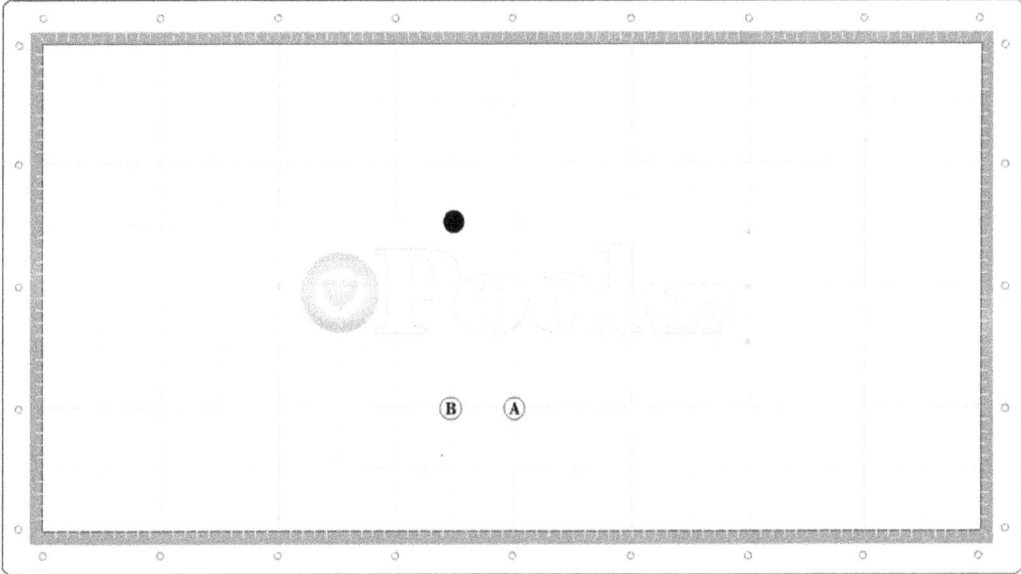

NOTATER OG IDEER:

Carambole biljart: Noen gåter og puslespill

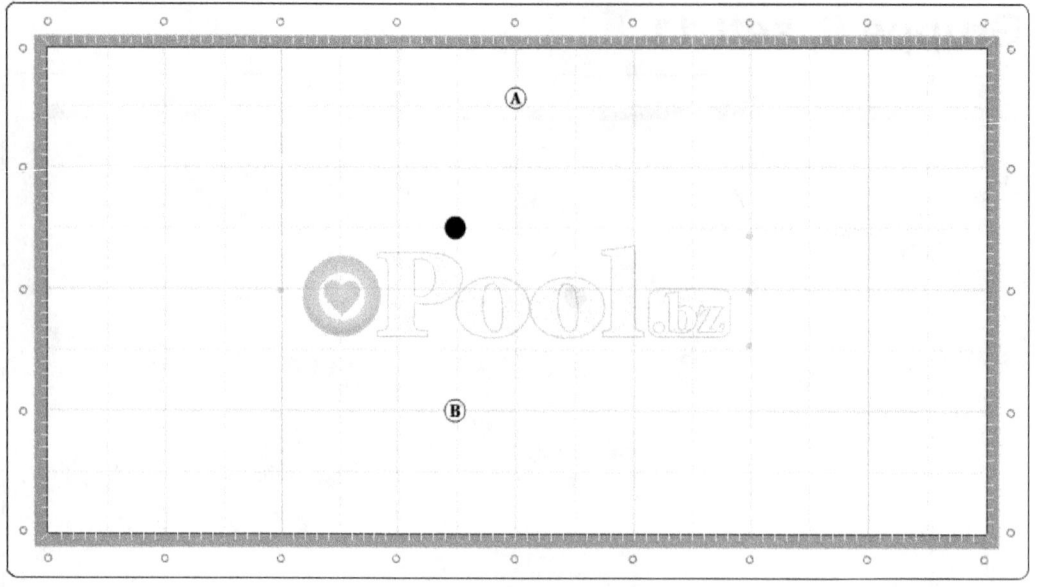

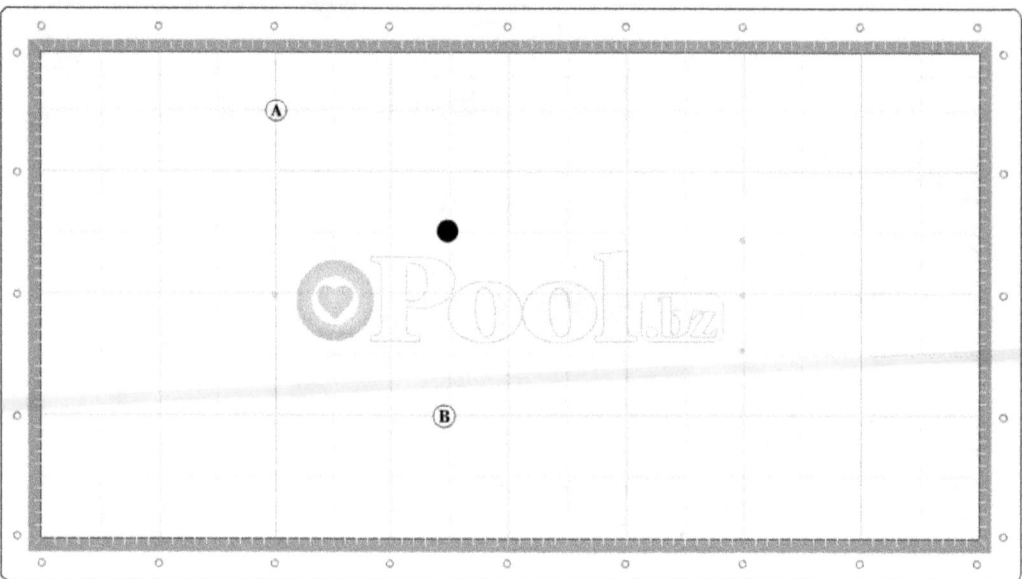

NOTATER OG IDEER:

Blank Tables

(Print these to capture & practice interesting layouts.)

(Print these to capture & practice interesting layouts.)

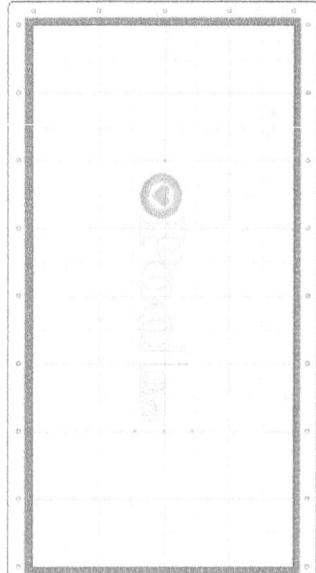 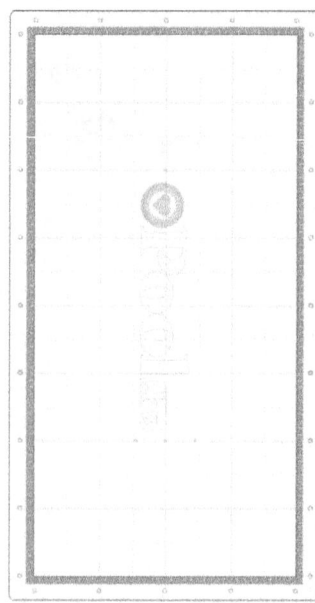 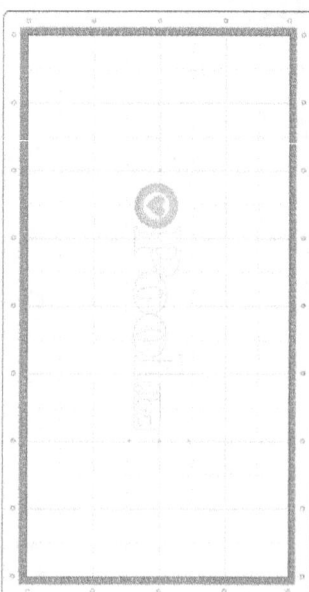

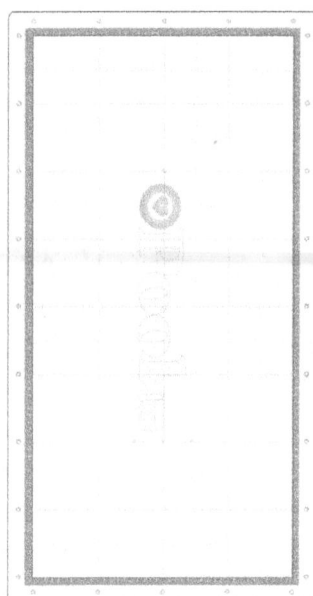  

www.ingramcontent.com/pod-product-compliance
Lightning Source LLC
Chambersburg PA
CBHW081922170426
43200CB00014B/2809